概説市民社会論

Makoto Imada
今田 忠 [著]
岡本仁宏 補訂

関西学院大学出版会

まえがき

　私が市民社会という用語を意識したのは1993年の第14次国民生活審議会市民意識と社会活動委員会の委員として議論に参加した時である。ちょうどそのころ NIRA の委託研究「市民公益活動基盤整備に関する調査研究」が進められていた。市民公益活動という新しい概念を創出したこの研究は、のちに特定非営利活動促進法（通称 NPO 法）の制定へとつながっていくが、この研究では市民型社会という表現が使われている。

　これらの報告書が刊行されたのが1994年であるが、その翌年の1995年1月17日に阪神・淡路大震災が起こり、震災から1年以上経過した1996年5月に日本財団その他の競艇関連団体により、被災地の支援に取り組むボランティア活動の資金助成を行う別組織として阪神・淡路コミュニティ基金が設立された。当時、私は笹川平和財団のプログラム・ディレクターであったが、笹川平和財団からの出向という形でこの組織を担当することになった。

　阪神・淡路コミュニティ基金のパンフレットには「被災市民の自立のための緊急援助活動を支援するとともに、広く新しい市民社会の建設に向けて先駆的・実験的な民間公益活動に取り組む市民グループ・ボランティアグループを支援することにより、いわば新しい社会の仕組みづくりのお手伝いをします」と書かれている。

　私は基金設立時から、基金のパンフレットにあるように、新しい市民社会の建設ということを考えてきた。

　阪神・淡路大震災は多大の人的・物的損害をもたらしたが、同時に既存の社会・経済構造を問い直す契機となった。その1つが市民社会への関心の高まりであり、1998年12月の特定非営利活動促進法施行と相前後して学界でも市民社会への関心が高まり、多くの研究書が刊行されている。

　アメリカでも日本の市民社会についての興味が高まってきた。即ち1998年12月、ジャパンソサエティは"Civil Society: Japanese Experiment and American Experience"をテーマに日本に調査団を派遣した。このテーマはそのころの両国の市民社会の状況を言い表していた。

　ジャパンソサエティが訪日団を派遣したのと同時期の1998年9月から

1999年1月にかけて、ワシントンの日米協会（The Japan-America Society of Washington D.C.）は4回にわたり日米の市民社会に関するセミナー"Civil Society in Japan and America: Coping with Change"を開催した。

　私は上記のセミナー双方に討論者として参加し市民社会論への興味が増してきたのである。

　阪神・淡路コミュニティ基金は当初から3年間の時限組織であったから、1999年5月の運営委員会で解散決議を行い清算手続きに入った。基金解散に伴い笹川平和財団も退職した。

　私の退職後も阪神・淡路大震災の被災地では新しい市民社会のあり方が議論され、私も参加していた。2001年9月に『市民社会をつくる──震後KOBE発アクションプラン』が刊行された。これは震災5年に向けて震災復興の過程を市民の目で検証しようという市民検証研究会の成果である。私は座長として「はじめに」と「あとがき」を書いただけであるが、研究会メンバーの熱心な討議に基づいてまとめられた価値ある書物だと思っており、私の市民社会論の1つのベースとなっている。

　この『市民社会をつくる』の刊行をもって市民検証研究会は解散し、ここで提示されたアクションプランを実行するネットワークとして市民社会推進機構を立ち上げ、関係各位に参加を呼びかけ、何人かの参加をいただいたが、市民社会推進機構は結局立ち消えになり、心苦しく思っている。

　この間、多くの非営利組織の役員を務めたり、助成機関の審査委員を務めたりして、市民活動を横から眺めてきた。また幾つかの大学で非常勤講師として、非営利組織論、社会貢献論を講義する機会があり、2001年度から2007年度まで関西学院大学社会学部で、また2006年度および2007年度に法学部で非常勤講師として市民社会論を講ずる機会を得た。法学部での講義は、海外研究に行かれた岡本仁宏教授の代役としてであった。

　そのような縁で岡本仁宏教授から講義録を出版してはどうかのお誘いを受けた。市民社会を巡る情勢の変化は激しく、追加修正に手間取ってしまった。まだまだ十分ではないが、岡本仁宏教授の校閲と補訂を頂き出版をお願いすることにした。

　私は上記のとおり実務の傍ら調査研究を行ってきただけで、アカデミックな研究者ではない。本書も上記のような私の経験と知見をもとに、学部レベルでの講義をとりまとめたもので、体系だった研究書ではない。経験と知見

も関西、中京地区が中心で偏りがある。このような内容の書物を上梓するのは僭越至極であるが、「概説」ということでご寛恕賜りたい。

　なお、本書では、NPO、NGO、CSOという用語が何度も登場する。それぞれの意味については本文中に説明しているが、内容はほとんど重なり合う。文脈に応じて使い分けているが、引用の場合は原文のまま使っているし、そう厳密に使い分けているわけではないことをご了承賜りたい。

2014年9月

今田　忠

補訂者まえがき

　今田忠氏は、歴戦の勇士である。あえてここで、戦闘の比喩を使うことは、市民社会についての著書の前書きとしてはふさわしくないかもしれない。しかし、それを踏まえて、氏が、日本の市民社会セクターを切り拓くために歩んできた道は、やはり闘いという言葉を使うにふさわしいものであったと思う。氏のこの闘いの特徴をいくつか挙げておきたい。

　第1に、総括的に日本のNPOの世界を育てていくにはどのようにしたらよいか、という視点を一貫して持たれてきたことである。もちろん、個々の分野の現場団体で活躍をされてこられた方々は多くおられるが、氏が日本の市民社会を育てようという視点で、1980年代から30年以上にわたって調査し活動し問題を提起し続けてきたことは特筆すべきことである。もちろん、このことは、氏が、1981年に日本生命財団で、さらに94年に笹川平和財団で仕事をされてきたという経験や、そこでの国際的な活動経験と切り離すことができない。1980年代や90年代にはまだ個々のNPOからは市民社会全体のバージョンアップを図るという視点を持つことは困難であり、また政党や官僚から市民社会の充実という視点が出てくることも考えられなかった。この時期から、氏の営みは続いてきた。

　このこととも関連するが、第2に、NPOからのみの視点ではなく、民間の企業活動からの視点を失わなかったことも重要である。このことは、企業との協働という視点や、NPOへの資源の流れという視点にも具体化されていった。パートナーシップの具体的事例の強調はもちろんであるが、地域に根差すコミュニティ・ファンデーションの重要性についての指摘や助成財団におけるプログラム・オフィサー（氏はしばしば「目利き」と表現されたが）養成の必要性についての指摘などは、未だその指摘を日本の市民社会は十分に生かすことができていない課題でもある。

　第3に、具体的な個々のNPOの状況に寄り添い続けたことである。氏は多くのNPOの理事や役員を歴任してきたが、それらは決して大規模なものばかりではない。小さな、日々の活動や経営に四苦八苦するNPOの役員をあえて引き受け、実践者として市民社会のフロントラインにも立って活動し

てきた。だからこそ助成の審査の際にも、あるいは個々のNPOの運営においても、厳しくかつ温かい視点からのアドバイスが行われたのである。

　第4に、市民社会セクターにおける中間支援組織、あるいはインフラストラクチャー組織の重要性を重視したことである。氏は、1995年の阪神淡路大震災の際に、阪神・淡路コミュニティ基金の代表としての奮迅の活躍をして、特に被災地の民間公益活動の強化に努めた。最後にその基金の清算を行ったときに、この基金は、中間支援組織に重点的に配分し、独自の現業的事業を持ちにくい中間支援団体の財務的基盤を作ることを支援した。このことは、東日本大震災において、兵庫の多くの団体が被災地支援に駆けつけることができたことの重要な要因でもあった。助成財団やシンクタンクを含めて、民間公益活動のインフラ組織の強化の必要性の指摘は、今後もますます意味を持つことになるであろう。

　そして、最後に、これらすべての努力が、日本における市民社会セクターが、官の支配から離脱し、自立性を持った財務基盤を確立して自由な活動を行えるようにしようという一貫した視点で行われてきたことを挙げなければならない。この闘いの視点は、本書自体によって、十分に明らかになることと思う。

　氏の活動から得られた具体的な知見は、日本の市民社会の今後を模索するものにとって、またそのために歴史を学ぶものにとっても、重要である。氏は、すでにいくつかの大学のNPO論等の講義内容としての実績もあるが、一読してわかるように、従来の日本のNPO論のテキストには見られぬ広範囲な領域が扱われているのみならず、歴史的な分析に基づく深い言及のある、非常にバランスのよい市民社会論となっている。

　本来、もっと早期の出版が望まれるところであったが、岡本の怠慢によるところもあり氏にご迷惑をおかけもした。今回、特に重要と思われるところについて数字のチェックや制度変化等を踏まえたアップデイトをしたり、用語法についての統一を図るように努めるなどを試みた。あくまでも補足的な事実確認の水準にとどまっており、構成や評価的な内容については、すべて今田忠氏のオリジナルな見解のままである。この補訂者としての役割を与えてくださった氏に心から感謝したい。

　幸いにして、氏がその知見を市民社会論としてまとめられたことは、我々

にとって氏の深い学識から学ぶことができるチャンスである。広く読まれることを心から期待したい。

2014 年 9 月

関西学院大学法学部教授　岡本仁宏

凡例
1. 筆者による注は本文中に肩付きで**注**1のようにあらわした。
2. 補訂者による注は本文中に肩付きで**補**1のようにあらわした。

目次

まえがき　i
補訂者まえがき　v
凡例　viii

第1章　国家・市場・市民社会　　　1

第1節　様々な組織 ……………………………………………………… 1
1-1　公共空間と組織　1
1-2　セクター論　2

第2節　市場の失敗と政府の役割 ……………………………………… 3
2-1　市場の失敗　3
2-2　準公共財の拡大　5
2-3　近代フィランソロピー　5
2-4　政府の失敗：福祉国家の衰退と非営利セクターの台頭　6

第3節　市民社会の思想 ………………………………………………… 8
3-1　古代市民社会　8
3-2　近代市民社会　9
3-3　現代市民社会論　10
3-4　リバタリアニズム　12
3-5　コミュニタリアニズム　13

第4節　Civil Society、市民社会、非営利セクター ………………… 13
4-1　Civil Society　13
4-2　市民　14

第5節　日本の市民社会論 …………………………………………… 16
5-1　戦前から高度成長期　16
5-2　制度疲労から新しい市民社会論へ　17
5-3　新しい市民社会論　19

第6節　海外での日本の市民社会論 ………………………………… 21

第2章　ガバメントからガバナンスへ　　　27

第1節　国の統治の形 ………………………………………………… 27
第2節　デモクラシー ………………………………………………… 29

2-1　デモクラシー思想の変遷　29
　　2-2　デモクラシーの欠陥　31
　　2-3　ラディカル・デモクラシー　32
　　2-4　討議デモクラシー　34
　　2-5　日本のデモクラシー　36
　第3節　ビューロクラシー 39
　第4節　テクノクラシー 41
　第5節　地方自治 43
　　5-1　Subsidiarity　43
　　5-2　日本の地方自治　44
　第6節　ガバメントからガバナンスへ 48
　第7節　グローバル・ガバナンス 50
　　7-1　国際連盟と国際連合　50
　　7-2　グローバル・ガバナンス論の台頭　51
　　7-3　グローバル・ガバナンス試論　52

第3章　共感の原理　フィランソロピーとボランティア　59

　第1節　グローバル・キャピタリズムの限界 59
　　1-1　冷戦終了とグローバル・キャピタリズム　59
　　1-2　贈与の経済・協働の経済　61
　　1-3　フィランソロピー　62
　第2節　フィランソロピー専門機関 64
　　2-1　助成財団　64
　　2-2　公益信託　68
　　2-3　共同募金　69
　　2-4　国際フィランソロピー　70
　第3節　フィランソロピーのニューウェブ 71
　　3-1　市民ファンド　71
　　3-2　公的資金　73
　　3-3　ネット募金　74
　　3-4　専門職としてのプログラム・オフィサー　75
　第4節　フィランソロピー税制 76
　　4-1　フィランソロピー税制の思想　76
　　4-2　日本のフィランソロピー税制　77
　第5節　ボランティア 82

  5-1 ボランティアの意味 82
  5-2 日本のボランティア：戦前 83
  5-3 終戦後のボランティアの流れ 84
  5-4 国の施策 85
  5-5 国際協力ボランティア 86
 第6節 ボランティアの現況 89
  6-1 ボランティア活動の多様化 89
  6-2 ボランティア、ボランティア団体の数 90
  6-3 有償ボランティア 92

第4章　市民社会組織　101

 第1節 第3セクターの組織 101
  1-1 公益・共益 101
  1-2 市民社会組織（Civil Society Organization） 102
  1-3 CSOの機能 102
 第2節 日本の非営利組織の変遷 106
  2-1 日本の非営利組織の生成と発展 106
  2-2 民法と公益法人制度 107
  2-3 特定非営利活動促進法 109
  2-4 公益法人改革 112
 第3節 日本の非営利組織の現状 115
  3-1 様々な非営利組織 115
  3-2 非営利組織の経済規模 117
  3-3 仕事の場としての非営利組織 119
 第4節 サービス提供者としてのCSO 120
  4-1 医療 120
  4-2 福祉 121
  4-3 教育 123
 第5節 表現主体としての非営利組織・その他 127
  5-1 文化 127
  5-2 アドボカシー組織 128
  5-3 環境 130
  5-4 経済団体 130
  5-5 国際協力 133
  5-6 メディア 137

第 6 節　中間支援組織.. 138
　　6-1　日本のサポートセンター　138
　　6-2　アメリカの基盤組織（Infrastructure Organization）　141
第 7 節　シンクタンク.. 145
　　7-1　シンクタンクとは何か　145
　　7-2　日本のシンクタンク　145
第 8 節　市民社会組織のエンパワーメント.............................. 147

第5章　社会的経済と社会的企業　　155

第 1 節　社会的経済.. 155
第 2 節　協同組合.. 156
　　2-1　協同組合の起源　156
　　2-2　モンドラゴン　157
　　2-3　日本の協同組合の源流　158
　　2-4　初期の協同組合　159
　　2-5　産業組合　160
　　2-6　医療協同組合　162
　　2-7　労働者生協　162
　　2-8　森林組合・漁業組合　162
第 3 節　日本の協同組合の現状.. 163
　　3-1　戦後の生活協同組合の動き　163
　　3-2　生協の現状　164
　　3-3　生協の地域活動　166
　　3-4　生活クラブ生協　167
　　3-5　農協等　168
　　3-6　労働者協同組合ワーカーズ・コープ　169
　　3-7　ワーカーズ・コレクティブ　170
第 4 節　社会的企業.. 171
　　4-1　社会的企業とは何か　171
　　4-2　外国の社会的企業　172
　　4-3　日本の社会的企業　177
第 5 節　ソーシャル・ファーム.. 179
　　5-1　ソーシャル・ファームとソーシャル・インクルージョン　179
　　5-2　日本のソーシャル・ファーム　180
　　5-3　社会起業家を支援する仕組み　183

第6章 パブリックとコモンズ　公と共　　191

第1節　パブリックとは何か 191
 1-1　官・公・民・私　191
 1-2　国家的公共から市民的公共へ　193

第2節　新しい公共 196
 2-1　新しい公共の流れ　196
 2-2　「新しい公共」宣言　197
 2-3　「新しい公共」の施策　198
 2-4　「新しい公共」の問題点　199

第3節　共への回帰 200
 3-1　公と共　200
 3-2　コモンズ　200
 3-3　社会的共通資本　202

第4節　住民組織・地縁団体 204
 4-1　自治会・町内会　204
 4-2　財産区　205
 4-3　認可地縁団体　206

第5節　コミュニティ 206
 5-1　日本社会とコミュニティ　206
 5-2　コミュニティ政策　207
 5-3　コミュニティ論の展開　208

第6節　都市計画とまちづくり 209
 6-1　官主導の都市計画　209
 6-2　戦後の都市計画とまちづくり　210
 6-3　まちづくり条例・まちづくり協議会　210
 6-4　住民主体のまちづくり　211
 6-5　まちづくりのアクター　212

第7節　循環型社会 215
 7-1　成長の限界　215
 7-2　コンパクトシティ　217
 7-3　サステイナブル・コミュニティ　218
 7-4　環境首都コンテスト　219

第8節　コミュニティ経済 220
 8-1　コミュニティ・ビジネス　220
 8-2　コミュニティ金融　223

8-3 コミュニティ通貨 225

第7章 市民社会と政府 231

第1節 公益の多様性 231
1-1 国家公益・民間公益・市民公益 231
1-2 民間公益の意義 233
第2節 政府と CSO の関係 234
2-1 Endangered Sector から Emerging Sector へ 234
2-2 民間公益サービスと政府のサービス 235
第3節 PPP: Public Private Partnership 237
3-1 CSO と行政の提携 237
3-2 協働の方法 238
3-3 Co-production, Co-management, Co-governance 240
3-4 協働の施策 241
3-5 パートナーシップの課題 242
3-6 協働契約書の試み 245
第4節 インターミディアリとコミュニティ・シンクタンク 246
第5節 市民参加の試み 248
5-1 市民参加の原則と段階 248
5-2 地方自治体政策への市民参加 249
5-3 地方自治体の行政経営 253
5-4 行政評価 254
第6節 英国のコントラクトとコンパクト 255

第8章 市民社会と企業 261

第1節 資本主義と倫理 261
第2節 日本企業の社会貢献 262
2-1 日本の初期の資本主義と社会 262
2-2 終戦直後の社会貢献 264
2-3 企業の社会的責任論と企業の社会貢献 265
2-4 試験研究法人制度と企業財団 266
2-5 高度成長の歪みと企業の社会貢献 267
2-6 大型企業財団 268

2-7　企業市民活動と企業財団の多様化　270
　　　2-8　従業員参加型の社会貢献活動　273
　　　2-9　フィランソロピー元年　274
　第3節　**企業市民活動の現状** 276
　　　3-1　社会貢献支出：経団連調査　276
　　　3-2　社員のボランティア活動に対する支援　278
　　　3-3　法人企業の寄付金支出　279
　　　3-4　CSRの国際基準　280
　　　3-5　日本の経済界とCSR　281
　　　3-6　CSRとCSO　283
　　　3-7　BOPビジネス　285
　　　3-8　プロボノ　285
　第4節　**社会貢献の思想** 286
　　　4-1　企業は何故社会貢献をするのか　286
　　　4-2　企業市民の思想　286
　　　4-3　日本企業の社会貢献思想　287
　　　4-4　社会貢献の将来　289
　第5節　**アメリカ企業の社会貢献50年** 290

終　章　311

あとがき　317

第1章
国家・市場・市民社会

第1節　様々な組織

1-1　公共空間と組織

　人はロビンソン・クルーソーのように閉ざされた空間で生きているわけではない。社会の中の様々な空間を移動しつつ生きている。ここで空間というのは物理的な意味だけではなく機能的な空間も意味している。この場合は領域とか圏というのが相応しい。英語の sphere である。空間は生活空間と公共空間に大別できる。市民社会論は公共空間に関する議論である。公共空間の議論は言説の空間あるいはメディア論として論じられることが多いが[注1]、ここでの議論はそれよりも広い[注2]。

　また人は1人で生きていくことはできない。そのために世の中には様々な人の集まりがあり、様々な人の繋がりの中で暮らしている。その繋がりの中から様々な組織がつくられていき、社会には様々な組織・団体が活動している。広辞苑によると組織（organization）とは「社会を構成する要素が結合した、有機的な働きをする結合体」であり、団体とは「なかま、あつまり」であるが、「共同の目的を達成するために、意識的に結合した2人以上の集団、法人・政党・クラブの類」である。人が2人以上集まれば組織であるということではあるが、ある程度の規約があり、代表者の定めがあり共通の目標に向かって継続的に活動する組織を正式に組織されたフォーマルな組織としよう。法人であるかどうかは関係ないが多くの場合法人化している。ここでは正式に組織された組織を単に組織と呼ぶことにする。

1-2 セクター論

組織には様々なものがあり、様々なセクターに分類できる。

最も単純なのは市場と国家の2分類であるが、これは現在の状況には適さない。

最近よく使われるのは3分類である。

日本で良く引用されるのがペストフの3角形である[注3]。ペストフは社会の組織を formal-informal, nonprofit-forprofit, public-private の3本の軸で切り、フォーマルな組織を政府・非政府、営利・非営利の軸で切ることにより、国家（公共機関）、市場（民間企業）、アソシエーション（ボランタリー・非営利組織）に分類できるとしている。即ち政治・行政セクター、企業セクターおよび民間非営利セクターである。これは主としてアメリカで用いられる分析方法で、政府・行政セクターを第1セクター、企業セクターを第2セクター、民間非営利セクターを第3セクターと呼んでいる。日本では半官・半民の企業を第3セクターと呼ぶが、国際的には民間非営利セクターを Third Sector と呼ぶ。第3セクターは、この他にも Nonprofit Sector, Voluntary Sector 等と呼ばれている。

国際NPO学会のISTRは International Society for Third-Sector Research の略で、その目的は to promote research and teaching about the Third, Voluntary, or Nonprofit Sector となっており、Third セクター、Voluntary セクター、Nonprofit セクターは、ほぼ同義である。アメリカではこの他 Independent Sector という言葉も用いられるし、ドラッカーは最近は Social Sector という言葉を用いている。Voluntary Sector は主としてイギリスで使われるように思う。

本書ではペストフの3セクター論をベースに、各セクターの中間、あるはセクター間の関わりを含めて議論を進めることにしたい。3セクター論は後に述べる市民社会論の3パーティー・モデルと同じである。

Van Til[注4] はその他にもいくつかの分類方法を紹介している。

4分類は3分類にインフォーマルセクターを加えたものである。4分類の代表的なものは社会学者のパーソンズのPECTSモデルである[注5]。PECTSとは Politics, Economy, Culture, Third Sector の頭文字である。

P: Politics（政治または政府）　我々のコミュニティにおいて直面する問題

についてどのように決定が行われるか。わが国（アメリカ）では立憲民主制という制度のもとに行われている。
- E: Economy（経済）　我々の生活を維持し製品を製造しサービスを提供し我々の生活を豊かにするために、仕事がどのように組織化されているか。わが国の体制は混合資本主義である。
- C: Culture（文化）　言語、民族性あるいは宗教を通じてどのような意味が与えられているか。わが国では家族、近隣および地域社会の構造に規定されている。
- TS: Third Sector（第3セクター、voluntary sector や nonprofit sector と呼ばれることもある）　他の人々と任意に団体をつくることにより連帯感や共通の利害関係が形づくられるか。わが国では多くの免税団体、クラブ、グループ、自発的な社団（voluntary associations）によって形成されている。

Van Tilは、このほかにも様々な論者による3セクター説、4セクター説、7セクター説を紹介している[注6]。

第2節　市場の失敗と政府の役割

現代社会はアメリカの独立およびそれに続くフランス革命に象徴される民主主義、産業革命に主導される工業生産、アダム・スミスによって理論化された自由競争による市場経済を基本原理としている。近代市民社会と言われる社会である。

2-1　市場の失敗

権力を持たず営利を目的とするのが営利企業で、営利企業が活動する場が市場（マーケット）である。資本主義経済は基本的に市場経済である。

資本主義経済学の源流はアダム・スミスに始まる古典経済学である。アダム・スミスは各人が self interest に従ってホモ・エコノミクス（homo economics: 経済人）として行動すれば市場において価格をパラメータとし神の見えざる手により、財の需給がバランスし、マクロ経済もバランスすると考えた[注7]。何らの規制を加えない自由放任（laissez faire: レッセ・フェール）

の市場に自由に参加することによって結果的に経済の安定と成長が達成されると考えた。

しかしスミスも laissez faire の市場経済だけで国家経済がうまくいくと考えたわけではない。市場が全く供給できない財やサービスが存在する。経済学的に公共財と呼ばれるもので、消費の非競合性と非排除性の性格を持つ財である。非競合性とは、ある主体によるその財の消費が他の主体の消費を妨げないことをいう。このような財は多くの人々が同時に同じ財を消費することが可能であり、消費者間での競合関係はない。非排除性とは特定の人々をその消費から除くことが技術的に不可能であることをいう。このような財は、ひとたびそれが供給されたならば、だれでも自由に消費することが可能であり、フリーライダーが生ずるため公共財は政府が提供しなければならない。典型的な例が国防や治安である。初期の古典経済学では政府は警察機能を果たせば良いという考えであった。[注8] 典型的な公共財として例に挙げられるのが灯台であるが、現在は灯台そのものの機能が減退してしまった。その他の公共財の例としては、公園、道路、国土保全等が典型的なものである。

このような純粋公共財は政府が提供しなければならない。[注9]

また市場は必ずしも有効に機能するわけではない。市場が有効に機能しない状況を市場の失敗（market failure）と言う。例えば市場経済は完全競争を前提にしているが、独占状態が生ずる場合があり、そのような場合には政府が介入して市場が機能するようにしなければならない。

上記のほかに market failure が生ずる状況として次のようなことが挙げられる。[注10]

◎取引費用　市場取引には取引費用がかかり、これが非常に大きくなる場合がある。非営利組織は取引費用を軽減する機能が期待される。

◎財・サービスの専有可能性　市場が有効に働くには消費者が財やサービスを私的に所有し利用できなければならない。そのために法律の整備や政府の介入が必要になる場合がある。

◎外部効果　ある主体の行動が他の主体の効用や生産性を高め便益を与える外部経済と、効用や生産性を低め、損害を与える外部不経済がある。そのため政府による規制や課税といった政策が必要になる。

◎情報の非対称性　情報のコストが高い、あるいは情報が得られない場合には市場は機能しない。この面も非営利組織に期待されるところである。

2-2　準公共財の拡大

　市場経済の最大の問題点は、購買力（需要）の伴わないニーズ（必要）は充足されないことである。市場主義では需給がバランスする筈がなく、資本家を利するだけで労働者は低所得に甘んじなければならないので、国民のニーズを充足するには政府が需給調整に積極的に関与し計画的に財・サービスの生産を管理すべきであるというのがマルクス、エンゲルスの社会主義経済学であり、その思想に基づくプロレタリアート革命により成立したのが社会主義・計画経済体制である。

　古典経済学はセイの法則—供給は需要をつくりだす—を前提としているが、この原則が働かないことが明らかになり、資本主義経済の矛盾が顕在化したのが1930年代の大恐慌である。そこで古典経済学に代わって登場したのがケインズ経済学で、公共投資により需要創出を図った。

　古典的な夜警国家では社会的ニーズに十分対応できないし外部不経済の問題にも対応できないということが明らかになり、政府の機能が拡大してきた。例えば環境汚染等の「費用」が内部化されないため、政府の介入が必要であるし、社会資本充実のための公共投資、公営企業、福祉サービスの提供等も求められるようになってきた。これらの財は準公共財と呼ばれるが国民の福祉の向上が政府の責任と考えられるようになり、資本主義国家においても政府の役割は増大してきている。どこまでを準公共財として政府の責任で提供するかは国によって異なるし、歴史的に変化してきている。

2-3　近代フィランソロピー

　典型的な準公共財である福祉、医療、教育といった機能はキリスト教国では教会の領域と考えられてきた。資本主義が発達しブルジョワジーが力を持つようになり教会の力が相対的に低下してくると、従来、教会が担っていた機能をブルジョワジーが果たすようになる。近代的なフィランソロピーの始まりである[注11]。

　日本でも江戸時代には近隣での助け合いが行われていたが、明治維新になり資本主義化が始まると、明治末期から昭和初期にかけてはフィランソロピー活動が行われるようになった[注12]。

2-4　政府の失敗：福祉国家の衰退と非営利セクターの台頭

　20世紀末の冷戦構造、社会主義体制の崩壊が新しい市民社会の担い手としての非営利組織の再評価へとつながっている。

　第2次世界大戦後は、国家の機能は準公共財にまで拡大し、資本主義国家も程度の差はあれ福祉国家の道を歩み始め、準公共財の範囲が拡大し政府の機能が拡大してきた。その結果、財政負担が増大するのは避けられないし官僚制による非効率等問題が顕在化してきた。政府の失敗（government failure）の発生である。そこで、market failure, government failureに対応する第3の財・サービス提供組織として非営利組織が再び注目されるようなってきた。既に世界各国で1980年代から民間非営利組織の重要性が高まっているが、21世紀には民間非営利組織の重要性が従来以上に高まるものと思う。

　レスター・サラモンは *Foreign Affairs* の1994年July/August号にThe Rise of the Nonprofit Sectorを発表し、世界的な規模で非営利組織の重要性が高まっていることを指摘し、世界的組織革命（Global Associational Revolution）と呼んだ。この論文は直ちに中央公論10月号に「福祉国家の衰退と非営利団体の台頭」として翻訳掲載され、日本でも大きな反響を呼んだ。サラモンは、この動きは19世紀の後半における国民国家の台頭が与えたのと同様なインパクトを与えるかもしれない、とさえ述べている。

　レスター・サラモンは非営利組織の重要性に早くから注目し、アメリカ国内での調査研究を経て、1990年に非営利セクターについての国際比較プロジェクトを発足させた。その第1期の研究成果の概論は1994年に"The Emerging Sector"として発表され、1996年に翻訳『台頭する非営利セクター』が刊行された。[注13]

　非営利セクターの機能は政府、企業との相対的な関係性で決まってくるものであり、非営利セクター発展の度合いは様々な要因により規定される。

　レスター・サラモン、ヘルムート・アンハイアは上記『台頭する非営利セクター』において、非営利セクター発展の要因として、国民的多様性、福祉国家の範囲、経済発展のレベル、法的枠組み、歴史的伝統をあげている。

　多民族国家の場合、価値観が多様である。経済発展につれて欲求が広がり多様化する。歴史的伝統は宗教の影響が大きい。どちらかと言うとユダヤ・

キリスト教の伝統の方が非営利活動促進的である。

　サラモン、アンハイアは言及していないが、統治のサイズも大きな要因であると思う。国民の価値観がそれほど多様ではない日本のような国でも、規模が大きいから中央集権の単一の基準で統治することは難しく、非営利セクターに依存せざるを得なくなる。

　特に東欧革命を機に非営利セクターが注目されている背景を筆者なりに纏めてみると、経済・社会のグローバル化、冷戦の終結、政策課題の複雑化、多様な芸術・文化への欲求、政府の肥大化・硬直化をあげることができる。

　具体的には

①**経済・社会のグローバル化**　環境問題が典型的だが、1992年のリオデジャネイロでの地球サミット以来、民間団体の重要性が高まってきている。

②**冷戦の終結**　従来は無理やりに抑え込まれていた人権問題・地域紛争が顕在化してきた。国家権力は解決にならない。平和の確保もそうである。やや性格が違うが1996年の在ペルー日本大使公邸での人質問題も国際赤十字という民間公益団体が活動した。

③**政策課題の複雑化**　内政・外交ともに政府に対して対案を提示するシンクタンクやアドボカシー型の民間団体が重要になってきている。政府のあり方そのものの研究も政府ではできない。

④**多様な芸術・文化への欲求**　政府が対応すべき、またできる分野ではない。

⑤**政府の肥大化・硬直化**　日本のみならず先進諸国で福祉国家の行きすぎが問題になり、社会サービスの先駆性・多様性・柔軟性・効率性・迅速性を実現するための受け皿として民間公益団体が求められている。

　現在の日本でのNPO論議は上記の⑤が中心になっており、効率性を達成するための無償労働としてボランティアが論議されているが、非営利セクターの問題は政治改革・行政改革・財政改革・地方主権等の問題と一体になった、これからの社会のグランドデザインを描いていく非常に大きな問題であることを認識しなければならない。

　ピーター・ドラッカーも、「あらゆる工業化社会において、社会的なニーズや、社会的な欲求や、社会的な期待が急速に高まりつつある。しかも同時に、それらの社会的挑戦を満足させるための政府の能力は、ますます限界に達しつつある。現代の政府は、たとえそれが日本の政府のように有能なもの

であっても、ますます限界へと近づきつつある。すでにアメリカでは、重要な社会的領域において、この30年から40年の間にみられた成功らしきものはすべて、非営利組織によって成し遂げられてきたのである」として早くから非営利組織の重要性を指摘してきた。また、『ポスト資本主義社会』でコミュニティにおける「社会セクター」が先進国における「成長セクター」の1つとなると述べている。

また、ジェレミー・リフキンは『大失業時代』において、市場部門と公共部門の果たす役割がさらに小さくなり、第3部門の活性化が重要であることを指摘している。

第3節　市民社会の思想

市民社会という言葉は英語の Civil Society の訳語であるが、非常に多義的である。

Civil Society は欧米で古くから用いられている用語であり、決して新しいものではない。アリストテレスから現代に至るまでのヨーロッパの思想史の主要なテーマである。

このような長い歴史をもつ市民社会論について岡本仁宏は次の3つのフェーズに分けて整理しており、とても分りやすい。

◎古代市民社会 ── ポリス　市民社会＝国家
◎フランス革命と近代市民社会　市民社会＝経済社会
◎現代市民社会　市民社会＝社会−（国家＋経済）

3-1　古代市民社会

第1は古代ギリシャの都市国家であるポリスを前提とした用法である。

英語の Civil Society やフランス語の Societé Civile はギリシャ語の koinonia politike のラテン語訳である Societas Civilis からきている。koinonia politike はアリストテレスが「政治学」で規定した国家（polis）の概念で、市民（ポリテース）の共同体（コイノーニア）を意味する。そこでは市民社会は人的共同体としての国家（Societas Civilis）と同義である。ポリスは政治的・軍事的共同体であり、市民による直接民主主義が行われており、市民が「政治社

会」＝「市民社会」を共同で支配すると同時に、市民それぞれがその支配に服し政治的・軍事的義務を果たす。経済活動は市民の私的領域としての家政(オイコス)のなかでおこなわれて、市民以外の女性や奴隷、外国人が担当した。オイコスは私的なものとして公的な領域から排除されており、アリストテレスはオイコスの支配に関わる「家政学」(oikonomike)の上位に政治学を置いた。

3-2 近代市民社会

　第2はフランス革命でうちたてられた近代市民社会である。

　古代ポリスが没落しヘレニズムから中世の封建社会に入ると市民社会の概念は忘れ去られる。12-13世紀になるとヨーロッパの都市共同体が現れ、市民が現れるが、中世封建社会の政治的支配から市民層が解放されるのは、18世紀における市場経済社会の成立によってである。この「市場」を足がかりとして構想されたのが近代市民社会である。

　1776年はアメリカ独立の年であり、アダム・スミスの国富論が発表され、ジェームス・ワットが蒸気機関を完成させた年で、政治・経済・技術にとって記念すべき年である。近代市民社会では中世封建社会から解放された対等・平等な市民(ブルジョア)が市場において商品交換を行う市場経済社会が念頭に置かれる。この場合の市民社会はアダム・スミスが「商業社会」のモデルとして提示した自由な経済社会として、また「法律の前での平等」に表現される自由な「公民社会」という二重の意味を備えている。つまり近代市民社会における市民は、市場経済の担い手たる「ブルジョワ」bourgeoisとして自己規定性をもつと同時に、「人間と市民の諸権利」の主体たる「シトワイヤン」citoyenとして現れる。

　現実政治の上で、身分制社会から市民社会への転換が最もすっきりした形で行われたのが、アンシャン・レジームを否定した1789年のフランス革命である。

　思想史的に見ると、フランス革命に先だって国家と市民社会の関係を論じたのはジャン・ボーダンの『国家論』(1576)である。ボーダンによると「家 la famille は自然的共同体 une communauté naturelle であり、職業身分団体 le college は市民的共同体 une communauté civile であるが、国家はさらにそれ以上のもの、つまり主権によって統治された共同体 une communauté gouvernée par puissance souveraine である」。ボーダンは主権という、近代の政治思想にとって中心的な位置を占める概念を導入した。このことによって、支配する者と支配される者が同等であるという、ポリス的な理念に基づく伝統的な「市民社会」=「国家」という図式は解体した。

フランス革命に大きな影響を与えたルソーは国家を1つの精神的で集合的な団体であるとしており、直接民主主義による都市国家的な国家を想定していた。[注19]

近代市民社会は国家からの相対的自立性を獲得し、市民が自由に活動を行う場であるが、その場は主として市場であり、経済社会が中心である。ヘーゲルは市民社会を政治社会である国家と区別したように、市民社会は政治性を喪失し、経済的なものとなった。ヘーゲルの市民社会はまずは「欲求のシステム」、つまり分業と交換による諸個人の欲求の相互充足のシステムとして了解される。

マルクスは Civil Society をドイツ語のブルジョア社会 Bürgerlich Gesellschaft と訳し、プロレタリアート階級と区別された有産階級市民の排他的な社会、ブルジョア社会・資本家社会を指すものとした。マルクスは近代市民革命によってもたらされた政治的解放の本質を、政治的国家からの市民社会の解放であり、市民社会の原理をなす物質主義と利己主義の完成とみていた。この点では市民社会を「欲求の体系」とみたヘーゲルに共通する。[注20]

20世紀における国家中心のパラダイムの下では、個々の市民は「国民」という想像の共同体の成員とされ、国民政党と国家諸制度のシステムによって垂直的に組織された。[注21] 国民国家の枠組みの中でも市民社会という言葉が忘れられていたわけではない。日本ではマルクス主義的なイデオロギーをもった言葉として論じられてきたのであるが、ソ連圏の崩壊に伴う東欧革命を1つの契機として市民社会という古い言葉が再び新しい生命を持って世界的に語られるようになった。

3-3 現代市民社会論

第3のフェーズである現代市民社会論は20世紀の最後に登場してきた。

ベルリンの壁の崩壊に象徴される旧社会主義国の変革は、20世紀における市民革命として捉えてもよい。この「革命」は労働運動に止まらず、ジェンダーや民族、環境などの多面的な展開を見せ、この一連の東欧革命はルー

マニアを除き、流血の惨事なしに成し遂げられ、また全面的な軍事的内戦を伴わずに達成された。

この革命は 1980 年におけるポーランドの自主管理組合「連帯」の成立に始まると言えよう。その頃にはハンガリーでは「民主フォーラム」、チェコスロヴァキアでは「市民フォーラム」が結成されている。1989 年 6 月 4 日、中国の天安門事件とまさに同じ日にポーランドで「連帯」政権が成立し、東欧革命が始まった。この年 8 月、9 月には東ドイツ市民が西ドイツに大量に脱出し、10 月 18 日にホーネッカーが退陣し、11 月 9 日にベルリンの壁が開放された。チェコスロヴァキアでは 12 月 29 日にヴァーツラフ・ハヴェルが大統領に就任、ルーマニアでも 12 月にチャウシェスク政権が崩壊した。1991 年 12 月のゴルバチョフの辞任演説は、「社会は自由を獲得し、精神的に解放された。これが最も重要な成果である」として社会主義の死滅を宣言したものである。

現代市民社会論の特徴は、市民社会を国家からも市場からも距離をもった領域として考える点にある。岡本はその意味で、現代市民社会論を 3 パーティー・モデルと呼ぶことができると述べている。3 セクター論と同じである。

1998 年 3 月、笹川平和財団主催で行われたスロバキア共和国のミハイル・コヴァーチ大統領の講演会に出席する機会を得た。笹川平和財団内の笹川中欧基金がスロバキア共和国へ様々な助成を行ってきた縁で、折から長野で開かれていた冬季オリンピックに出席するために来日された機会に講演をお願いしたものであった。大統領が「ヨーロッパにおける市民と国家の関係という非常に現実的な課題である市民社会の課題に焦点を絞って」話をされたのは、新鮮な驚きであった。日本の政治家が市民社会について一般向けに講演をしたのを私は寡聞にして知らない。

同大統領は、「中欧・東欧の権威主義的ななごりが強い国々では、市民社会の萌芽は未熟で、市民社会の制度は大きく発展するための充分な場を持っておらず、地域自治機関における分権化が充分に進行し機能していない」と述べている。[注22] これは正に日本の現状ではないか。

先進諸国においても 1970 年代の終りから、これまでとは異なった社会像・国家像を前提とした新しい社会運動が展開された。緑の党に代表される環境運動、フェミニズムの運動、反核運動などであり、国際 NGO の活動など国

家とは一定の距離を保つ運動が盛んになってきた。また新自由主義の台頭で国家対市場という枠組みそのものが機能しなくなったこともある。

ラテン・アメリカでも国家と結びついた政治的・経済的な権力から脱却する運動が一定の成果を収めた。権威主義的な支配体制からの離脱の結果だけでなく、運動のあり方という意味での過程もまた新しい市民社会像の構築を促した。

アジアでも1986年のフィリピン革命に象徴されるように市民社会への流れが形作られ、1999年11月にタイのバンコクで開催された第1回アジアNPO学会（First Asian Third Sector Conference）でも、市民社会という言葉が飛び交っており、市民社会の議論は世界的な潮流である。

もっとも、国家がすべてである社会主義国家であった東欧や開発独裁により経済発展を成し遂げたアジアにおいては、経済も国家の支配下にあったのであり、東欧やアジアで市民社会という場合、市場経済も市民社会に含めて論じられることが多い。2001年2月に大阪で行われた国際フォーラム「アジアの叡智会議」で"The Future of Civil Society and Democracy in South East Asia"と題する極めて格調の高い基調講演を行ったフィリピンのラモス元大統領も、明かに市民社会に市場経済を含めて考えていた。

3-4　リバタリアニズム

福祉国家の諸問題に伴う政府の失敗が認識され始めた1970年代後半以降、先進諸国を中心に、第2セクターを重視するリベラリズムが台頭してきた。リベラルという用語にはヨーロッパとアメリカで語感が異なるようである。ヨーロッパでは注釈なしに「リベラル」というとき、多くの場合には、レーガン、サッチャー流の「保守革命」が推進した意味での経済自由主義を考える。これが「ウルトラ・リベラル」となると、その方向を推し進めたリバタリアンが念頭におかれる。リバタリアンは社会からの国家の撤退を促すという意味を持つ。アメリカでは、1960年代まで「リベラル」が進めてきた方向は私的領域に介入する「大きな政府」とそれに影響を及ぼす組織利益を軸として動く「利益集団的自由主義」をもたらしてきた。[注23]

リバタリアンは、もはや国民という社会的規定性を帯びた個人を前提とすることなく、自然権を授けられた個人、社会に先立つ個人から出発して、共通善の構築をめざす。国民としての個人は、経済成長、福祉、技術進歩と

いった国民国家の共通善と結びつき、その共同性があらかじめ保証されていた。リバタリアンは個人の自由に最高の価値を置いている。このような社会的規範を受けない自由な個人が、社会的統合の危機を招かずに共同の規範を築き上げることができるかが課題である。

3-5　コミュニタリアニズム

　リバタリアニズムのようにあまりにも個人の権利を主張する考えに対し共同体の政治社会全般への義務を重視するのが、コミュニタリアニズムである。旧来型の閉じた地域共同体は同質性を求め排他性を持つものであり、市民社会は機能性、多様性、開放性といった特徴を持つが、コミュニタリアニズム（共同体デモクラシー）は閉じた共同体への回帰ではない。[注24]

　コミュニタリアニズムについても様々な議論があるが、ここでは斉藤日出治（1998）による簡潔な要約を紹介しておこう。[注25]

　即ち、共同体デモクラシー（コミュニタリアニズム）は、リバタリアニズム（市場至上主義）に対する概念で、個人の孤立化や個人の権利を過剰に主張する傾向を批判し、他者と共有すべき価値をまず第一に尊重すべきことを訴える。したがって、そこでは分断された諸個人を互いにつなぎ合わせるための実態的な関係（学校、家族、近隣など）が重視される。彼らは市民的道徳性を重んじる市民的共和主義の立場に立つ。彼らは「各人が共有する道徳的な価値と実態的な共通善の観念を中核として組織されるようなタイプの共同体へと回帰すべきだ」と主張する。

第4節　Civil Society、市民社会、非営利セクター[注26]

4-1　Civil Society

　このように近年、市民社会は世界的潮流であるが、実は現在使われている市民社会という言葉は多義的である。この点について日本国際交流センターの勝又英子事務局長が次のように整理しており分かりやすい。英語でCivil Societyという場合、①社会のあり様を指す場合、②期待する社会を実現する担い手を指す場合、③国家・企業と異なる主体全てを指す場合がある。[注27]こ

の③の場合が上述の現代市民社会論の用法であるが、この場合 Civil Society は殆ど民間非営利セクターに近い。

　出口正之は、現在の潮流を歴史的な市民社会の概念と区別するため、シビル・ソサエティとカタカナ表記するほうが良いと言っている。[注28] しかしシビル・ソサエティと言い換えても、多義的であることには変わりがないから、ここでは市民社会で通すことにしよう。

　日本では①の意味で使われることが多く、筆者自身も①の意味で使う場合が多く、筆者が座長を努めた市民検証研究会編『市民社会をつくる』[注29]の場合も、①の意味であるが、英語の文章を読む場合は②③の場合が多いので気をつけなければならない。

　①の場合も使い方は様々で、第14次国民生活審議会では「個人が自らの手で社会を構築していくことができる社会」であるとしているが[注30]、市民社会にはもっと政治的な意味があると思う。ローマクラブ・レポート『国際援助の限界』[注31]によると「市民社会とは、主権者としての権利と責任を自覚した個人が集まって、政治、経済、社会の分野で積極的に参加し、支配的な役割を果たす社会」である。

　最近は非営利セクターを civil society と呼ぶようになってきており、レスター・サラモン教授を中心とする民間非営利セクターの国際比較研究の第2フェーズの報告書のタイトルは"Global Civil Society"である。また非営利組織を市民社会組織（Civil Society Organization: CSO）と呼ぶようになってきている。NPO が単に利益を配分しないということでしかないのに対し、NPO/NGO を他セクターの残余として位置付けるのではなく市民社会の担い手として市民的公共を実現する組織として、より積極的な位置付けをしようという主張を含んでいる。

4-2　市民

　市民社会を論ずるにあたっては、そもそも「市民」とは何かが改めて論じられなければならない。

　ところが「市民」とはよく分からない言葉である。市民という言葉自体は新しいものではないが、一般的には神戸市民とか横浜市民のように特定の行政区画としての「市」の住民を指す。このような意味では東京都区部には市民は存在しない。別の意味では「市民革命」あるいは「市民社会」と関連づけ

て用いられる場合だ。これは英語のcitizenあるいはフランス語のcitoyenの翻訳語である。

　日本語の「市民」には都市の住民という意味の方が一般的であるから、citizenあるいはフランス語のcitoyenを「市民」と訳すのはあまり良くないのかもしれない。笹川平和財団ではアメリカのミネソタ大学に対しCitizenship Education Policyについての国際比較研究への助成を行った。この研究プロジェクトの日本語名は「公民教育」である。アメリカのcivil rightsは公民権と訳されることもあるが、日本語の公民権は地方公共団体の公務に参与する資格を意味することがあるから、この言葉も使いにくい。新しい言葉をつくりだすことが必要なのだろうが、今のところは適当な言葉がないので、本書でも市民という言葉を使っていく。

　アメリカ合衆国憲法は市民の定義を置き（第14修正）、選挙権および被選挙権に関する項目には市民（citizen）という言葉を用い、その他の場合は国民（people）という言葉を用いている。フランスの人権宣言はもっと明快である。人権宣言は人と市民の権利（des droits de l'homme et du citoyen）宣言であり、立法参加権（第6条）および租税の分担（第13条、14条）に関する条文のみが市民という言葉を使っている。

　なお、people（英語）、peuple（フランス語）は人民とも訳されるが、それに国の名前がつくとアメリカ合衆国国民、フランス共和国国民を指し市民の集合体を意味しており、1人1人の個人を意味しない。

　ところが日本国憲法には「市民」という言葉はなく「国民」があるだけであり、「何人も」という表現で個人の基本的人権に関する規定が設けられている。（人の英訳はpersonである）。フランスの人権宣言でも基本的人権は人（l'homme）の権利として規定されており、市民の権利とは区別されている。このように日本の社会には「国民」と「個人」があるだけで「市民」という概念がないのである。

　市民社会とは西欧において封建領主に対する市民革命により血で購われた社会なのであり、「市民よ武器を取れ」と歌うラ・マルセイエーズは現在にいたるもフランス共和国国歌なのである。

　市民とはそのような革命的な概念を含むものであるから、この言葉を使うにはそれなりの覚悟が要る。それこそ市民社会の建設を願う市井の活動家が「市民」を自称するのは当然であるが、法律に書き込むにはそれなりの概念

規定が必要だと思うのである。法律用語として「市民」を定義する場合は、外国籍の住民の権利・義務の問題も関わってくるのであって、国家主義的党首を戴く政党や保守本流の政党が安易に法案に使う言葉ではないと思う。

1998年9月に神戸地域産業フォーラムを事務局として設立された「市民社会ネットワーク」設立趣意書は筆者が起草したものだが、「市民」を「政治的・社会的権利・義務を持ち、公共性を自覚した自立・自律した個人」と定義した。そのような市民がつくる社会が市民社会であり、市民社会の政治のルールが民主主義であると考えている。この考えは、前述のローマクラブの定義に近い。

もっとも、八木紀一郎は、市民社会は市民がつくる社会というのは厳密には間違いであると言う[注32]。市民社会とは社会状態のあり方であり、特定の姿で思い浮かべられた市民の総和ではないと言う。市民がつくる社会と規定してしまうと、市民について論じなければならないが、八木はまた、社会における主体形成の問題は市民社会論にとって避けて通ることができない問題であることを承認する、としている。

第5節　日本の市民社会論

5-1　戦前から高度成長期

日本でも市民や市民社会について語られるようになったが、日本の市民社会論について振り返ってみよう。

日本では戦前からアダム・スミス研究に基づく大河内一男の市民社会論があり、戦後は1950年代から70年代初めにかけてマルクス主義の立場から高島善也、内田義彦、平田清明らが市民社会を論じてきた。マルクスが否定的に捉えたBürglich Gesellschaftを肯定的に捉えて論じたのが平田清明である。また久野収、鶴見俊輔らは市民社会という用語は使わず市民運動を理論的に指導してきた[注33]。

日本での市民社会論の主導者の1人である内田義彦は権威主義体制から脱却して民主主義を構築することを念願しており、内田が用いる市民社会という言葉は「自由で独立した諸人格の間で自発的に取り結ばれた平等な関係に[注34]

よって編成される社会」という理念を示すものと理解し得る。[注35]

坂本義和[注36]の「人間の尊厳と平等な権利との相互承認に立脚する社会関係がつくる公共空間とその不断の歴史形成過程」という定義は難解で抽象的だが、市民社会を論ずる際の基本的理念と言えるだろう。坂本は「市民社会とは何かは、たえず市民自身が再定義していく歴史過程である」としており、賛成である。

第2次世界大戦後の市民社会や市民運動は、1965年の「ベトナムに平和を！市民連合」のように当時の社会情勢にあって対米従属反対自主独立という左翼イデオロギー的色彩を持っていた。[注37]

5-2 制度疲労から新しい市民社会論へ

日本は1960年代に高度成長を達成し、国民の生活水準も大幅に改善されたが、1971年8月のアメリカのドル防衛策で日本は変動相場制に移行し大きな打撃を受ける。さらに1973年10月の第1次オイルショックで1974年は狂乱物価に見舞われ戦後初のマイナス成長を記録した。

1970年代は戦後社会の枠組みが機能しなくなり、いわば制度疲労が認識され始めた時期である。

1970年代には大都市で革新市長が当選し、中央政府に対して独自の政策をとり始める。革新市長は一時姿を消すが革新市長でなくても地方自治への動きは止まらず地方分権一括法へとつながって行く。

1973年には70歳以上の老人医療の無料化が実現したが、その直後に日本は低成長時代に入り、財政負担から福祉の見直しなどが始まり1980年代の行財政改革へとつながっていった。1985年11月にはシルバーサービス振興室が設置され民間福祉への依存が深められ、1989年にはゴールドプランが策定され、在宅福祉へと大きく方向が転換していく。

1980年代の後半からは住民参加型在宅サービス団体が活動を始め多様な社会サービスを自ら担っていくようになる。1982年には神戸ライフケア協会、1983年にはコープくらしの助け合いの会が設立される。時間預託型サービスあるいは有償ボランティア型の活動が始まるのが1980年代である。1985年には男女雇用均等法が成立、1999年の男女協働参画社会基本法へとつながっていく。

1983年には留学生10万人計画が発表され、また1980年代には外国人労

働者も増加し始め多文化社会へ進み始めた。

　高度成長から安定成長に移るころには生活の質が問題にされるようになった。1973年の国民生活白書に「生活の質」という言葉が登場していたし、総評の運動方針でも「文化と教育の闘い」「婦人労働の闘い」が大きく取り上げられ、「文化と教育の闘い」とは、「『くらしの質』をもっと人間らしいものに自覚的に高めていくこと」だとされている。また「その現実の目標は、日本の現状においては『生産より生活を大事にする』ことである」と指摘している。[注38]

　生活の質、即ちQOL（Quality of Life: 生活の質）を数値で測るのは難しいけれども、少なくともGDPだけでQOLが測れないことは確かである。もっともこれにも段階があって、所得水準が低い時期にはGDPの向上がそのままQOLの向上につながる。このような時期には開発独裁であっても、計画経済であっても不満は少ない。しかし所得水準が上がり価値観が多様化してくると、QOLには精神的な豊かさとか快適な環境、社会の仕組みの決定への参加といった欲求が満たされているかどうかも尺度になってくる。現在の日本で市民社会の建設が求められているのは、そのためである。自分たちの暮らしに関係する社会の仕組みを自分で決めたいという欲求、自分たちの価値観の実現を可能にする社会にしていきたいという欲求が、市民社会への動きなのである。

　1970年代には高度成長の歪みとも言うべき環境問題が深刻化し、1971年には環境庁が発足した。さらに地球環境問題では、1972年にストックホルムでの国連人間環境会議で、人間環境宣言が採択された。ストックホルム会議の20年後にリオデジャネイロで開催された地球サミットには日本からも多数のNGOが参加した。翌年の1993年に国連の経済社会理事会のもとに「持続可能な開発委員会」が設置され、「持続可能な開発」がキーワードになった。

　1985年9月のプラザ合意の結果1985年2月には1ドル263円であった円が急速に値上がりし、1988年には120円に達した。円高の進行から日本企業は輸出促進から現地に工場を建設し現地生産へと経営戦略をシフトさせた。このように円高を契機として日本の輸出産業は現地化が進み競争力のある企業はグローバル化し、規制緩和を求めるようになってくる一方で、国内の市場のみを対象とする産業は依然として規制による保護を求め、日本の産

業は二極分化してくる。

　第 8 章で取り上げるように、海外に進出した日本企業はアメリカの地域社会における企業のあり方を学び、community relations を体験し、コーポレート・シチズンシップ——企業市民の重要性を理解するようになり、アメリカ企業の企業市民の考えが日本国内に紹介されるようになった。

　このように 1990 年前後に企業市民活動への関心が高まり、また 1990 年の経済白書がフィランソロピーを取り上げたこともあり、1990 年は、フィランソロピー元年とも言われるようになったのだが、この頃の動きはまさに企業主導であった。

5-3　新しい市民社会論[注39]

　1994 年に NIRA の委託研究「市民公益活動基盤整備に関する調査研究」の調査報告書が刊行され、市民による公益活動の重要性が指摘された[注40]。同年 11 月には「市民活動を支える制度をつくる会 C's」が結成され、市民活動促進に向けてロビー活動を展開し始めた。

　このような状況にあって 1995 年 1 月には阪神・淡路大震災が起こりボランティアが大活躍したところから、1995 年は「ボランティア元年」と呼ばれるようになった。

　政府ではボランティア支援立法に取り組むことになり、18 関係省庁による「ボランティア問題に関する関係省庁連絡会」を設け検討を始めた。ところが今度は 3 月に地下鉄サリン事件が起こったため市民活動に対する政府の考え方に微妙な影響を与えた。

　1998 年 12 月には特定非営利活動促進法が施行され、日本の市民社会は大きな変貌を遂げたといえるが、新しい市民社会という用語がよく使われるようになったのは、疑いもなく 1995 年の阪神・淡路大震災がきっかけであった。

　ここで阪神・淡路大震災後に被災地で語られている「新しい市民社会」を見てみよう。

　「ぬくもりのある、こころ豊かなまちをつくっていくには、市民の自立と支えあいがなければならない。市民がつくる計画は、このような市民の存在を前提としている。そしていまの日本にはこのような市民がつくるまちづくりを可能にするような仕組みが存在しないことに気がつく。このことは、より基本的には日本にはまだ市民社会が存在していないことを意味する」[注41]。「市

民社会という言葉に明確な定義があるわけではない。市民社会のイメージは人によって様々である。しかし、少なくとも中央集権型・官僚支配の社会を、地域主権・主権在民型の社会に変えていかなければならないことは共通の認識になっている。顔の見える政治を実現することといってもよい」[注42]。「自分のくらしは自分で決めて、自分でつくる社会」[注43]。

震災NPOの「新しい市民社会」論は、のちに震災ユートピアと呼ばれた「市民同士の共助」および「市民と行政の協働」の体験に基づいている[注44]。

震災直後には行政が物理的・組織的に機能不全に陥り、市民自らが公共領域を担わざるを得ないことになった。これは単に被災者救援・援助という緊急の行動だけではなく計画自体を行政と市民・有識者が協働して政策をつくっていった。

1995年7月に設置された被災者支援会議がそれである。被災者支援会議は市民団体の代表や研究者等現場感覚を持ったメンバーで構成され、1995年7月のパートⅠ結成から2005年3月のパートⅢ解散まで開催され、復興支援会議の提言を県庁課長級で構成するプロジェクト・チームが具体化し執行していった。被災者支援会議は、被災者と行政の間に立って、被災者の生活実態、意見、要望をつかみ、生活復興に関する支援策や課題の整理方向を、被災者、行政等に提言、助言することを目的としており、学識者のほかNPOもメンバーとして参加した。

震災直後の被災者支援会議は、委員が現場に自ら赴き、被災者と対話を行いつつ政策をつくりあげていった。まさに政策決定によって影響を受ける人々と直接協議しながら政策をつくっていったわけで、代議制デモクラシーとは別ルートの2トラックシステムの萌芽であり討議的デモクラシーにつながる。このような仕組みは震災復興とともに消えてしまったけれども、アクションプランでは「復興支援会議の役割に学び、中間支援組織を増やそう」と呼びかけている。討議的デモクラシーについては第2章で検討する。

震災復興は阪神・淡路大震災復興基金[注45]の資金で行われ、この資金は議会の議決を経ないで執行できたため、復興支援会議の提言をプロジェクト・チームが具体化し執行することができた。意思決定の2トラック化システムがあっても、予算が一元化していれば政策実現のハードルが高い。予算のシステムを組込まないと効果は限られるだろう。

また、震災時に多くの被災者が近隣の住民によって助け出されたところか

ら、コミュニティの重要性が再認識された。『市民がつくる復興計画』にある「消防も、警察もこえへん（こない）。いざというときは、やっぱり、ご近所さんや」という記述が被災者の実感であった。[注46]

このことからコミュニティ回帰が起こり、コモンズが見直されるようになってきて行政サイドからもコモンズが提唱されている。コモンズの見直しについては第6章で取り上げる。

『市民がつくる復興計画』は「『自立』とは『支えあう』こと」という言葉で始まる。一見矛盾するようなこの表現に、震災NPOの思想が集約されている。震災NPOは繰り返しコミュニティの重要性を説いているけれども、旧来の地域社会の再建を念頭に置いているわけではない。

旧来型の閉じた地域共同体は同質性を求め排他性を持つものであり、市民社会は機能性、多様性、開放性といった特徴を持つが、ここで展開されているコミュニティ論は、旧来の地域共同体への回帰ではなく、新しい地域社会、共同性の理念と公共性の理念を融合した社会であり、KOBE発の新しい市民社会論は、コミュニタリアニズムであると思う。

第6節　海外での日本の市民社会論

アメリカにおいても日本の市民社会についての関心は高く、震災の前年の1994年11月にアメリカのジャパン・ソサエティによる「非営利組織と社会変革」をテーマとする日米フォーラムが京都で開かれた。その中のセッションの1つに「市民社会におけるNPOの役割」があり、そこで筆者は、日本は未だ市民社会ではなく、ゆるやかな市民革命の過程にあると述べた。

ジャパン・ソサエティは1998年12月に再びアメリカから調査チームを派遣し、東京、京都、大阪でフォーラムを開催した。このときには一行を神戸に案内し、鷹取救援基地とポートアイランドの仮設住宅を見ていただいた。この時の議論の報告書はジャパン・ソサエティから"Civil Society: Japanese Experiment and American Experience"として刊行された。日米の市民社会の成熟度を表した言い得て妙なるタイトルだと思う。

ジャパン・ソサエティが訪日団を派遣したのと同時期の1998年9月から1999年1月にかけてワシントンの日米協会（The Japan-America Society of

Washington D.C.) は、4回にわたり日米の市民社会に関するセミナー "Civil Society in Japan and America: Coping with Change" を開催した。

　特定非営利活動促進法施行と相前後して海外の学界でも市民社会への関心が高まってきた。2003 年に Stephen P. Osborne 編 *The Voluntary and Non-Profit Sector in Japan*（筆者も分担執筆）、Frank J. Schwartz & Susan I. Pharr 編 *The State of Civil Society in Japan* が出版され 2006 年には Robert Pekkanen による *Japan's Dual Civil Society* が評判を呼んだ。Schwartz & Pharr のものは包括的で優れた論考で日本 NPO 学会賞を受賞した。

　以上、多義的な市民社会、及びその関連概念について概説した。近年の日本における新しい市民社会論の動向は、「ゆるやかな市民革命」の展開に伴って市民社会を作り上げる過程を表現するものと言えるであろう。

筆者注

注1　例えばユルゲン・ハーバーマス（細谷貞雄・山田正行訳）(1994)『第2版 公共性の構造転換』未来社、Alan McKee (2005) *The Public Sphere: An introduction,* Cambridge University Press.

注2　公共空間の問題を幅広く論じたものに、坪郷實編 (2003)『新しい公共空間をつくる』日本評論社、山口定・佐藤春吉・中島茂樹・小関素明編 (2003)『新しい公共性』有斐閣がある。

注3　ビクター・A・ペストフ（藤田暁男他訳）(2000)『福祉社会と市民民主主義――協同組合と社会的企業の役割』日本経済評論社。

注4　Jon Van Til (2000) *Growing Civil Society,* Indiana University Press.

注5　Talcott Parsons (1966) "On the Concept of Political Power." In R. Bendix and S.M. Lipset, eds., *Class, Status and Power,* 2nd ed., New York: Free Press.

注6　この種の分類は切り口を細分化すれば多くなる。ドイツの法学者 G. F. Schuppert は第3セクターを5分割し次の7分類を提唱している。
　　　1. 市場
　　　2. 国家
　　　3. 自己管理団体
　　　4. 自律グループ
　　　5. 社団
　　　6. 組織化された利益団体
　　　7. 民間の非政府組織

注7　市場メカニズム・価格メカニズム。縦軸に価格、横軸に数量をとれば、供給曲線は右上がり、需要曲線は右下がりになる。ワルラスの調整過程は価格

で調整、マーシャルの調整過程は数量で調整する。
- **注8** 「国家の機能は警察機能だった訳です。ドイツの社会主義者ラッサールが軽蔑的に名づけた『夜警国家』なのでした」。E・H・カー（清水幾太郎訳）（1953）『新しい社会』岩波新書、33頁。この言葉はラッサールから由来しているが、いつも次のフンボルトの有名な論文に結び付けて考えられている。Wilhelm v. Humboldt: Ideen zu einem Versuch, die Grenzen der Wirklichkeit des Staates zu bestimmen. 前掲ハーバーマス（1994）の注、237頁。
- **注9** マスグレイブ（木下和夫監訳（1983）『財政学Ⅰ』有斐閣）は市場機構だけではすべての経済機能を遂行することはできないとして政府の機能として次のようなものを挙げている。

 (1) 資源配分機能

　　市場が効率的な資源配分に失敗することがある。不完全競争、規模の経済、外部経済・不経済効果。より重要な点として、市場が全く供給出来ない財やサービスが存在する。

　　公的欲求（public wants）に対応するものであるが、これは社会的欲求（social wants）と価値欲求（merit wants）に分けられる。社会的欲求に対応するものが純粋公共財（サミュエルソンの定義）。価値欲求とは市場で供給される私的財やサービスの水準が何らか基準から不十分と考えられることに関連する。低家賃の公共住宅、公立学校等の正当性。価値欲求は消費者の自由な選好に対して公的な主体が干渉を加えること。準公共財。

 (2) 所得と富の再配分機能

　　税や社会保障、価格規制、補助金の正当性。

 (3) 経済安定化機能

 (4) 高い雇用水準と物価の安定

　　塩澤修平（(1996)『経済学・入門』有斐閣）は、市場機能を補完する目的でNPO（非営利組織）などによる社会貢献活動として供給されるべき財を公益財と呼び公益財の性質として次のような点を挙げている。

 (1) 非競合性：ある主体によるその財の消費が他の主体の消費を妨げないことをいう。このような財は多くの人々が同時に同じ財を消費することが可能であり、消費者間での競合関係はない。
 (2) 非排除性：特定の人々をその消費から除くことが技術的に不可能であることをいう。このような財は、ひとたびそれが供給されたならば、だれでも自由に消費することが可能である。
 (3) 地域性：地域的な差異あるいは独自性が大きいことである。たとえば、どこに公園をつくるか、橋をかけるか、あるいはどのように地域の自然を保護するか、などは極めて地域性の強い問題である。
 (4) 専門性：広範で専門的知識が要請されることである。
 (5) 大規模性：個人の観点からすると規模が大きく、また分割不可能であることを意味する。
 (6) 長期性：短期的な便益や利潤をもたらすというよりも、かなりの長期間、それも現在の世代だけではなく、将来の世代まで考慮に入れるべきことを意味する。地球環境や文化財・遺蹟などの保存がその例である。

上記のうち (1) (2) の性格を持つ財が純粋公共財である。

注10　Dennis R. Young & Richard Steinberg (1995) *Economics for Nonprofit Managers*, Foundation Center による。

注11　イギリスの近代フィランソロピーについては金澤周作 (2008)『チャリティとイギリス近代』京都大学出版会、の詳細な研究がある。

注12　今田忠編 (2006)『日本の NPO 史』ぎょうせい。

注13　レスター・M・サラモン、H・K・アンハイアー (今田忠監訳) (1996)『台頭する非営利セクター』ダイヤモンド社。

注14　ピーター・F・ドラッカー (上田惇生・田代正美訳) (1991)『非営利組織の経営』ダイヤモンド社、日本版への序文。

注15　ピーター・F・ドラッカー (上田惇生・田代正美訳) (1993)『ポスト資本主義社会』ダイヤモンド社。

注16　ジェレミー・リフキン (松浦雅之訳) (1996)『大失業時代』阪急コミュニケーションズ。

注17　詳しくは成瀬治 (1984)『近代市民社会の成立』東京大学出版会、マンフレート・リーデル (河上倫逸・常俊宗三郎訳) (1990)『市民社会の概念史』以文社、ジョン・エーレンベルク (吉田傑俊監訳) (2001)『市民社会論』青木書店、吉田傑俊 (2005)『市民社会論』大月書店を参照頂きたい。

注18　岡本仁宏 (1998)「市民社会論」『NPO 政策研究所ニュース第 4 号』NPO 政策研究所。

注19　ジャン・ジャック・ルソー (桑原武夫・前川貞次郎訳) (1954)『社会契約論』岩波文庫、31 頁。このように、すべての人々の結合によって形成されるこの公的な人格は、かつては都市国家 (Citè) という名前をもっていた、今では共和国 (République) または政治体 (Corps Politique) という名前をもっている。それは受動的には構成員から国家 (État) とよばれ、能動的には主権者 (souverain)、同種のものと比べるときは国 (puissance) とよばれる。構成員についていえば集合的には人民 (peuple) という名をもつが、個々には、主権に参加するものとしては市民 (citoyen)、国家の法律に服従するものとしては臣民 (sujet) とよばれる。

注20　藤原保信 (1993)『自由主義の再検討』岩波新書、142 頁。

注21　佐々木政憲 (2001)「市民的ヘゲモニーと歴史的選択」今井弘道編『新・市民社会論』風行社。

注22　『SPF ニューズレター No. 36』笹川平和財団。

注23　樋口陽一 (1999)『憲法と国家』岩波新書、130-131 頁。

注24　コミュニタリアニズムについては、アミタイ・エツィオーニ (永安幸正監訳) (2001)『新しい黄金率』麗澤大学出版会、アミタイ・エツィオーニ (小林正弥監訳) (2005)『ネクスト　善き社会への道』麗澤大学出版会、Amitai Etzioni: Andrew Volmert and Elanit Rothschild eds. (2004) *The Communitarian Reader Beyond the Essentials*, Rowman & Littlefield Publishing, INC、菊池理夫 (2004)『現代のコミュニタリアニズムと「第三の道」』風行社参照。

注25　斉藤日出治 (1998)『国家を越える市民社会――動員の世紀からノマドの世紀へ』現代企画室、242 頁。

注26　市民社会・NGO・NPO の関連についての優れた論考に入山映 (2004)『市民社会論』明石書店がある。
注27　GAP 編 (1997)『アジアの NPO ── 台頭する市民社会』アルク。
注28　林雄二郎・今田忠編著 (2000)『フィランソロピーの思想 ── NPO とボランティア』日本経済評論社、第9章。
注29　市民検証研究会編 (2001)『市民社会をつくる』市民社会推進機構。
注30　経済企画庁国民生活局編 (1994)『第14次国民生活審議会総合政策部会市民と社会参加委員会報告 ── 自覚と責任ある社会へ』大蔵省印刷局。
注31　ベルトラン・シュナイダー (田草川弘・日比野正明訳) (1996)『国際援助の限界 ── ローマクラブ・レポート』朝日新聞社。
注32　八木紀一郎他 (1998)『復権する市民社会論』序、日本評論社。
注33　主としてマルクス主義の立場からの日本の市民社会論については吉田傑俊 (2005)『市民社会論』大月書店に詳しい論考がある。
注34　篠原一 (2004)『市民の政治学　討議デモクラシーとは何か』岩波新書。
注35　今井弘道 (2001)「「市民社会」と現代法哲学・社会哲学の課題」今井弘道編『新・市民社会論』風行社。
注36　坂本義和 (1997)『相対化の時代』岩波新書。
注37　この点については、佐伯啓思 (1997)『「市民」とは誰か』PHP 選書に厳しい批判がなされている。
注38　日高六郎 (1980)『戦後思想を考える』岩波新書、90頁。
注39　新しい市民社会論を幅広く論じたものに山口定 (2004)『市民社会論』有斐閣がある。
注40　総合研究開発機構 (1994)『NIRA 研究報告書 ── 市民公益活動基盤整備に関する調査研究』総合研究開発機構。
注41　市民と NGO の「防災」国際フォーラム実行委員会編 (1998)『市民がつくる復興計画 ── 私たちにできること』市民と NGO の「防災」国際フォーラム実行委員会。
注42　市民検証研究会編 (2001)『市民社会をつくる』市民社会推進機構。
注43　震災10年市民検証研究会編 (2005)『阪神・淡路大震災10年 ── 市民社会への発信』文理閣。
注44　今田忠 (2005)「震災 NPO と新しい市民社会」*The Nonprofit Review*, Vol. 5. No. 2 日本 NPO 学会。
注45　阪神・淡路大震災復興基金は、兵庫県と神戸市によって設立された基金で、基本財産（出捐金）200億円、これに長期借入金 8,800億円を加えた計 9,000億円の果実を原資として様々な震災復興事業を行った。設立後10年間だけの時限基金で、2006年3月に終了した。
注46　市民と NGO の「防災」国際フォーラム実行委員会編 (1998)『市民がつくる復興計画 ── 私たちにできること』市民と NGO の「防災」国際フォーラム実行委員会、23頁。

第2章
ガバメントからガバナンスへ

第1節　国の統治の形

　政府のあり方は国によって様々である。国＝国家のあり方も様々である。

　通常の定義に従えば、国家は「一定の限定された地域（領土）を基礎として、その地域に定住する一定の範囲の人間（国民）が、強制権力もつ統治権・支配権（国家主権）のもとに法的に組織されるようになった政治的な組織体（統治団体）」である[注1]。

　領土と人と権力が国家の3要素と言われてきた。3要素から成り立つというのは法社会学的国家論である。法学的国家論の著名なものが国家法人説である。憲法学では、国家権力ないし権力の組織体を国家と呼ぶことが多い。人権を「国家からの自由」というような場合である[注2]。

　国家のなかにはアメリカやドイツのような連邦国家もあればシンガポールのような都市国家もある。

　現代国家はアメリカの独立およびそれに続くフランス革命に象徴される民主主義、工業生産、自由競争による市場経済を基本原理とする自由主義国家が主流であるが、社会主義国家、独裁国家も存在する。1917年のロシア革命以後多くの国が社会主義国化したが、ソ連邦崩壊後、現在は社会主義国家は5カ国のみである。即ち、キューバ共和国、中華人民共和国、朝鮮民主主義人民共和国、ベトナム社会主義共和国、ラオス人民民主共和国である。キューバ以外は中国とその周辺国である[注3]。

　国家の中に中央政府と地方政府があるが、日本には地方政府という概念は無く、地方公共団体という言い方をしている。

　日本が現在のような国家になったのは1868年の明治維新の時であるからせいぜい150年程度にすぎない。憲法発布が1889（明治22）年、第1回帝

国議会開会が1900（明治24）年11月であるから、形の上で民主制をとってからは120年程度である。アジアで初めて資本主義国家を目指した日本は、ヨーロッパの後進国であったドイツをモデルに国家体制を構築し、帝国主義の仲間入りを果たそうとした。19世紀末、1894‒1895年の日清戦争（明治27、8年戦役）および20世紀初頭1904‒1905年の日露戦争（明治37、8年戦役）でこれを実現する。

ヨーロッパで民主制が導入されたのはピューリタン革命時のレベラーによる1649年5月の共和国であるが、欧米で現在のような国家の枠組みが出来たのはアメリカ独立、フランス革命の18世紀末であるから、日本よりも約100年早い。

19世紀後半のイタリア統一とドイツ統一以後、国民国家を政体として捉える認識が広がっていった。先進国は後進国に市場を拡大し植民地化すべく武力で戦いあった。帝国主義戦争である。20世紀には2度の大規模な帝国主義戦争が戦われた。第1次と第2次の世界大戦である。第1次世界大戦の敗戦国であるドイツでは、賠償や領土など過酷な条件への不満を背景にナチスが生まれ、イタリアと日本と同盟し第2次大戦を起こす。

第2次世界大戦後は植民地の独立が進み現在の国際社会の枠組みが形作られた。

第1次世界大戦終結直前にロシア帝国が崩壊しソビエト連邦が成立する。第2次世界大戦後はアメリカを中心とする資本主義・民主主義国家群とソ連を中心とする社会主義国家群とが対立する冷戦が続き、20世紀の最後まで続く。この20世紀末の冷戦構造、社会主義体制の崩壊が新しい市民社会の担い手としての非営利組織の再評価へとつながっている。

社会主義は、計画経済であり国家が生産手段を所有する。北朝鮮のように営利企業も自律性をもった民間非営利組織も存在しない場合も多かったが、現在では中国のように国家管理のもとで市場経済を部分的に導入したり、一定の範囲で民間非営利組織の活動の余地が認められている場合が多くなっている[注4]。なお、民間の活動に対する厳しい制約は、経済体制上では資本主義であっても権威主義的な政治体制を取っている国家においても見られるところである。

第2節　デモクラシー

2-1　デモクラシー思想の変遷[注5]

　国家には様々な政治体制と経済体制がある。現在の国家は自由主義経済とデモクラシーを基本理念とする国家が主流であるが、政治体制と経済体制は国によって異なる。

　ウィンストン・チャーチルの言葉として「デモクラシーは最悪の政治形態らしい。ただし、これまでに試されたすべての他の形態を別にすればの話であるが」が伝えられており[注6]、現在、政治体制としてデモクラシーが最も望ましい体制であることは、自明のように受け入れられている。しかし歴史的にも肯定的に捉えられるようになったのは20世紀になってからであると言ってもよい。

　ロバート・ダールが述べているように、デモクラシーの理論は1つだけではなく、いくつも存在する[注7]。とはいえ共通する考え方はある。即ち、1人もしくは数人が他の人々を支配することが認められているような体制はデモクラシーとは認められない。また政治に携わる人々が政府の行為を判断するのに足る基本的な理性を備えていることを前提とする点も共通している。このような判断が意味を持つためには民主的市民というものがいくつかの重要な側面で「自由」でなければならない。即ち、言論、結社・集会、良心の自由である。

　また Terchek & Conte は、デモクラシー政体の誇るべきところは、数世紀にわたるデモクラッツ（民主主義の擁護者）によれば、公職の移動が平和裏に行われるということであったと述べている。公職は在任者の専有するものではなく、理論的に言えば市民に属するものであり、秩序だって平和裏に取り戻すことができるものである[注8]。

　デモクラシーは democracy の訳語である。その語源はギリシャ語の demokratia であり、demos（人民）、kratia（権力）を結合したものであり、人民の権力を意味している。

　ブライスによると[注9]、「デモクラシーなる語はヘロドトスの時代この方、不断に使用され、国家支配権が合法的に、一個の、あるいは数個の特定の階級

ではなく、大体においてその社会の成員の手に納められている政治形態であって、一人の支配たる君主政治（Monarchy）及び少数者、即ち血統或いは財産によって特権づけられた一階級の支配たる寡頭政治（Oligarchy）と対立させられた。かくてそれは常にその数において有数なる貧民階級が、事実上支配する政治形態を指す習慣になっているように考えられるに至り、デモスなる語は往々にして、国民全体ではなく、富裕な遥かに少数な階級を除いた特殊の階級を表示するために使用された」。

ギリシャの哲学者プラトンは哲学者が統治者になるか現に統治者であるものが真の哲学者になる哲人政治を理想としたが、現実には、国の統治の形態は名誉支配制（ティモクラティア）、寡頭制（オリガルキア、富裕な市民による支配）、民主制（デモクラティア）、僭主独裁制（テュラニス）の順に現れるとした。民主制の善は自由であり、自由に対する飽くなき欲望が民主制を破滅に導く。民主制は大衆の消費欲望が支配する無秩序の政治であり、堕落した形態であると考えた。

アリストテレスは「人間は自然に政治（ポリス）的動物である」と主張し、『政治学』を著した。彼は政治体制について公共の福利のために行われる政治体制を「正しい国制」（ポリティア）、私利私欲のための政治体制を「邪道にそれた国制」と呼び、正しい国制として「君主制、貴族制、国制（ポリティア）」の3類型を挙げ、それぞれの邪道にそれた堕落形態が「僭主制、寡頭制、民主制」であるとした。僭主制は一人の支配者が自分の利益だけを目的にする単独者の支配体制、寡頭制は富裕者が自分たちの利益のみを追求する支配体制である。国制は支配者の数が多数の体制であり、現代の用語で言えば民主制であるが、アリストテレスは、国制が私利私欲のために堕した形態を民主制と呼んだ。

多数の市民が参政権を獲得した近代のイギリスにあっても、デモクラシーはレベラーズのような過激派の政治を意味したし、フランス革命時もロペスピエールの恐怖政治と結び付けられた。

デモクラシーの基礎である人民主権論を説いたジャン・ジャック・ルソーにしても、「もし神々からなる人民があれば、その人民は民主制をとるであろう。これほど完全な政府は人間には適しない」と述べ、民主制は人間には向かないとした。ルソーは政体を民主制、貴族制、君主制に分類した。ルソーの民主制は執行権と立法権が結合しており、多数の市民が行政を担当す

る制度で、現代の民主制とはかなり異なる概念である。

　松下圭一によると、歴史的にみて、民主政治は、古代地中海文化圏の共和政治を原型としているが、それは小規模社会としての共同体ないし都市国家に適合的であった。事実デモスの支配という民主政治は、コミュニケーション技術の未発達ないわゆる国民社会成立以前においては、小規模社会におけるいわゆる直接デモクラシーないしそれに近似した形態でのみ、政治的に現実性をもちえた。それゆえ国民社会という大規模社会では、この直接デモクラシーは政治的に不可能とみなされてきた。ルソーが恒久革命的性格をもったその人民主権論において小規模社会の共和政治を指向した理由はこれであり、またモンテスキューが、共和政治は小規模社会においてのみ可能であり、大規模社会では不可避的に君主政治ないし専制政治たらざるを得ない、といった理由もここにある[注13]。

　アメリカ合衆国でも独立当時の支配者層である名望家は一般民衆に対する不信感があり、アメリカの憲法にもデモクラシーという言葉は無い。アメリカ政府の公式声明でデモクラシーという用語が登場したのは、第1次世界大戦にウィルソン大統領が「デモクラシーのための戦い」と表現したのが最初である。

　19世紀半ばから20世紀初頭にかけて各国で普通選挙制が実現し大衆の政治参加が進み始める。しかし大衆デモクラシーはヒトラーのナチズムを生み出すような危険を内包している。デモクラシーの多様性を総合しうるかどうかは「デモスとクラティアとの結合」を促進する実践的な努力にかかっている。

2-2　デモクラシーの欠陥

　政治体制としてデモクラシーが総合的には最も優れているとは言えようが、デモクラシーは基本的には数の勝負であり、本質的に衆愚主義に陥る危険がある。本来は政党が政策論を戦わせ有権者に選択を委ねるのがデモクラシーであり、また理念としては少数意見の尊重ということは謳われていても、政党の主張から漏れる争点、政党が配慮しない少数者が残る。デモクラシーは、市民1人1人が公共的精神を持っていることを前提にした制度であり、少数者に配慮できる成熟した社会でなければ機能しない。

　「多数の当事者の意見の尊重という原理がデモクラシーであるとすると、デモクラシーは偏見の支配という慢性病から恢復できないことになる」「デ

モクラシーの本質は独裁の防止という否定の形にある」ということは自覚しておかなければならない。[注14]

また特定の社会階層の利益代表に支配される危険も少なくない。レスター・サローは「デモクラシーでは単一の政策にしか関心をもたない有権者は、その数以上の影響力をもつ。他の政策で意見が違っていても票が割れることがないからだ」として、高齢者の集団を例に挙げている。また「特定の政策を追及する利益団体が、社会の一員としての制約を受けることなく、構成員の数では計れないほどの力をもつことがある」として、全米ライフル協会の例を挙げている。[注15]

地域エゴ、ナショナリズムにも抵抗力が弱い。

このような民主主義の制度的欠陥を補い、また、官僚組織即ち政府の限界に対応し、人々の生活の質（QOL）の向上に資する社会システムとして注目され始めているのがNPOである。

2-3 ラディカル・デモクラシー

上記のようなデモクラシーの欠陥あるいは限界が目立つようになり、現在のデモクラシーの状況については日本のみならず、いわゆる先進国にあってデモクラシーそのものについて否定的なイメージが広がりつつあり、大きな疑問が投げかけられている。その反面自由主義はプラスイメージで捉えられているとの見方もある。[注16]

アレクシス・ド・トクヴィルが『アメリカの民主政治』[注17]で活写したのはニューイングランド・タウンシップに見られた一般民衆の参加デモクラシーの実践であった。しかし自由主義者はデモクラシーの行き過ぎを防止するために間接デモクラシーとしての代議制デモクラシー、政党制、投票制などの諸制度を創出し、政治制度としての「自由デモクラシー」を実現した。自由主義は所有権、市場経済、起業家精神を重視する理念であり、資本主義制度と密接に関連している。20世紀の資本主義体制はテイラー・フォーディズムに代表される規格品の大量生産体制である。このような資本主義と結び付いた自由デモクラシーに対して、東欧革命による民主化の動きは、一般の民衆の発意と生活に根差したもので、デモクラシーの言わば原点に帰った動きである。このような市民レベルの下からのデモクラシーを主張するのがラディカル・デモクラシーの立場であり、下からのデモクラシーをどう実現していく

のかというのが、ラディカル・デモクラシー論の大きな課題である。

　この場合のラディカルとは急進的という意味ではなく、「根源に立ち戻る」という意味である[注18]。ラディカル・デモクラシーの主張者の1人であるシェルドン・S・ウォリンにとって、デモクラシーとは、現代国家やビジネス企業体の権力形態に代えて、人々の間から、いわば「下から」権力を創出する共同行為、また他の人々との協力と協働に基づく政治的意思決定への参加にほかならない[注19]。

　フォーディズム型デモクラシーでは国民という集団的同質性を持った国民国家が前提となっているのに対し、ラディカル・デモクラシーは、あらゆる種類の集権的権力——カリスマであれ、官僚制、階級、軍、企業、党、労働組合、テクノクラートなど何であれ権力の集中するものを批判するのがデモクラシーであるとする[注20]。ラディカル・デモクラシーは、人間のつくったいかなる思想やイデオロギーといえども、人間問題や社会問題の全面的な解決を処方できる万能薬ではあり得ないという見方に依拠する。

　ラディカル・デモクラシーはユートピア主義とは異なる。あらかじめ考えられたモデルを押し付けようとはしない。そうした押し付けは、そのモデル自体がいかに「民主的」であろうと、必ず反民主的なものになってしまう。ラディカル・デモクラシーは民主的な原則によってたたかわれるものであり、そのプロセスから新しい形の組織が登場するのである。こうしたたたかいはどんな組織でも、またどんな経済や技術のレベルでもはじめられる[注21]。

　したがってラディカル・デモクラシーは、デモクラシーを制度や方法であるとする理論とは相容れない[注22]。しかしながらラディカル・デモクラシーをどのように実現するかについては解があるわけではない。

　向山恭一はラディカル・デモクラシーの系譜を次の5つの形式に分類している[注23]。

　①市民自治の再興をめざす「参加民主主義」（B. バーバー、S. S. ウォリンなど）、②理性的な合意形成のプロセスを探求する「審議的民主主義」（J. ハーバマス、K. O. アーペルなど）、③市民社会の視点から福祉国家の再構築を試みる「社会民主主義」（C. B. マクファーソン、A. ギデンスなど）、④批判的多元主義の立場からローカルな抵抗を促進する「闘技的民主主義」（W. E. コノリー、E. ラクラウ、C. ムフなど）、⑤多元化社会における少数派の民主的連帯を構想する「差異の政治」（I. M. ヤング、W. キムリッカ）。

これらの中から、審議的民主主義、つまり討議デモクラシーを取り上げよう。

2-4　討議デモクラシー

現代の民主政治は殆どがエリート民主主義と呼ばれる代議制であるが、1970年代になって代議制デモクラシーに加えて参加と討議を重要視するツー・トラック（2回路）制のデモクラシーの時代になりつつある。[注24]

ラディカル・デモクラシーの1つの手法として提唱されているのが討議デモクラシーである。[注25] Deliberative Democracy の訳であるが、協議的デモクラシー、審議的デモクラシー、熟議デモクラシーとも訳される。政策決定により影響を受ける人々と直接討議しながら政策をつくりあげていくシステムのことである。

「協議とは道徳的・文化的テーマに関して対立が生じた場合、対立当事者は相互に受容可能な結論を得ることを目的として理性的な協議をすべきであるという理念であり方法論である。協議的デモクラシーにおける個々の法的・政治的諸問題の解決内容は、当事者の合意に委ねられることになり、普遍的である必要はない。政治的・法的問題の道徳化・文化化という主として北米の政治的・法的コンテキストの中で発展をみてきた政治理論・法理論である」。[注26]

討議デモクラシーは基本的には無作為に抽出された市民（ミニ・パブリクス）による討議を行うものであるが、具体的には様々な手法が試みられている。[注27]

　◎**討議制意見調査（Deliberative Poll）**　アメリカのJ. フィシュキンが考案した手法で、一定のテーマについてランダム・サンプリングによって選ばれた、少数のグループによる討議を繰り返した後で意見の調査をする。ナショナル・レベルに限られるものではない。公平な情報と異なる立場からの資料を提供する。専門家や政治家と討論する場も設定する。討議が限られた小数のものだけで終わらないようにテレビや新聞で報道するように配慮。討議の過程で意見が変ってくる。日本でも何回か試みられている。

　◎**コンセンサス会議**　科学技術に関する市民協議の機関。デンマーク科学技術庁が運営。ランダム・サンプリングではない。日本ではNPOによ

る「遺伝子治療を考える市民会議」(1998)→農水省の外郭団体「遺伝子組換え農産物を考えるコンセンサス会議」(2000)。
◎**計画細胞と市民陪審制**　無作為に選ばれたメンバーが少人数の基本単位（細胞）に分かれて討議、提言、計画作りの指針。市民陪審はランダム・サンプリングと層化サンプリングの混合形態である。
◎**多段式対話手続き**　3段階からなる。第1段階はランダム・サンプリングで選ばれた一般市民へインタビュー。第2段階はインタビューを受けた市民、利害関係者、専門家が15名ほどで約3時間の討議を行う。第3段階で計画細胞をつくり、ここから市民提案が出される。

　討議デモクラシーの考え方は社会の中の様々な対立や紛争解決についても有効である。対立や紛争の中には公共性と公共性の対立もある。交通インフラのように極めて公共性が高い事業について航空機か鉄道か道路か、鉄道でも新幹線の建設か在来線の拡充かというのは選択するのは難しい。結局調整がつかずに非効率な公共投資が行われることになる。このような政策課題については討議的デモクラシーの手法が有効であろう。あるいは原子力政策のように国論を二分するような課題も討議的デモクラシーが有効で、1995年の「もんじゅ」の事故を契機に市民パネルの形で1996年、1998年、1999年の3回にわたり原子力政策円卓会議が開催されたことがある。福島の事故後においても冷静な議論が行われる市民パネルが望まれる。

　国家、地方公共団体、コミュニティといった地域と権力の差による公共性の対立もある。地域エゴという言葉があるように地域の公共性は、より高次の公共性を尊重すべきであるというニュアンスであるが、どちらの公共性に正義があるかというのは一概には言えない。地方と国の関係ではsubsidiarityの原則へ移りつつあるが日本では依然として国家上位の風潮が強い。[注28]

　また宍道湖中海、吉野川河口堰や諫早湾の問題のように住民の意見が対立する事態も少なくない。このような問題も討議的デモクラシーの手法が有効であろう。

　その存在の公共性は各人が認めながらも近くには設置して欲しくない、いわゆる迷惑施設のNIMBY (Not In My Backyard)の克服は可能であろうか。NIMBYには様々なレベルの多種多様なものがある。重要なNIMBYの建設について立地のサポートをするための各種の法律が制定されているが具体的手続きに入る前に討議の場を設定しておけば、ボタンの掛け違いを回避す

ことができる。

　成田空港の建設に際しては政府の強権的な姿勢が問題を複雑化した。1966年の用地決定から実に25年後の1991年11月から隅谷三喜男調査団による連続シンポジウムが開催され、1995年の村山富市総理大臣による謝罪によりようやく2期工事へと進むことができた。

　現在の日本には、原子力発電所再稼動問題や米軍基地の再編問題などとてつもなく大きな課題が存在するが、時間をかけて討議を通じて解決策を見出していく努力が必要である。

　その場合ソーシャル・キャピタルの充実度が重要である。ソーシャル・キャピタルとは、物的な社会資本ではなく社会構造の特質、人と人とのつながりのあり方のことで、信頼関係（trust）、社会規範（norm）、ネットワーキングといったものを指す。社会にこのようなソーシャル・キャピタルが形成されていなければ、合意形成は難しい。

2-5　日本のデモクラシー[注29]

　日本のデモクラシー思想は明治時代の自由民権運動から育まれた[注30]。自由民権運動の結果、明治憲法が制定され議会が開催されても藩閥による政治が続いた。1889年の帝国憲法発布により日本はまがりなりにも政治的言論の場が設けられ、やがて大正デモクラシーの時代を迎えた。

　1905年9月、日露戦争講和に抗議する集会が日比谷公園で開催されたが、吉野作造はこの集会を民衆の示威運動の始まりとして高く評価した。一般的にはこの日比谷焼き討ち事件を大正デモクラシーの始まりとする。

　日本ではデモクラシーの思想が海外から大幅に流入してきたとき、天皇主権をはばかって「民主」という表現を避け、「民本主義」（吉野作造）、「衆民政」（小野塚喜平次）のような訳語が充てられたが、第2次世界大戦後はデモクラシーの訳語として「民主主義」が定着している[注31]。吉野は明治憲法にあっては天皇主権であるから、人民主権であるデモクラシーとは別に主権行使にあたって「一般民衆の利福」ならびに「一般民衆の意向」を尊重する主義として民本主義を唱えた。

　サミュエル・ハンチントンは『第3の波』において、第1の逆転の波であった第1次・第2次の世界大戦時を除き、日本をデモクラシー体制の国に分類している。ハンチントンはシュンペーターの定義の流れを受けて、「候補者

が自由に票を競い合い、しかも実際にすべての成人が投票する資格を有している公平で公正な定例の選挙によって、その最も有力な決定作成者集団が選出される政治システム」をデモクラシーと定義している。[注32]

この定義でいけば、日本は制度上は普通選挙が施行されて以来現在までデモクラシー国家である。しかし戦時中は事実上軍事独裁下にあったということで、ハンチントンはデモクラシーから離れた時代としているのだろう。

第2次世界大戦の敗戦により日本の政治経済体制は刷新され、新憲法により主権在民のデモクラシー・システムとなった。しかしながら日本のデモクラシーはマッカーサーが評した12歳から進歩せず、憲法が想定しているデモクラシーが根付いているとはとても言えない。例えば国会の審議は帝国議会の様式を踏襲し、政府に対して質疑を行い政府委員が回答するのが現実で、議員の間での討論は殆ど見られない。

主権在民は日本国憲法に定められた理念であるが、日本人は未だに大日本帝国憲法の呪縛から逃れられず、国民は「お上ご一任」の意識を持ち、官僚は人民の上に立つ天皇の官吏の意識から抜けきれず、公僕としての意識を殆ど持っていない。

アメリカの占領行政は、アメリカ型デモクラシーを日本に植え付けることを目指し軍閥、財閥は解体したものの、間接統治方式による占領行政を執行する必要から、それまでの行政組織は内務省と運輸通信省を解体した他は基本的には解体されず、官閥は温存された。また第2次世界大戦中に規制立法により設けられた諸制度・諸機関が実質的に残されたため、強力な中央集権による官僚支配が続けられることになった。[注33]富国強兵の国家的公共性は経済発展に衣替えし継続された結果、官僚組織は終戦直後の傾斜生産方式を始め戦後の経済復興およびその後の高度経済成長に非常に大きな効果をあげた。戦後日本の経済システムは最も成功した共産主義であると皮肉を込めて言われるように、決して資本主義経済ではなく、優れた経済官僚に主導された計画経済の色彩の強いものであった。また現在の日本国憲法では社会福祉は国家の責任とされ、福祉国家建設という大きな流れにそって公的福祉が充実されてきた。教育についても終戦直後は教育の自由化が進められたものの、占領行政の終了に伴い後退を続け国家管理の強い教育行政が行われるようになっている。このほか医療、まちづくり等国民生活の隅々にまで官僚の目が行き届いている。

日本では公共的なものは権力をもった統治機構、即ち「お上」が担当するものであるとの考えが疑いもなく受け入れられ、また「お上」に対する素朴な信頼感もあり、日本の官僚組織は高度成長期までは効率的・効果的に機能し日本を経済大国に押し上げた。しかし現在は長い間の制度疲労から、縦割組織の弊害、自己革新能力の欠如、アカウンタビリティの概念の欠如等が明らかになり機能不全に陥っている。

　官僚機構というものは基本的に柔軟性を欠き、権力の拡大を図るものであるから、強力なチェック機能がないと、自己増殖を続け巨大なリヴァイアサンと化してしまう。民主政治では議会が政策をつくり官僚機構が行政として執行するのであるが、日本の議会はそのような機能を果たしてこなかった。

　現在のような行政主導の社会にしてしまったのは市民の政治意識にも問題があり、また市民が行政に対して要求が多く行政に多くを依存しすぎたことも事実であろう。

　現在は政治家が官僚批判を盛んに行っているが、政治家も大きなことは言えまい。日本が官治国家であり、官僚政治であるということは、政治家が無力であったことを意味しない。薬師寺によると地方の利権が政治介入し始め、次第に官僚が政治家に従属するようになり、官僚の政治パワーが漸減する方向に推移したという[注34]。厳正中立で公正な官僚による判断が政治家により歪められてきたことは事実であろう。政治家が一部の集団の利益を代表しており、社会全体の利益を考えておらず、政治家が市民の意思を代表していないのである。このことはそのような議員を選出してきた「市民」にも大きな責任がある。

　阪神・淡路大震災後、神戸市政に対する批判が非常に強かった。しかし首長は直接選挙により市民自身が選んだものであるし、行政を動かし行政を監視する議会も市民が選んだ議員により構成されているのである。

　繰り返すようだが、現在の「官」は主権在民のもとでの「官」でなければならず、「みんな」のために行政執行を行うのであるから、外交とか一部の国家機密事項やプライバシーに関わる事項を除き、社会に開かれていなければならない。江戸時代に行政改革を断行した米沢藩の上杉鷹山は、「国家人民の為に立たる君にて、君の為に立たる国家人民には無之候」という言葉を残している。まして現在のデモクラシー社会では、「人民は弱し官吏は強し」(星新一)[注35]ということがあってはならない。

1940年体制とも呼ばれる中央集権的官僚体制が綻び始め、全国各地で市民公益活動が動き始めたのが1980年代の後半で、自由な市民の発想は実に50年間失われていたのである。1990年代は忌まわしい事件が相次ぎ、日本人の精神的腐敗が極度に進行したように見えるが、この期間に市民活動のマグマが静かに動き始めてきていたのであり、阪神・淡路大震災でマグマの活動は一段と活発になった。

第2次世界大戦後のデモクラシーは戦後デモクラシーと呼ばれる。戦後デモクラシーの定義があるわけではないが、現在の憲法の枠組みでのデモクラシーである。明治憲法と対比する、主権在民、平和主義、基本的人権の尊重という特徴を挙げることができる。戦後デモクラシーについては様々な批判がある。現在の憲法はアメリカの押し付けであるので自主憲法を制定しようという動きは早くからあったのであるが、特に安部晋三総理大臣は「戦後レジームからの脱却」を掲げ、戦後デモクラシーを明確に否定している。

戦後デモクラシーの評価と戦後レジームからの脱却論にどのように対応していくかが市民社会に突きつけられた現代的課題である。

第3節　ビューロクラシー

上記のように日本は中央集権的官僚国家の性格が強いが、官僚制（bureaucracy）とは、国家または社会集団における特定の支配構造であり、そこで行われる支配を官僚政治、そこから生ずる支配様式や意識を官僚主義と呼ぶ。官僚制は国家の統治構造（government）の一種として考えられ、代議制や民主制と対比されることが多い。この意味における官僚制の定義は「任命職の専門行政官が、民主責任の保証（例えば定期に行われる選挙とか人民による弾劾制）を免除されたまま、政治的支配を行う統治構造である」[注36]といってよい。

官僚制の概念規定に関して、2つの異なった立場がある。第1の立場は、官僚制の特権性に注目し、社会において特権層を形成している官吏の集団が、主たる権力を掌握している支配構造と理解する。官僚は人民による指導をきらい、もっぱら人民を指導する独善的態度をとり、自己と国家を同一視する傾向をもつ。したがって、この意味における官僚制のもとでは、市民的

自由や民主的指導は成長しない。自由主義、デモクラシーの立場から非難される官僚制の内容がこれに属する。こうした官僚制の典型として、プロイセンの官僚制や明治以後の日本の官僚制が例に挙げられる。

　第2の立場は、現代国家の必然的現象として官僚制を理解するものである。この立場をとるのは20世紀の大衆デモクラシーのもとでは、政策の専門化と規格化は不可避の要請であり、18－19世紀時代の自由放任や予定調和を前提とする素朴な代議制や民主性のもたらす社会的混乱と対立を防ぎ、社会的平等と生活保障を行うため、新しい政治指導を担当する官僚制が必要であると説く。ニュー・ディール以後のアメリカの行政学者や社会学者の間に、この説を主張するものが増加している。なかでも、現代官僚制について典型的な概念規定を行ったマックス・ウェーバーは、こうした新しい官僚制の発生した原因を次の6点に求めている。①貨幣経済の発達、②行政機能の量的拡大、③行政機能の質的変化、④行政における専門要素の優位、⑤物的経営手段の集中、⑥経済的・社会的差別の平均化。

　官僚制の問題は、法の支配、民主制、そして産業化（テクノロジーの発展）との関係で理解することが必要である。テクノロジー――「生命のない機械」――の論理が官僚制―「生きた機械」―の論理と結び付くことによって人間疎外の状況をつくりだしている、とウェーバーが述べたことは有名である。[注37]

　現代の官僚制は「立法国家」から「行政国家」への転換に伴っている。これは市民社会の内部における階級的対立と闘争が顕著となり、既成の議会の妥協的能力に限界が生じてきたためである。

　日本の官僚制は、近代国家としての発足が遅かったため、明治維新に始まる。日本の官僚制には大別して次の3つの特色が顕著である。第1に官僚制内部に絶えざる分裂が存在したことである。明治維新は有力な諸藩の藩士によるものであったために、明治政府を支配する権力担当者は、これらの多元的な政治勢力を代弁するものであった。藩閥政府と呼ばれる原因はここにある。第2は、支配機構の内部にある身分的固定性の伝統を継承したことである。明治維新の推進者は軽輩藩士であったから、封建制の位階をそのまま明治政府に継承したわけではない。その後の官僚を補充する人員も、一般の国民にも厳重な法制的知識を試験することによって、官職の開放を行っていた。しかし1884（明治17）年、新たに天皇を頂点として設けられた位階勲等

により、旧来の領主を華族に列し位階の上位に置き、官吏には学歴と経歴に照応する位階勲等を享受させる制度は、上級官吏と下級官吏との間に、身分上の差別を生み出した。特に明治の初期に多数の士族が新政府の構成者になった事実（1871年に中央官省の官吏の87％が士族であった）によって、いっそう強化され、職務面においてのみならず、私生活においても、上級者に対する下級官吏の卑屈な奉仕と服従を余儀なくされる結果となった。第3は、官権と国民の間に濃厚な「官尊民卑」の意識が普及したことである。末端行政の担当者の多数が、武士出身であったため、その行動様式が著しく特権的色彩を濃厚にした。そして、この風習が、天皇の官吏として、国体観念の神聖性と結合し、いっさいの非道な行政や警察処置の正当性を弁護する根拠として悪用されることになった。第2次世界大戦後も、占領政策の実施が直接的ではなく、日本政府を通じて行う間接統治の形態をとったため、官僚が温存されることになった。特に鳩山一郎内閣の出現（1954年）以後、第2次世界大戦中の指導者が大量に政・官界に復帰したため、彼らの手によって戦前の官僚制の復活が推進されることになった。[注38]

現代の官僚制について行政法の観点から、国会立法に対する行政立法の意義が強調される。「1. 行政活動の内容が高度に専門化・技術化し、その審議は議会よりも専門的職業的公務員の方が適任であること、2. 議会の審議には時間や経費がかかり、社会、経済、ならびに科学技術など行政の対象の急速な変容により要求される改廃には機微に対応しがたいこと、3. 法律自体も結局は行政府により立案され、議会での審議は政争的審議に終始されるという議会制自身の衰退の現象があること、4. 法律の一般的規定では地方的特殊事情を律することが困難な場合が多いこと、5. 行政の分野では客観的公正が特に望まれる事項で国会が全面的に処理することが妥当でないと認められる分野が存すること」が挙げられている。[注39]ここでは、国会の現実と官僚機構の可能性を対置するという問題次元のすりかえが行われ、官僚機構が美化されることによって、国会は蔑視されている。[注40]

第4節　テクノクラシー

政治の意思決定がどのような形で行われるにしろ、決定された政策を実行

するには政策実施の専門家を必要とする。政策実施の専門家がテクノクラートである。[注41]

現代テクノクラートについての最も包括的な定義は、アーミティッジによるものであろう。[注42]アーミティッジは技術とは社会を操作していくための人間の総合的な行為だとし、科学と技術によって理想的な状態にむかって社会を律していこうとする考えを「操作主義」と名付け、テクノクラートを「社会を操作する専門家」と規定した。

ジャン・メイノーは、専門家・エキスパートと、総合する能力をもったジェネラリスト（マネージャー、経営管理者など）とをひとまず区別しつつも、両者を含めた広義の技術人をテクノクラートと考えている。そして、テクノクラシーとは「本質的意思決定がもっぱら技術的見地からの考慮に基づいて行われる統治——諸社会の科学的統治—、権力的支配行為が社会の絶対的合理性への意思を表しているような体制」であり、テクノクラシー・イデオロギーの特徴として、「ある社会の選択を妥当な方向に向けさせる能力」「合理性に対する考量」「合理性の見地からのみ事態に接近する態度」を挙げている。[注43]

テクノクラシー思想が発達したのは第1次世界大戦時である。

近代的なテクノクラシー運動が最初に誕生したと言われるアメリカでは、20世紀初頭のルーズヴェルト大統領の「革新主義時代」に、中間層の独立性を維持し、資本主義の下でのレッセ・フェールの終焉と社会的コントロールを要求し、専門性の拡大を求め、科学的意志決定によって政治腐敗を刷新し、テクノロジーによって階級対立のない社会とアメリカンドリームを実現しようとする社会工学的観念が1つの潮流となった。それは専門家による資源管理＝合理的な経済成長計画のもとに科学的行政を推進しようとする、典型的なテクノクラシー運動の萌芽であった。

フランスでも、第1次大戦中から1920年代にかけてテクノクラシー的な議論が展開する。

フランスではテクノクラートという言葉は、社会学上の専門用語としてのみならず日常会話のなかでも頻繁に使われており、国立行政学院（ENA）やポリテクニーク（理工科大学校）出身の行政官や経営者を指している。

「テクノクラシー」の特徴を「ビューロークラシー（官僚制）」のそれと対比しつつ簡単に整理しておくと、官僚制が特定の個別利害に大きく影響され、既存の制度的枠組と細分化された縄張りのなかで問題処理を図るのに対

して、テクノクラシーは利害対立の構造を変化させる能動的主体性をもち、社会システムの危機をマクロに捉え、そうした危機克服のために専門的能力を動員することができる。つまりテクノクラシーは、官僚制に較べ、より能動的、より計画的であり、より全体的な視野をもち、また、それが提示する政策は、より、相互連関的、より制御・誘導的、より構造変革的であるといえよう。[注44]

日本ではテクノクラートという用語はあまり使われないで一般に流布しているのは、むしろ「官僚」という用語である。

現代社会学の概念では、「官僚」(bureaucrats)は、権力のヒエラルキーでは「テクノクラート」の下位に位置する主体である。しかし日本の「国家官僚」は、むしろ社会学の用語としての「テクノクラート」に相当する存在とみなすべきであろう。[注45]例えば、日本のテクノクラートたる高級官僚の権限は、限定的権限に限られず、彼らの「行政指導」は海外にも知れわたっている。[注46]

日本では神戸株式会社と呼ばれ、公共ディベロッパーとして大きな実績を上げた神戸市市政を支えてきた高寄昇三は「優秀な市長と忠実な公務員がいれば、事業的な都市経営に成功することはそれ程むずかしくはない。都市経営が衆論によって決するより、全知全能の権力者が決定する方がベターであるという要素を内包していることが否定できない」と述べている。[注47]高寄は日本の用語では官僚であろうがテクノクラートと呼ぶべき存在であった。

第5節　地方自治

5-1　Subsidiarity

ダニエル・ベルの言葉によると「国民国家は人間生活に係る大きな問題には小さくなりすぎ、人間生活に係る小さな問題には大きくなりすぎてしまった」。[注48]現代社会はグローバリゼイションとローカリゼイションが同時進行しており、国家の果たす役割は相対的に減少している。21世紀には国民のQOLの向上には、地方政府の役割がますます大きくなってくる。地方自治は民主主義の学校といわれるように、[注49]デモクラシーを定着させるには地方自

治を推進し地方が主権を持つようにしなければならない。地方主権は多極分散型社会を意味するから、中央政府の統治権は弱まることになり、強大な権力による国家主義の思想とは相容れない。

地方自治のキーワードとして登場したのがEUの統治理念であるSubsidiarityの原則である。Subsidiarityという英語は昔の小さな辞書には載っていない。もともとはキリスト教の社会秩序の原則で、上位の団体は下位の団体の活動を補充し、促進することを意味する。Subsidiarityが新しい文脈で登場したのは1992年に調印されたマーストリヒト条約において、ECの一般原則として導入されて以来である。この場合Subsidiarityの原則とは「ECの専属的管轄に属する分野（共通通商政策、共通農業政策）を除いて、ECで行うことがその規模と効率からして適当な政策のみについてECで行い、それ以外は構成国で行う」ことを意味する。最近は国内の政治行政でも地方の主権を尊重する意味で用いられ、補充性の原則とか補完性の原則とか訳されている[注50]。

5-2 日本の地方自治

1889（明治22）年に制定された明治憲法には地方自治に関する条文は無い。憲法の前年（1888年）に「市制及町村制」という法律が、また国会開設の前年の1890年に「府県制」および「郡制」という法律が制定された。1911年に全面改正された市制と町村制によると、市の場合は「官の監督を承け、法令の範囲内に於て其の公共事務並従来法令又は慣例に依り及将来法律勅令に依り市に属する事務を処理す」と同時に市町村長は「市長其の他の吏員は法令の定る所に依り国府県其の他公共団体の事務を掌る」ものとされ、1888年以来の機関委任事務に関する規定も整備された。

知事は1886年の「地方官官制」という勅令により、内務省官吏であった。一般的には市長は市会推薦者3名から内務大臣が天皇裁可の下に任命、町村長は町村会が選出して府県知事の認可を得る仕組みであった。1926年には、市長は市会による選挙により選任されるようになり、町村長選任の際の府県知事による認可が廃止されるなど、の改革もあったが、太平洋戦争下の1943年に市長村長の任命に国が関与する制度に戻され、議会の権限は一層限定的なものとされた。

日本国憲法は第8章第92条から第95条に地方自治の規定を設け、この憲

法の規定を受けて地方自治法が1947年4月17日に公布され、憲法と同じく1947年5月3日に施行された。

憲法第92条は「地方公共団体の組織及び運営に関する事項は、地方自治の本旨に基づいて、法律でこれを定める」と規定する。また94条は「地方公共団体は、その財産を管理し、事務を処理し、及び行政を執行する権能を有し、法律の範囲内で条例を制定することができる」と定め、また地方自治法第14条は「普通地方公共団体は、法令に違反しない限りにおいて条例を制定することができる」と定める。

行政執行権は住民を強制する公権力行使を主とする行政権で、「国家公権力」のことだと解され、地方公共団体はミニ国家として規定されている。

日本には地方自治という用語があるだけで、地方政府の概念がない。[注51]憲法の起案過程でのマッカーサー草案はLocal Governmentであったが、日本側の提案で地方自治となり、英文はLocal Self-Governmentとなった。一般的に地方自治体という用語も用いられるが法令上は地方公共団体であり、当時の日本政府は行政機関の位置付けから抜け切らなかった。

しかし場合によっては地方行政の現場で必要上制定された条例に基づく規制が、法令による規制に抵触することがある。1960年代になると公害規制に関して国の規制より厳しい基準を定めたり（上乗せ条例）、既存の法律が規制していない物質についての基準（横だし条例）を設けたりするようになった。また都市計画の分野でも上乗せ・横だし規制が行われている。この種の上乗せ・横だし規制は地方自治の本旨に適合するとして認められているが、独自課税については問題が生じることがある。

地方自治法では国の機関委任事務の規定が設けられ、国と都道府県知事、市長村長を上下関係に置き、憲法に言う地方自治の本旨からは遠いものとなった。機関委任事務とは知事や市町村長が、国（または都道府県）の行政機関として行う仕事で、旧地方自治法第148条の「法律又はこれに基づく政令によりその権限に属する国、他の地方公共団体その他公共団体の事務」と規定されているもので、機関委任事務というのは法令上の用語ではない。

さらに1951年のサンフランシスコ講和条約以降中央集権化の方向に向かう。1960年には旧内務省の一部が自治省として設置される。自治省を中心とする省庁官僚出身の知事・副知事は少なくないし、省庁から都道府県に出向している職員も多い。[注52]

バブル崩壊に伴う経済危機に直面し、中央集権の制度疲労が指摘されるようになり、1993年の細川連立政権の頃から地方分権が政治の場で検討されるようになる。1995年に村山連立内閣から地方分権推進法が提出され、同年5月公布、7月施行の運びとなった。この分権推進法に基づき98年5月に「地方分権推進計画」が閣議決定された。

1995年の地方分権推進法に基づき475の関係法改正を伴う地方分権一括法が1999年7月に公布され、2000年4月に施行された。地方分権一括法の中心は地方自治法の大改正で、これは明治維新、戦後改革に次ぐ第3の改革と言われる場合がある。本来ごく例外的であるべき機関委任事務は地方分権一括法までに561法律にふくれあがっていた。地方自治法の改正により機関委任事務は廃止された。地方の事務は「自治事務」と国等の行政を法律で執行委託される「法定受託事務」となった。国の事務を都道府県、市町村、特別区に委託するのが第1号法定受託事務で、都道府県の事務を市町村、特別区に委託するのが第2号法定受託事務である。

機関委任事務の廃止と並んで地方分権一括法による地方自治法の大きな改正は自治体に対する国の関与が制限され、国と自治体の関係が「対等・協力」に変わり、法定主義の原則、一般法主義の原則、公正・透明の原則が定められた。

1999年の地方分権一括法で、地方分権は少しは前進するかもしれないが、地方分権は地方主権ではない。

市制町村制の施行以前には7万余りの町村があったが、施行後は合併により1万5,000にまで減少した。その後1953年から55年にかけての昭和の大合併および平成の大合併により市町村数は減少を続け、2014年4月5日現在の市町村数は1,741である（東京23区を含み、北方領土6村を除く）。平成の市町村合併は合併特例債を梃子に推進された。これは、市町村合併を行い、合併建設計画を策定した場合、様々な事業の財源とするために発行できる地方債で、その元利償還金の70%が地方交付税で措置された。地方の側からすればわずか3割負担で好きな事業ができるという仕組みであった。

平成の大合併により、市町村数が大幅減少し行政区画が広域化した。その一方で2004年地方自治法改正（法第202条4〜9）および市町村の合併の特例等に関する法律（第23条）により「地域自治区」制度が採用された。これは第27次地方制度調査会の答申（2003年11月13日）が「基礎自治体の一定

の区域を単位とし、住民自治の強化や行政と住民の協働の推進を目的とする組織」を基礎自治体の判断により設置できることを提案したのに応えたものである。

地域自治区は自治体の内部組織であって住民の自主的な自治組織ではなく、法人格を持たない。地域自治区には地域協議会、組織の長、事務所が設置される。自治体の内部組織であるが、自治体の判断で法定外の制度を多様に構築することができる。

地方の中でも東京は特殊である。指定都市の区が単なる行政区であるのに対し、東京都の区は自治体であるが、区長公選制度は次のような曲折を経ている。

1943年　東京市から東京都へ、区長は都長官任命
1946年　区民公選
1947年　「特別区」長公選
1952年　都知事の同意に基づく区議会選挙制
1967年　「区長を選ぶ練馬区民の会」。訴訟へ
1972年　品川区、直接条例可決、区民投票、「準公選区長」：練馬区、大田区、北区
1974年　地方自治法改正、区民公選制復活
1988年　「基礎的な地方公共団体」
1998年　東京都〇〇区から〇〇区へ

最近、道州制、大阪都構想等地方主権についての議論が熱を帯びている。

日本社会が活力を回復し、地域の文化的個性をいかした、住みやすいまちづくりを行うには中央集権型・官僚支配社会を、地方主権型・主権在民社会に変えなければ実現しない。

地方主権の考えは日本国憲法には規定されていない。田村秀によると地方主権については、既に1990年には社団法人行革国民会議の地方分権研究会（座長：恒松制治独協大学教授）によって「地方主権の提唱」がされたことにそのきっかけを見ることができる。[注53]

憲法の地方自治の規定は極めて不十分なものであるから、地方主権の実現には憲法改正を必要とする。その前にとりあえず地方の課税自主権を確保することから始めるのが順序であろう。現在の地方交金税制度は、国内の生活水準の平準化に極めて有効であった。しかし所得水準が一定の水準に達した

現在、国税中心の税体系は再検討されなければならい。地方の較差是正のための何らか措置は必要であろうが、現在のように地方交付税と補助金により中央政府が地方を支配する構図はやめなければならない。

地方公務員も現在の3割自治の状況では、主権者である市民よりも中央政府の意向に沿わなければ仕事ができない。自治体職員になろうとしても3割しか自治体職員になれない地方公務員も気の毒である。

もっとも地方主権になっても市民主権・市民自治が実現されるわけではない。例えば神戸の震災復興の過程では時代錯誤ともいうべき都市計画が住民不在で強行され、国家とは何か、行政は誰のためなのかについて改めて考えさせられた。まさに巨大なリヴァイアサンが市民を押しつぶす姿であり、市民に神戸市から独立したいとまで言わせる公権力の強さを認識させられた。

地方分権が比較的早く始まったのは福祉の分野である。

1989年の「高齢者保健福祉推進10カ年戦略（ゴールドプラン）」により在宅介護の充実の方向が打ち出され、1990年の老人福祉法等の改正により、それまでの市に加えて町村についても特別養護老人ホーム等の入所決定権が都道府県から委譲された。また全市町村および都道府県において老人保健福祉計画の策定が義務付けられるなど、住民に最も身近な市町村が、在宅福祉と施設福祉を一元的かつ計画的に提供できるような体制が整備された。この頃から、市町村を中心とした地方分権型の介護保険制度に向けた流れが形作られた。

1997年末に介護保険法が成立し、2000年4月から市区町村の義務として介護保険が施行された。介護保険は市区町村の自治行政であり、サービスも保険料も地域差があり得る。本格的な住民参加による介護保険事業計画が重要になっている。

第6節　ガバメントからガバナンスへ

アンソニー・ギデンズは以下のように述べている。[注54]

今現在、そしてさほど遠くない将来にわたり、国民国家は、自国の市民とその周辺部に対して、政治、経済、文化の領域で確固たる支配力を保つ

であろう。とはいえ、こうした権力を国家が行使するには、国家間の、各国の自治体との、そして国境を越えた組織や団体との、積極的な協力が欠かせない。

したがって、『統治する政府』は『現にある政府』すなわち国家の統治機構と必ずしも一致しなくなり、もっと多彩なものになるだろう。

『ガバメント』(政府)ではなく『ガバナンス』の方が、行政や規制の担い手を表す言葉として、より適切になるだろう。非政府組織(NGO)のように、政府に組み込まれていない組織、もしくは国境を越える組織が、それぞれの役柄に応じて、適宜、ガバナンスに参画するのである。

ガバナンスとはラテン語で帆船の「舵取り」の意味であるが、それが社会の「舵取り」を行う意味になってきたという。[注55] この言葉がコーポレート・ガバナンスとして企業に関して使われるようになり、また今日では、ポリティカル・ガバナンスとかグローバル・ガバナンスというふうに政治学上の言葉としても復活している。[注56]

日本では小渕恵三内閣時代に首相の諮問機関として設置された「21世紀日本の懇談会」で「統治からガバナンス(協治)へ」が提唱された。ガバナンスを協治と訳すことを提唱したのは日本国際交流センター山本正理事長である。ガバナンス論では行政も1つの主体にすぎず、多元的主体が経済・社会の調整を行っていく。中央政府だけではなく、地方政府、住民、企業、NPO/NGOなどが、共同・協働・対立しつつ権力を分有して統治を行う。

現在の政治的仕組み、即ちガバメントでは、法律や条例に基づき、行政府が公共的業務を執行するのに対し、ガバナンスでは、様々なアクターが様々な場面で意思決定と執行に関わってくる。ガバナンス論は現在、デモクラシーの仕組みとして定着している代議制と官僚制を問い直すことでもある。

現在のように政策課題が複雑化し、専門性が求められるようになると、本来は執行機関である行政府が計画立案まで行うようになり、立法府である議会は政策策定機関としてはあまり機能しなくなる。上述のように政策の立案から執行まで一貫して行うテクノクラートの発生である。

ガバナンスとは、政治家のみに公共政策を委ねず、テクノクラート、ビューロクラットの横暴を抑え、demosの暴走を制御するセイフティ・ネットを構築することである。

ガバナンスに参加するアクターには、企業や労働団体、地域団体等があるが、中央政府レベルではともかく、地方レベルでガバナンスの担い手として期待されているのがNPO/NGOである。そのための重要な活動がアドボカシーである。アドボカシーについては第4章で取り上げるが、NPOのアドボカシーを含めてガバナンスには、テクノクラートとは別の意味で正統性が問題になる。議員の側からは、正統に選出された議員を差し置いてNPOはどのような資格で発言しているのか、ということはよく聞かれる。今までの議会、特に、地方議会がよく機能していなかったから、新しいデモクラシーが模索されているわけだが、新しいデモクラシーのルールについては、まだ方向性が見えない。デモクラシーを徹底させようとすると、マスとしてのdemosではなく、1人1人の個人を大切にする、よりradicalな（根源的）デモクラシーを論ずる必要があり、Deliberative Democracyに行きつく。

しかし現実に多元的主体が調整を行うルールづくりはかなり困難と言わざるを得ない。[注57]

第7節　グローバル・ガバナンス

7-1　国際連盟と国際連合

世界には地球政府は存在しない。地球政府が存在しないなかでこれに代わるものとして様々な国際機関が設立され、それなりの成果をあげてはいるが、国際機関はあくまでも国家を構成員とするものであるから、必ずしも利害調整に成功しているとはいえない。

第1次世界大戦後に締結されたヴェルサイユ講和条約をはじめとする講和条約の中に国際連盟が規定され1920年1月10日に国際連盟（League of Nations）が正式に発足した。国際連盟はアメリカのウィルソン大統領が主導して構想が練られたものであるが、アメリカはその後孤立主義に立ち戻り参加しなかった。当初は原加盟国42でスタートしたが、1934年には加盟国は最高の58となった。

国際連盟は、成立後10年は順調に推移し国際協力の実をあげたが、1930年を過ぎてからはドイツ、イタリア、日本等の侵略的行為を有効に処理する

ことができず、1933年に日本とドイツが脱退、1937年にイタリアが脱退した。そのため国際連盟の機能は著しく低下し、第2次世界大戦終結後の1946年4月18日の総会で解散を決議し、翌19日に26年にわたる活動の幕を下ろし、国際連合にその役割を譲った。

　国際連合はUnited Nationsであり、連合国の意味である。第2次世界大戦中に構想され、第2次世界大戦の戦勝国のクラブの性格を持ち、現在でもその性格は維持している。国連憲章第107条「この憲章のいかなる規定も、第2次世界大戦中にこの憲章の署名国の敵であった国に関する行動でその行動について責任を有する政府がこの戦争の結果としてとり又は許可したものを無効にし、又は排除するものではない」との敵国条項が含まれている。国際連盟にアメリカが加盟せず、他の加盟国も国際連盟の理念を遂行しようとしなかった経験から、国連は安全保障理事会を設け、5大国を常任理事国とし、機動的に活動できるようにしたが、常任理事国に拒否権を認めたため、[注58]冷戦中には殆ど機能しなかった。常任理事国はアメリカ、イギリス、フランス、中華民国（現在は中華人民共和国）、ソ連（現在はロシア）である。また小国の加盟国が増加し、総会では大国の意見が通りにくい状況になり、大国は総会を軽視する傾向にあり総会は機能不全の状況にあるとも言える。

　冷戦終結後は拒否権の行使は減ったものの世界平和の実現に充分に機能しているとは言えない。

　安全保障理事会に比して経済社会理事会は比較的良く機能してきたといえるが、ここでも環境問題に関して見られるように、アメリカ、ロシアのエゴが目立つ。

7-2　グローバル・ガバナンス論の台頭

　1990年代になるとグローバル・ガバナンスという用語が一般に国際関係の分野で汎用されるようになった。横田洋三によると「グローバル・ガバナンスは地球的規模の諸問題を適切に対処する枠組み」である[注59]。一国内でのガバナンスについては第6節で論じたところであるが、そもそもグローバル・ガバメントが存在しない状況にあって、90年代に入り東西の対立軸は基本的に解消し、南北対立が残余の対立軸として冷戦後の世界の基本構図を構成するようになった。グローバル・ガバナンスは、この南北問題解決に向けての取り組みから生まれてきた実践的、政策志向的概念であると言える。

1990年代は、冷戦終結により一極構造の主権国家体制が構築され、と同時に主権の壁を付き抜けるかたちで地球市民社会が形成されはじめ、両者が並存しはじめた。この時期には1990年に子供サミット、1992年に地球サミット（環境と開発サミット）、1995年に女性会議等が行われ、国際社会がグローバリズムへの転換の努力を重ねていた。

　1990年代以降、グローバル・ガバナンスについては、国連を中心とするマルチラテリズムに基づくもの、国連安保理と米国の役割分担型、米国のユニラテラリズムとして指摘される帝国型、そして有志連合へと変化して、いまだに模索状況が続いているが[注60]、1995年に世界の有識者で構成するグローバル・ガバナンス委員会（Commission on Global Governance）が1995年に発表した報告書（Our Global Neighborhood）（邦訳『地球の未来を守るために』NHK出版）[注61]がきっかけで、それが次第に国際関係の議論の場において用いられ、定着してきたのである。

　グローバル・ガバナンス論によって、国際秩序をもたらすルールや規範は、公式の制度や機関（国家、国家間の組織・制度）のみによってつくられ、維持されるものではないという認識が高まり[注62]、グローバルなレベルでは、アクターとして政府に加え、NGO、市民運動、多国籍企業などが含まれる。特に、開発、環境、人権、軍縮、人道などの分野では、NGOの存在を無視してはグローバル・ガバナンスを語ることはできないとさえ言える[注63]。

7-3　グローバル・ガバナンス試論

　アンソニー・ギデンズはグローバル・ガバナンスの仕組みとして現在のEUをベースに次のような案を提案している。

　「たとえば、世界貿易機関（WTO）、国際通貨基金（IMF）、世界銀行を単一機関に統合し、現在の国連を議会と理事会に分離分割する。経済協力機構（OECD）がEUを吸収し、EUが現在持っている権限と同じ権限をOECDが持つようになれば、OECDはグローバルなガバナンス機構の雛型となり得るかもしれない。……実効性ある裁判所の創設は、世界議会の創設に優るとも劣らぬ重要な課題である。新しい裁判所はコスモポリタン法（裁判所の司法権が、各国間、国籍を異にする市民間の関係まで広く及ぶことを、その基本原則とする）の制定と軌を一にできるし、またそうすべきである。1998年の時点で、国際刑事裁判所の設置を殆どの国が支持していることは、実効

性ある裁判所の設置の必要性について、合意が形成されつつあることの証とみてよいだろう」[注64]。

ジョージ・ソロスは国際機関を補完するものとして、Open Society Alliance を提唱している。これは、自由、人権、法による支配、社会的責任、社会的正義を実現している様々な国家のみによる同盟である[注65]。

この他にも様々な構想が考えられるが、大国が自国の利害に固執する限りは、悲観的にならざるを得ない。

筆者注

- 注1　樋口陽一（1999）『憲法と国家』岩波新書。
- 注2　芦部信喜・高橋和之補訂（2002）『憲法第三版』岩波書店。
- 注3　小長谷有紀（2009）「経験された社会主義の比較——すべては永遠、ただし要らなくなるまで」『民博通信 No. 125』国立民族学博物館。当論文では6カ国であるが、2011年にリビアではカダフィ政権が崩壊し国名も従来の「社会主義リビア・アラブ・ジャマーヒリーヤ国」から「リビア」に変わった。
- 注4　もちろん世界中の国家の構造は単純に図式化されるものではない。福田歓一（2009）『デモクラシーと国民国家』岩波現代文庫「2. 国民国家の諸問題」。
- 注5　この節のテーマは吉田傑俊（1990）『現代民主主義の思想』青木書店に詳しい。また記述の内容は小室直樹（1997）『悪の民主主義』青春出版社、千葉眞（2000）『デモクラシー』岩波書店、長谷川三千子（2001）『デモクラシーとは何なのか』文春新書に負うところが多い。
- 注6　"It has been said that democracy is the worst form of government except all those other forms that have been tried from time to time." 1947年11月11日の下院演説。
- 注7　ロバート・ダール（内山秀夫訳）（1970）『民主主義理論の基礎』未来社。
- 注8　Ronald J. Terchek, & Thomas C. Conte eds. (2001) *Theories of Democracy*, Rowman & Littlefield Publishers, Inc.「さらに、デモクラッツは、パブリック・パワーはパブリックの同意に基づいていること、また法はパブリックの選好を反映していることも誇りに思っている。これらの議論の信憑性は候補者と政策の間に選択が存在するかどうかにかかっている。このことは新しい課題が生じ従来の政治的決着に新しい光を投げかけるような場合に特に重要になる。従ってデモクラットのモデルは、公職にあるものが自己の行動に責任を持ち、市民に対して説明責任があり、現行の政策が絶えず批判にさらされていることを前提としている。デモクラシーのこれらの特徴は、最低限度の（ミニマルな）特徴のいくつかであると捉えられるであろうが、以下のように、デモクラッツの何人かはこの概念をはるかに超えようとしている。

これらのデモクラッツによれば、ミニマリスト概念の問題の1つは、民主主義的なものも含めてすべての政府のもつ傾向、つまり、秘密主義に陥りやすく、公職にある者は操作しようとするという傾向を、覆い隠すことだという。さらに彼らは伝統的な参加の形態は、一般の市民の日常の関心からかけはなれたような政策を推進しがちであって、一般の市民はそれに意見を表明するのが次第に難しくなっているという。デモクラシーに関するミニマリスト概念に対する他の種類の不満は、様々な非政治的な力が公共圏に侵入し、市民からの入力を差し置いて公共政策を差配している点を指摘する。このようなことが起こると、公共善を達成することは、最上の状況にあっても困難であるのに、益々幻想になってしまう。ミニマリスト・デモクラシーに対する他の批判は、デモクラシーをより一層包含的にしようというものである。即ち、単により多くの人々を意思決定の場に引き出すということだけではなく、民主的統制の場を拡大していきたいということである。これらの批判は民主的組織の論理を新しい社会的経験空間に拡大し内部からデモクラシーを強化していこうということから提示されている」。

注9　ジェームズ・ブライス（松山武訳）(1950)『近代民主政治』岩波文庫、第1巻、35頁。
注10　プラトン（藤沢令夫訳）(1979)『国家』岩波文庫。
注11　長谷川三千子 (2001)『デモクラシーとは何なのか』文春新書。
注12　ジャン・ジャック・ルソー（桑原武夫・前川貞次郎訳）(1954)『社会契約論』岩波文庫、79頁。
注13　松下圭一 (1975)『市民自治の憲法理論』岩波新書、84頁。
注14　加藤尚武 (1998)「デモクラシーって何だっけ？」『文芸春秋』1998年8月号。
注15　レスター・サロー（山岡洋一・仁平和夫訳）(1996)『資本主義の未来』TBSブリタニカ、132-333頁。
注16　千葉眞 (1995)『ラディカル・デモクラシーの地平』新評論、2頁。
注17　アレクシス・ド・トクヴィル（井伊玄太郎訳）(1987)『アメリカの民主政治』講談社学術文庫。
注18　われわれは、一般の民衆の発意と生活にねざしたデモクラシーへの固有の視座をラディカル・デモクラシーと呼びたい。というのも、そもそもラディカル・デモクラシーの「ラディカル」とは、通常の「急進的」という意味ではなく、むしろ語源により忠実に「根元に立ち戻る」という含意を帯びているからである。千葉真、20-21頁。
注19　千葉真、87頁。
注20　C・ダグラス・ラミス（加地永都子訳）(1998)『ラディカル・デモクラシー』岩波書店、45頁。
注21　ラミス、124頁。
注22　ウォリンの民主的ラディカリズムは、シュンペーター、ダール、リンドブロムらの多元的民主主義論の系譜と一線を画するように思われる。千葉真、47頁。民主主義とは特定の政治制度ないし経済制度を指すわけではない。むしろ政治制度や経済制度がその実現を助けることも可能だしその反対もありうる状況だといえる。達成の手段ではなくひとつの理念を述べているのであ

る。ラミス、40頁。ここで私は民主主義をひとつの「方法」として定義する理論家たちと真っ向から意見を異にする。その筆頭としてジョセフ・シャンペーターが1942年に出した有名な民主主義の再定義がある。「民主主義の方法は政治的決定に達する制度的取り決めであって、その中で個人は国民の投票をもとめて競争する手段によって決定権という権力を手に入れる」ラミス、266頁。

注23　向山恭一（2000）「ラディカル・デモクラシー」有賀誠・伊藤恭彦・松井暁編『ポスト・リベラリズム』ナカニシヤ出版。

注24　篠原一（2004）『市民の政治学　討議デモクラシーとは何か』岩波新書。

注25　Amy Gutmann: Dennis Thompson ((2004) *Why Deliberative Democracy*, Princeton University Press) によると deliberative democracy は自由で平等な市民（およびその代表者）が、互いに受容可能で参加可能な理由を述べ合うプロセスによる決定を正当化する government の形態である。その目的は現在のすべての市民を拘束しなおかつ将来の変更の余地も残すような結論を得ることにある。また千葉（1995）によると、今日のデモクラシー論において注目すべきは、その理論的前提を異にする啓発的な議論のいくつかが、「審議的デモクラシー」（deliberative democracy）―または「言説的デモクラシー」（discursive democracy）―に収斂している事実である。簡単にいえば、審議的デモクラシーとは、公的領域における市民の公的討議や審議が、政治社会の実質的な方向づけや主要な公共政策の決定に規定的な影響を与えていくことに民主政治の本質を見ていくデモクラシー論と理解してよいであろう。ここで求められるのは、第一に政治社会の共通の関心事であるすべての事柄について、自由で抑制なき公的審議が公的領域において十分に遂行されることであり、第二にそのための政治的枠組みの構築や有効な手続きの保障が十分になされていることである。千葉、170頁。審議的デモクラシーの理論家たちに共通の認識は、民主主義の可能性を対話的理性ないしコミュニケーション的理性の具現化に見ている点である。そこにはまた市民相互のある程度の信頼感や自己抑制の徳性が自然に要請されることになろう。それゆえに審議的デモクラシーへの常套の論難は、それが市民の能力と徳性にたいして過度の要求を課すものであるとの批判である。千葉、172頁。

注26　旗手信彦(2001)「市民的リベラリズムと現代日本の市民社会」今井弘道編『新・市民社会論』風行社。

注27　篠原一（2004）『市民の政治学　討議デモクラシーとは何か』岩波新書、篠原一編（2012）『討議デモクラシーの挑戦』岩波書店。

注28　第5節地方自治参照。

注29　千葉眞（2000）『デモクラシー』岩波書店、第Ⅱ部第2章を参考にした。

注30　坂野潤治（2005）『明治デモクラシー』岩波新書。

注31　辻清明（1967）「民主主義」『世界大百科事典』平凡社。

注32　S・P・ハンチントン（坪郷実他訳）（1995）『第3の波』三嶺書房。

注33　戦後の官僚機構については岡田彰（1994）『現代日本官僚制の成立』法政大学出版局。

注34　薬師寺泰蔵（1989）『公共政策』東京大学出版会、34-35頁。

注35　星新一（1978）『人民は弱し官吏は強し』改版、新潮社。
注36　辻清明（1966）「官僚制」『世界大百科事典』平凡社。
注37　佐藤慶幸（1982）『アソシエーションの社会学』早稲田大学出版部、「付論」。
注38　辻清明「官僚制」『平凡社世界大百科事典』。
注39　成田頼明他（1970）『行政法講義　下』青林書院新社、199頁。
注40　松下圭一（1975）『市民自治の憲法理論』岩波新書、14頁。
注41　この節の記述は、広原盛明（2001）「開発主義とテクノクラシー」『開発主義神戸の思想と経営』日本経済評論社、に負うところが大きい。
注42　W. H. G. アーミティッジ（赤木昭夫訳）（1972）『テクノクラートの勃興』筑摩書房。
注43　小野清美（1996）『テクノクラートの世界とナチズム』ミネルヴァ書房。小野自身はアーミティッジとメイノーに依拠しつつ、「今日的な意味でのテクノクラートは、たんなる技術者ではなく、社会操作のためのより広い総合的教養と能力に基づいて実際に政策決定・権力的機能を行使する専門家である」と定義し、そこでは知識・技術の適用にかかわる「テクニシャン」と専門的能力に基づき権力を行使する「テクノクラート」を区別している。
注44　梶田孝道（1988）『テクノクラシーと社会運動』東京大学出版会、70頁。
注45　同書、77頁。
注46　同書、78頁。
注47　高寄昇三（1993）『宮崎神戸市政の研究　第2巻第3章公共ディベロッパーの検証』神戸都市問題研究所、475頁。
注48　ダニエル・ベル（林雄二郎訳）（1976）『資本主義の文化的矛盾』講談社学術文庫。
注49　「農夫も労働者も商店主や土地持ちの百姓と等しく、総べての人々を公共の事業に参加せしめ、その自治体のため自身で考え、又その周囲に何等かの奉仕し得る範囲を持っていることを自覚させることはその重要な点である。……民主的な政治が最も国民の興味を集め、その中から有能な人物を挙げているのは瑞西及び合衆国、特にその北部及び西部の諸州で、いずれも農村における地方自治の最も発達している地方である。蓋しこれらの例は地方自治は民主政治の最良の学校、その成功の最良の保証人なりと云う格言の正しいことを示すものである」ブライス（松山武訳）（1950）『近代民主政治』岩波文庫、160頁。
注50　篠原一は自律補完という訳を充てている。篠原一（2004）『市民の政治学　討議デモクラシーとは何か』岩波新書。
注51　この点については荒木昭次郎（1990）『参加と協働　新しい市民＝行政関係の創造』ぎょうせい）が詳しく論じている。
注52　今井照（2007）『図解地方自治のしくみ　第3次改訂版』学陽書房参照。
注53　田村秀（2012）『暴走する地方自治』ちくま新書。同研究会は名前を地方主権研究会と改め、1993年に『連邦制のすすめ』という本を出版している。また江口克彦は1996年に『地域主権論』（PHP研究所）を出版している。政府関係で最初に公式文書として使われたのは、江口が座長を務めた内閣府道州制ビジョン懇談会の中間報告ではないかと思われる。
注54　アンソニー・ギデンズ（佐和隆光訳）（1999）『第三の道』日本経済新聞社、

65-66頁。
- 注55　篠田武司（2003）「ガバナンスと市民社会の公共化」山口定他編著『新しい公共性』有斐閣。
- 注56　角瀬保雄（2005）『企業とは何か』学習の友社。
- 注57　河島伸子「ガバメントからガバナンスへ」『月刊福祉』2004年10月号、11月号、12月号、2005年1月号、全国社会福祉協議会。
- 注58　「その他すべての事項に関する安全保障理事会の決定は、常任理事国の同意投票を含む9理事国の賛成投票によって行われる」憲章第27条3項。
- 注59　横田洋三（2006）「グローバル・ガバナンスと国連・EU　問題提起」総合研究開発機構・横田洋三・久保文明・大芝亮編（2006）『グローバル・ガバナンス』日本経済評論社、220頁。
- 注60　大芝亮（2006）「グローバル・ガバナンスとアメリカ　問題提起」総合研究開発機構・横田洋三・久保文明・大芝亮編、137頁。
- 注61　馬場憲男（2007）「NGOと国連」馬場憲男・高柳彰夫編著『グローバル問題とNGO・市民社会』明石書店、218頁。
- 注62　毛利聡子（2004）「市民社会によるグローバルな公共秩序の構築」日本国際政治学会編『グローバルな公共秩序の理論をめざして　国際政治　第137号』日本国際政治学会、139頁。
- 注63　横田洋三（2006）、7頁。
- 注64　アンソニー・ギデンズ（佐和隆光訳）（1999）『第三の道』日本経済新聞社、241-242頁。なお、国際刑事裁判所は2003年3月にオランダのハーグで設置されることとなった。
- 注65　George Soros（2000）*Open Society: The Crisis of Global Capitalism, Reconsidered* Little Brown.

第3章

共感の原理　フィランソロピーとボランティア

第1節　グローバル・キャピタリズムの限界

1-1　冷戦終了とグローバル・キャピタリズム

　1917年にソビエト連邦が成立して以来1989年にベルリンの壁が崩壊するまでの約70年間、世界は自由主義経済国と社会主義経済国に二分された。その間、第2次世界大戦中はドイツを中心とする枢軸国に対抗しソ連は米英と協同して戦ったのであるが、第2次世界大戦後はソ連を盟主とする社会主義経済とアメリカを盟主とする資本主義経済は軍事的にも鋭く対立し冷戦構造と言われた。

　1989年にベルリンの壁が崩壊して以来、ソ連を盟主とする社会主義経済は音を立てるように崩れていった。冷戦の終結は、社会主義経済に対する資本主義経済の勝利と理解され、政治的に社会主義を標榜する中国にあっても、社会主義市場経済体制に移行した。しかし市場経済がすべての人々に幸福をもたらすものとは限らないことは、誰の目にも明らかになりつつある。現今の資本主義は金融資本の跳梁により他国の国民経済を破壊するまでになって来た。これは市場がすべてを解決できると思い込み、経済の原義である経世済民――けいせいさいみん――世を経(おさ)め民を済(すく)うことを忘れたためである。経世済民は交換の経済である市場経済だけでは実現できない。

　経済活動のグローバル化によって各国経済が受けるメリットは非常に大きいのではあるが、経済活動は世の中を治め、万人を救うことでなければならない。現代風に表現すれば、市民のQOL（生活の質）を向上させ、精神的充足感を達成するものでなければならない。ローマ法王ヨハネ・パウロ2世が述べたように、「グローバル化は人類に驚異的な飛躍の機会をもたらす。そ

れを生かすには人間性が優位に立つ必要がある」[注1]。

　たしかに市場経済と計画経済の勝負はついた。竹内靖雄の言うように、効率的に資源配分をするのであれば、市場のほうが国家より役者は上であろう[注2]。サローの言うように資本主義経済が崩壊する危険はないであろう[注3]。しかし無名性を旨とする顔の見えない市場では、人間性が優位に立つことはない。個人のQOLの向上は目標になっていないのである。特にグローバル経済では、国家や企業はある程度見えても人の顔はまったく見えないから、発展途上国で先進国の資本が人間生活の破壊をもたらすことがしばしば起こる。

　人間性が優位に立つ経済を実現するためには、市場の見えざる手に委ねるだけではない、また権力機構による資源配分でもない、新しい形の経済システムが求められる。それはまた各国の文化に根付いたものでなければならない。

　経済のシステムは文化によって変わる。リー・クアン・ユーは「私は米国式一辺倒は望まない。互いを支え会うほうが人間として、また社会として幸せだと思う」と述べている[注4]。「互いを支え会う」とはまさに共感の原理である。

　冷戦の終結により世界に平和がもたらされるものとの期待が満ち溢れた。ところが実際にはまるでパンドラの箱を空けてしまったように、冷戦により押さえ込まれていた民族紛争、宗教的対立が一挙に表面化し政治的不安定が続いている。このことは権力を基盤とした国家間による交渉では平和の実現が難しいことを示している。世界平和の実現も共感の原理によらなければならない。

　国際金融市場で財をなしたジョージ・ソロスは、その一方で現代における代表的なフィランソロピストでもある。ハンガリーに生まれ育ったソロスは、抑圧的な閉じた社会が人間性を損なうことを身をもって体験し、「開かれた社会」を実現するために、多くの国でオープン・ソサエティ財団（Open Society Foundation）を設立していった。「開かれた社会」という用語自体はカール・ポパーによるものであるが、ソロスはポパーの用語を借用し、「開かれた社会」の概念は、時代により、社会により、個人により様々な定義が与えられ得るとしながらも、ソロス自身は、「様々な自由、人権、法による支配およびある意味での社会的責任、社会的正義」を含むもの、としている[注5]。アメリカに1979年にオープン・ソサエティ・ファンドを設立し、1985年には母国ハンガリーでハンガリー科学アカデミーと協同でソロス財団を設

立し、ハンガリーの市民社会形成に多大の貢献を行った。

グローバル・キャピタリズムの申し子とも言うべきソロスは市場至上主義（マーケット・ファンダメンタリズム）を厳しく批判している。即ち、人間行動を決定するのは市場価値のみではなく、社会的、政治的、個人的価値も関わってくるという。価値というものは現実に対応するものではないから客観的基準によって判断されるべきものではない。価値というものは、それを信ずること自体に意味がある。価値は経験に基づき形成されるもので、経験により決定されるものではない。

市場価値が優先され倫理が低下してくると、以前には非市場価値が優先していたところにも市場価値が入りこんでくる。以前には関係性が重視されていたところにも個別の市場的取引が重視されるようになる。ソロスはこのように述べ、グローバル・キャピタリズムが社会的価値を破壊しているとして、このような市場至上主義は、共産主義以上にオープン・ソサエティにとって危険なものであるとしている。

1-2 贈与の経済・協働の経済

市場経済は経済財の二方向の移転であり、交換の経済である。当然ながら市場にはお金のある人しか参加できない。needs（ニーズ、必要）があっても購買力がなければ市場に参加できない。市場にはお金を持って需要（demand）として参加しなければならない。現代の市場経済の特色はブルジョア経済であり、生産の目的は公共的なものではなく個人的なものである。また商品を獲得する動機はニーズに基づくものではなく欲望（want）に基づくものである。[注6,注7] 極端にいえば市場経済だけの社会ではお金のない人は生存できない。人道的見地からいえば、購買力がなくても人間としての尊厳を保つ程度の基本的なニーズ（Basic Human Needs）は満たされなければならない。先進国である日本の国内では Basic Human Needs は満たされていると思われていたが、最近の経済情勢では、そのようなことは言えなくなってきた。

demand にならない needs に応えるには市場を通さない贈与による他はない。それを権力をもった政府が行うのが公的扶助であり、権力を持たない民間が行うのがフィランソロピーである。国家間で行われるのが ODA であり、民間が行うのが民間開発援助である。

もっとも贈与は愛に基づくものだけではない。恐怖に基づくものもある。強盗・恐喝の類だが、ボウルディングは税も強制された贈与であるとして、恐怖に基づくものとしている[注8]。

時間の贈与が、ボランティア活動である。

日本では昔から共同労働が行われていたし、また「結い」のように労働の貸し借りも行われていた[注9]。水田中心の小規模農作業は必然的に共同労働とならざるを得ない。現在「結い」は殆ど消滅しているようであるが、農業や漁業では労働市場を通さない労働が重要である。このような働き方は、協働経済と言ってよいだろう。

都市部においても、自治会における各種の作業のような協働経済もある。

Basic Human Needs を満たし、さらに QOL の向上を実現するには、市場経済一辺倒ではなく贈与経済、協働経済を適切に組み合わせなければならない。贈与経済、協働経済は交換の原理によるものではなく共感の原理に基づく。

表 3-1　市場原理（交換の原理）と共感・協働の原理

	公共的ニーズ Public Needs	社会的ニーズ Social Needs	私的ニーズ Private Needs
対　　応	行　　政	行政・NPO・営利企業	営利企業
目　　的	社会的正義・公正	共　　助	私的利益
需給調整手段	権力・権限	共感・協働	市場（交換）
財　　源	税　　金	料金・代金、寄付金、補助金、助成金、ボランティア	料金・代金

1-3　フィランソロピー

自発的な金銭等の贈与がフィランソロピーである。政府（地方自治体も含め）に対して寄付をすることも広い意味ではフィランソロピーであるが、現代社会でのフィランソロピーは民間性・非営利性に重要な意味がある。

フィランソロピー（Philanthropy）の語源は人を愛することである。日本語では慈善事業、篤志活動と訳されることもあるし、民間公益活動と訳されることもある。「喜捨」がぴったりではないかと言う人もいる。日本でフィランソロピーという言葉が活字になったのは 1987 年に刊行された『日本の企業家と社会文化事業』[注10]の副題に「フィランソロピーの時代」がつけられた

のが初期のものである。1990年の経済白書でフィランソロピーが取り上げられ、ある程度一般的な用語となり、また経団連にワンパーセント・クラブが発足し、1990年が日本におけるフィランソロピー元年ということも言われた。しかしフィランソロピーという用語自体は用いられていなかったものの、日本のフィランソロピーはこの時に始まったものではない。この時の姿は、むしろフィランソロピー・ルネッサンスと呼ぶべきものであった。1991年4月に経団連に社会貢献部が設けられ、日本のフィランソロピー活動が企業主導で進められたこともあり、フィランソロピーとは企業の社会貢献のことであるというような誤った言われ方もした。

アメリカでは毎年Giving USAが発行されているが、日本でも2010年から寄付白書が発行されるようになった。寄付白書2012によると、日米英の寄付の状況は次のとおりである。[注11]

表3-2 各国の寄付（年間寄付総額）比較

支出者	日本(2010)	アメリカ(2011)	イギリス(2010)	ドイツ(2005)	フランス(2006)
個人	4,874億円	2,177.9億ドル(21兆7790億円)	110億ポンド(1兆6,500億円)	44億ユーロ(5,720億円)	27億ユーロ(3,510億円)
	名目GDP比0.08%	名目GDP比1.39%	名目GDP比0.68%	名目GDP比0.16%	名目GDP比0.13%
法人	6,957億円	145.5億ドル(1兆4,550億円)	5億ポンド(750億円)	NA	NA
	名目GDP比0.12%	名目GDP比0.09%	名目GDP比0.03%		
遺贈	NA	244.1億ドル(2兆4,410億円)	19億ポンド(2,850億円)	NA	NA
		名目FGDP比0.16%	名目FGDP比0.12%		
財団	NA	416.7億ドル(4兆1,670億円)	13億ポンド(1,950億円)	NA	NA
		名目FGDP比0.27	名目FGDP比0.08%		
合計	1兆1,831億円	2,984.2億ドル(29兆8,420億円)	147億ポンド(2兆2,050億円)	NA	NA
	名目GDP比0.20%	名目GDP比1.90%	名目GDP比0.90%		

円換算および対GDP比は次の数値により筆者が計算。1ドル100円、1ポンド150円、1ユーロ130円で換算。名目GDP:10億USドル アメリカ15,684.75、日本5,963.97（596兆3970億円）、イギリス2,440.51（1兆6,270億ポンド、244兆0,510億円）、ドイツ3,400.58（340兆0580億円）、フランス2,608.70（260兆8,700億円）。

これによると日本の寄付金はGDPの0.2%で、アメリカ、イギリスよりかなり少ない。もっともアメリカの個人寄付の半分程度は宗教関係の寄付である。日本では宗教団体の収支は闇の中であるし、宗教に対する接し方も異なるから、単純な比較はできない。法人寄付は日本もアメリカもGDPの0.1%程度で大差は無いが、日本の企業寄付は政治献金も含まれているので、これも単純には比較できない。

後述するように共同募金や助成財団の規模はアメリカに比べると非常に差が大きい。

日本は個人のフィランソロピーが少なく寄付の文化の醸成が求められている。

第2節　フィランソロピー専門機関[注12]

フィランソロピーには様々な方法がある。個人や企業が直接民間公益活動に対し貢献を行う方法とインターメディアリを通す方法がある。寄付のインターメディアリがフィランソロピー専門機関である。フィランソロピー専門機関には募金型で基金を持たない形の共同募金、基金型の助成財団と公益信託がある。もっとも助成財団や公益信託にも募金型はある。

2-1　助成財団

助成を行う財団法人を助成財団という。財団法人の中には事業実施と助成の双方を行うものもあるし、社団法人で助成を行うものもないではないし、社会福祉法人で助成を行うものもある。

助成財団センターが把握している助成財団は1,590[補1]であるが、1990年以降は新規設立が減少しており、特に1993年以降は激減している。これは超低金利により金融収益で財団を維持経営することが困難になったためと思われるが、この頃から企業本体による社会貢献活動が行われるようになり、主務官庁制で制約の多い財団の設立に消極的になったたためと思われる。

助成財団センターの調査によるとデータの入手できる771財団の2011年度の年間助成額は620億円であった。これには奨学金の支給が含まれているが表3-3のとおり金額の多い財団には奨学財団が多い。また、これらの奨学財団は地方自治体が設立したものが多い。その他の財団の出捐者は企業が多

い。成功者が個人資産を出捐した個人財団も少なくないが、企業が何らかの形で関わっている場合が多い。

　日本の助成財団は研究助成が主流であるが、最近は NPO に対する助成も増えてきている。助成財団センターは 2004 年から『NPO・市民活動のための助成金応募ガイド』を発行している。

　日本の助成財団には公営競技の利益から基本財産を造成したギャンブル系財団に規模の大きいものがある。日本ではギャンブルは禁止されているが例外として地方公共団体が主催する公営競技や宝くじは認められている。競馬、競輪、オートレース、競艇が公営競技として認められている。公営競技は税収を補うために認められているのであり、国庫納付金や地方自治体の財源になるが、一部が民間公益活動に充てられる。金額としては民間助成財団の助成金より多い。

　なかでも日本財団[注13]の助成額は桁外れに多額である。日本財団の正式名称はもともとは日本船舶振興会で、モーターボート競走法により規定されている独立行政法人であったが 1995 年にニックネームとして日本財団を使用するようになり、2011 年に公益財団法人に移行する際に日本財団を正式名称とした。競艇では売上の 75% が的中舟券に払い戻され、3.3% が日本財団に交付される仕組みになっている。最近は競艇に限らず公営競技の売上が減少してきており、日本財団の規模も縮小気味ではあるが、日本財団の 2012 年度の補助金と助成金の合計は 196 億円に達し、民間財団上位 8 財団の助成額合計に匹敵する。もっとも日本財団は原資の性格上船舶、海洋、観光関係が中心ではあるが、社会福祉法人、NPO 法人、任意団体への助成も多く、民間公益活動にとって貴重な財源である。

　競艇の利益を原資とする財団は日本財団のほかにも笹川平和財団、笹川医学医療研究財団、笹川記念保健協力財団、笹川スポーツ財団、笹川日仏財団、日本科学協会、グレイトブリテン・ササカワ財団、スカンジナビア・ニッポンササカワ財団等がある。笹川平和財団は国際助成に特化した財団である。

　公営競技のうち競輪については日本自転車振興会、オートレースは日本小型自動車振興会が民間に対する補助事業を行っていたが 2007 年に両者は日本競輪財団として統合され 2008 年に名称を JAK に変更した。

　助成額で見た日本の助成財団のランキングは表 3-3 のとおりであるが、地方自治体が設立した奨学財団が上位を占めている。これらの財団は助成額に

比べて資産額が少ないのが特徴で、毎年公費で奨学金を支出する形をとっている。超低金利の影響で個人財団では資産の割に助成額が少ない。企業財団の多くは毎年、企業からの寄付金を受け入れているが、やはり財団本来の機能である金融収益で助成を行う形は困難になってきている。

表3-3　日本の上位20財団　年間助成額　2011年度決算　単位：億円

順位	財団名	年間助成額	資産総額	設立年
1	大阪府育英会	73.62	15.69	1952
2	日本教育公務員弘済会	33.28	336.61	1957
3	武田科学振興財団	23.82	770.30	1963
4	鹿児島県育英財団	19.35	5.16	1968
5	日本国際教育支援協会	14.50	51.39	1957
6	にいがた産業創造機構	14.20	63.29	2003
7	日本ワックスマン財団	13.60	7.70	1957
8	秋田県育英会	12.59	118.96	1900
9	ロータリー米山記念奨学会	12.09	78.78	1967
10	交通遺児育英会	10.78	305.25	1969
11	上原記念生命科学財団	10.37	910.49	1985
12	沖縄県国際交流・人材育成財団	10.27	106.64	1972
13	平和中島財団	6.40	289.08	1992
14	島根育英会	6.05	41.24	1958
15	ローム　ミュージック　ファンデーション	5.30	387.60	1991
16	新技術開発財団	5.15	265.30	1968
17	住友財団	4.60	218.10	1991
18	中央競馬主社会福祉財団	4.34	65.50	1969
19	小野奨学会	4.11	195.78	1975
20	発酵研究所	4.08	104.86	1944

アメリカの助成財団は個人が出捐したものが主流である。長い間フォード財団がアメリカ最大——世界最大の助成財団であったが、現在はビル＆メリンダ・ゲイツ財団が飛びぬけて大きく、年間助成額は32億ドル（約3,000億円）に達している。アメリカの助成財団についてFoundation Centerでは表3-4のように分類している。

独立財団（Independent Foundation）は個人や家族の設立した財団で税法上は私的財団（Private Foundation）である[14]。

アメリカの企業財団は、毎年企業から寄付を受け入れ助成に回す形態が多い。アメリカの企業財団は企業の業績に左右されずに助成を行うためのツールとしての性格をもっており資産規模の割に助成額が多い。

最近、世界的にコミュニティ財団が増えてきているが、日本では大阪コ

ミュニティ財団（2012年度助成額4,800万円）のみである。[注15]

表3-4 アメリカの財団の全体像（2008年）

	財団数	助成額 単位100万ドル	資産 単位100万ドル
独立財団	67,379	33,819	456,025
企業財団	2,745	4,570	20,355
コミュニティ財団	709	4,492	49,623
事業財団	4,762	3,900	38,968
合　計	75,595	46,781	564,951

　助成額で見たアメリカの助成財団のランキングを下記のとおりであるが、アメリカの助成財団の最近の動きとして製薬企業による患者支援財団の設立がある。Foundation Centerによると1996年から2007年の間に13の患者支援財団が設立された。これらは貧困層の患者に薬品を配布するもので、上記の分類では事業財団にあたり、資産額は少ない。筆者がアメリカの財団を調査した1980年代とは様変わりである。[注16]

表3-5 アメリカの上位20財団　年間助成額　単位：100万ドル

順位	財団名	年間助成額	資産総額	決算年
1	Bill & Melinda Gates F/D	3,239	34,640	2011/12
2	Glaxos Smith Klein Patient Acces Programs F/D	605	336.61	2011/12
3	Abott Patient Assistance F/D	594		2011/12
4	Pfizer Patient Assistanc F/D	577		2011/12
5	Genentech Acces To Care F/D	553		2011/12
6	Lilly Cares F/D	504		2011/12
7	Santofi Foundation for North America	497		2011/12
8	Johson & Johnson Patient Assistance F/D	496		2011/12
9	Walton Family F/D	487		2011/12
10	Ford Foundation	478		2011/12
11	The Bristol-Myers Squibb Patient Assistance F/D	472		2012/ 9
12	Merck Patient Assistance F/D	441		2011/12
13	The Robert Wood Johnson F/D	386	8,967	2011/12
14	The William and Flora Hewlett F/D	381	7,296	2011/12
15	The Susan Thompson Buffet F/D	347		2011/12
16	Novartis Patient Assistance F/D	331		2011/12
17	W.K.Kellogg F/D	296	7,256	2012/ 8
18	Silicon Valley Community F/D	249	2,081	2011/12
19	Foundation to Promote Open Society	247	2,238	2011/12
20	The Andrew W.Mellom F/D	246	5,262	2011/12

2-2　公益信託

公益信託とは信託契約の一種で、信託法第66条に規定されている。この規定そのものは1922（大正11）年に信託法が制定された時からあったのであるが、実務上の取扱い規定が整備されておらず、実際に具体化したのは1977年である。第1号は「公益信託今井海外協力基金」と「公益信託斉藤記念プレストレスト・コンクリート技術奨励金」の2つである。

公益信託は、個人や企業等（委託者）が拠出した財産を信託銀行等（受託者）に信託し、信託銀行等が、定められた公益目的に従い、その財産を管理・運用し、不特定多数の受益者のために役立てようという信託で、財団に比べ手軽に社会貢献活動が行える仕組みで、募金型もつくりやすいし、取崩型も可能である。

公益信託は、出捐者と信託銀行等との間で、公益目的の具体的な選定、その目的達成のための方法、公益信託契約書の内容等について、あらかじめ綿密な打合わせを行う。信託銀行等は、主務官庁に公益信託の引受けの許可を申請、主務官庁は、これを審査のうえ、許可。許可を受けた後、出捐者と信託銀行等との間で、公益信託契約を締結する。

信託管理人は、不特定多数の受益者のいわば代表者として、信託銀行等の職務のうち重要な事項について承認を与える。運営委員会等は、公益目的の円滑な遂行のため、信託銀行等の諮問により、助成先の選考および公益信託の事業の遂行について助言・勧告を行う。

信託銀行等は、運営委員会等の助言・勧告に基づき、その公益信託の目的に沿った助成先への助成金を交付する。

公益信託の名称には財産の出捐者の名前や会社名を入れることができるので、末長くその志を顕彰することが可能である。

2013年3月末現在の受託件数505件、信託財産残高596億円。助成先への給付状況は、1977年の第1号発足以降2013年度までの累計で、助成先数16万9,946件、給付額703億円となった。受託件数は2002年の572件をピークに減少を続け、信託財産残高も2001年の736億円をピークに減少している。

なおアジア・コミュニティ・トラスト（ACT）は、アジアの発展途上国の人々の自助努力に対して、草の根レベルで援助するしいう目的を限定した募

金型公益信託である。当初コミュニティ財団を目指したが、最終的には公益信託として1979年に発足した。2014年度の助成として25件4,180万円が決定している（本章注24参照）。

2-3　共同募金

日本での共同募金は1921年10月に長崎県社会事業協会が2週間だけ実施したことがある。第2次世界大戦で民間の社会事業は壊滅的な打撃をうけたが、新憲法第89条（公金その他の公の財産は、宗教上の組織若くは団体の使用、便益若くは維持のため、又は公の支配に属しない慈善、教育若くは博愛の事業に対し、これを支出し、又はその利用に供してはならない）により民間福祉への公的資金の支出が禁じられたため、1947年に連合軍の示唆もあり、アメリカのコミュニティ・チェストにならって共同募金制度が取り入れられた。

第1回共同募金運動は1947年11月25日から12月25日までの1カ月間、41の都道府県で「第1回・国民たすけあい共同募金運動」として行われた。その結果、約5億9,297万円の募金実績が上がった。当時は労働者の平均賃金が1,950円、郵便はがきが50銭、お豆腐が1丁1円、理髪料は10円の時代で、1人当たりの平均寄付額は8円であった。募金総額は、現在の貨幣価値に換算すると、約1,200億円から1,500億円ほどであると言われている。

1951年に社会福祉事業法が制定され、措置費という形で公金を支出するシステムとして社会福祉法人が考え出された。その後公的福祉は着々と拡充・整備され、措置費による公的社会福祉事業は拡充されてきたが、本来の意味での民間福祉の発展は遅れ、共同募金もあまり伸びてこなかった。年間の募金実績は1998年の260億円をピークに減少を続け、2011年には195億円にまで落ち込んだ。

共同募金は制約が強かったのであるが、2000年6月に社会福祉事業法が社会福祉法となり、助成の取り扱いが弾力化され、NPOへ助成する共同募金会も増えてきた。

共同募金の中心は戸別募金であり、町内会や自治会が協力して集める場合が多い。戸別募金については発足当初から旧隣組による割当であるとの批判があった。そこで、近年は強制感を和らげるため、任意の額を封筒に入れて集める「封筒募金」の導入が進められている。また職域募金への取り組みを

強化するとともに、最近は「赤い羽根クレジットカード」(JCB、オリコ、三井住友VISA、利用額の0.3%から0.5%を自動的に寄付) やインターネット募金も取り入れ、ファンドレイジングに積極的に取り組んでいる。

　共同募金への寄付は、税制上最も優遇されている寄付に該当する。そのことをもっとPRすれば集まり方も違ってこよう。共同募金は民間資金であるから、税金と同じような使い方では無意味である。寄付金は税を通して社会を豊かにするのとは別の価値観・ルートにより福祉の向上を図るものであり、募金自体が目的ではない。民間福祉・地域福祉を育成する視点がほしい。地方独自のシステムを競い合えば地方自治の精神にも合う。法律改正が必要であるが、ナショナルミニマムへの配分はもうよいのではないかと思う。市民参加型の配分、目に見える配分が期待される。社会福祉法で弾力化され、配分委員会の設置が義務付けられたので配分先の裾野が広がるであろう。「公募によるボランティア・NPO等活動支援プログラム」も始められたが都道府県共同募金会により取り組みに差がある。

　アメリカで日本の共同募金にあたるものはUnited Wayであるが、職域募金が中心で大手企業では大規模な募金キャンペーンが実施される。従業員の募金実績に応じて企業が上乗せするマッチング・ギフトも一般的で、日本の戸別募金とは募金の仕組みがまったく異なる。労働基準法の問題もあるが、日本でも給与控除による職域募金を積極化してもよい。

　もっともUited Wayでも最近はテレビやラジオの広告あるいはインターネットを通じて個人に直接働きかけ個人募金を強化するようになってきている。

　共同募金は独占であるが、United Wayは独占ではない。(日本では共同募金会以外の者は共同募金事業を行ってはならない。社会福祉法第113条3項)。助成財団とも競争すればよい。

2-4　国際フィランソロピー

　グローバル社会においては、政府による国際協力であるODAとともに国際フィランソロピーが重要である。日本の企業が地球企業市民として国際フィランソロピーに積極的になれば、全世界の人々のQOLの向上におおいに貢献するであろう。このような活動によって海外での日本企業の評価が高まるであろうし、また、日本の国益にもおおいに役立つと思うのである。

経済界からの海外への資金の流れとしては、個別企業や経済団体からの流れを別にすれば、CBCC（Council for Better Corporate Citizenship: 企業市民協議会）を通すものと企業財団によるものがある。また最近ではBOPビジネスの形での海外貢献の取り組みも始まっている。

アメリカではビル＆メリンダ・ゲイツ財団やフォード財団が大規模な国際的活動を行っており、特殊な活動としてOpen Society Foundationがある。

日本の民間国際フィランソロピー組織としては終戦直後にロータリー米山記念奨学会が主としてアジアからの留学生に対する支援を始めた。日立国際奨学財団は留学生の現地で採用選考を行っている。海外の研究者に直接助成を行うのはトヨタ財団である。経済界のものとは言えないが笹川平和財団は海外の政策研究に助成を行う数少ない財団である。

また1979年には募金型公益信託としてアジア・コミュニティ・トラストが設立された。

現代のグローバル・イッシューは宗教対立、部族抗争、大国間の利害が複雑に絡み合っている。このような状況にあっては宗教的に中立的立場に立てる経済大国であり平和国家である日本の役割は大きいが、日本国政府は日米同盟の枠から積極的には動けない。日本のノン・ステート・アクターおよび彼らを支える国際フィランソロピーに期待したいが、現状はあまりにも微力である。

第3節　フィランソロピーのニューウェブ

3-1　市民ファンド

1998年に特定非営利活動促進法が成立してからは、市民が市民活動に対して寄付を行う市民ファンドが登場し、規模は微々たるものであるが、日本でも寄付の仕組みが多様化してきた。

最近は市民が市民活動を支えるスキームが活動を始めている。現在は特定非営利活動法人、公益信託、任意団体など様々であるが、新しい財団法人制度で先駆的な試みが出てくることが期待される。例えば、以下のような事例がある。

● (特)市民社会創造ファンド

　個人・企業・団体等からの寄付や助成の仲介を行う組織として 2002 年 4 月に設立された。(2002 年 9 月に特定非営利活動法人認証)。助成のほか企業や財団に対してプログラム開発や公募・選考などの助成業務を受託する。

　現在、ファイザー株式会社、中央労働金庫、パナソニック株式会社、花王株式会社、大和証券投資信託委託株式会社・大和証券株式会社・大和証券キャピタルマーケティング株式会社、武田薬品工業株式会社、公益財団法人住友生命健康財団、住友商事株式会社が主要な資金提供者である。

● 市民社会チャレンジ基金

　神奈川県のローカル・パーティ(地域政党)の「神奈川ネットワーク運動」が主催する基金。「神奈川ネットワーク運動」では市民の意思を政治に生かすために「個人寄付を拡げる運動」を行っており、議員報酬の寄付と市民からの寄付を原資として、ローカル・パーティの立ち上げ(50 万円から 200 万円)、チャレンジ性のある政策開発(50 万円から 200 万円)、チャレンジ性のある NPO の立ち上げ(神奈川県内のみ)(20 万円から 100 万円)に対する助成を行う。2011 年度の助成決定額は 131 万円。

● (特)しみん基金・KOBE

　しみん基金・KOBE は、阪神・淡路大震災の経験から、市民主体の自発的な行為に基づき、市民と市民による地域連携型の組織が責任を持って社会に参画し、自分たちの地域と暮らしを支えようという趣旨で生まれた。2000 年 1 月に特定非営利活動法人の認証を受けた。同基金は阪神・淡路コミュニティ基金からの助成金 3,000 万円を原資に設立され、基金型とフロー型の寄付を受入れ、市民活動団体に助成するものであるが、寄付の受入は難航している。阪神・淡路コミュニティ基金の原資は競艇であったから、元をたどればギャンブル資金である。2012 年度の助成金決定額は 299 万円。

● ゆめ風基金

　阪神・淡路大震災を教訓に被災障害者の長期支援と災害時には直ちに救援金を送ることを目的に発足した。10 億円を目標に募金活動を進め、2001 年には「特定非営利活動法人十億円基金」として法人化、2012 年には認定 NPO 法人となった。この間国内外の災害に対して救援金を贈ってきているが、特に東日本大震災にあたっては障害者支援に多大の活躍をしている。発足後 10 年間は永六輔が呼びかけ人代表を務め、2005 年から小室等が呼びか

け人代表を務めている。谷川俊太郎も呼びかけ人の1人。
● (特) 神奈川子ども未来ファンド
　子ども・若者・子育てに関するNPOに対する助成を目的として、関係するNPO自体が設立した基金。
●地域貢献サポートファンドみんみん (みんみんファンド)
　民 (市民・企業・各種団体) が民 (民間非営利組織・NPO) を支える基金で、宮城県内の企業・団体と (特) せんだい・みやぎNPOセンターが共同で運営する「サポート資源提供システム」の事業の1つとして運営されており、地域貢献を行いたい市民・企業・団体から寄付金・助成金を受入れ、地域のNPO・市民活動団体に助成を行う寄付の仲介システムである。団体指定寄付や継続的な寄付を行う場合は冠ファンドも設けることができ、メニューが多い。宮城労働金庫の「ろうきん地域貢献ファンド」や、「仙台五城ライオンズ・クラブ40周年記念事業」のような単発のものもある。「みやぎNPO夢ファンド」は宮城県からの拠出金と市民・企業等からの寄付金を原資としてNPOに助成するものであるが、「みんみんファンド」の1つのプログラムとして運用される (2013年度に終了)。
●草の根市民基金・ぐらん[注26]
　生活クラブ生協を母体とした (特) NPOまちぽっとの助成事業であり、一般からの寄付も募っている。

3-2　公的資金

　このほか地方自治体がNPOを支援する基金も増えてきている。公的資金に市民からの寄付金を加えて運営する場合が多い。たとえば以下のような事例がある。
●ひょうごボランタリー基金
　兵庫県では2002年にひょうごボランタリー基金を設置し、ボランティアグループ・団体、NPO等が行う、福祉、環境、国際交流、芸術等幅広い分野の県民ボランタリー活動の促進や、児童福祉入所児童及び交通遺児の激励など様々なメニューの助成を行っている。
●おうみNPO活動基金
　淡海ネットワークセンター (財団法人淡海文化振興財団) が2003年度に設置。官製であるが、滋賀県の補助金5,000万円と民間の寄付も合わせて約

5,100万円で発足。審査は民間主体の「おうみNPO活動基金サポート委員会」が行う。1件50万円から300万円。合計は1,300万円。

● 箕面市市民活動支援交付金事業

箕面市の場合は原資は公的資金であるが、「みのお市民活動センター」の指定管理者が審査を行う。

3-3 ネット募金

インターネットの普及に伴いネットでの募金システムも登場してきた。例えば以下のような事例がある。

● Give One（ギブワン）

NPO支援ビジネスのベンチャー企業であるアースセクター（株）は2001年7月にインターネット募金システムのGambaNPO.netを設計・開発・立ち上げた。GambaNPO.netは2002年10月に（特）パブリックリソースセンターに移管され、ガンバNPOとして運営されていた。2008年にGive Oneとしてリニューアルオープン。現在は公益財団法人パブリックリソース財団が運営している。Give OneはNPOについての専門家7名からなる運営委員会が登録団体の選定を行う。現在の登録団体は149団体、215プロジェクト、2012年4月1日から6月末時点での寄付総額は2,456万円である。

● NGOアリーナ寄付サイト

（特）国際協力NGOセンター（JANIC）は2004年3月にJANIC正会員を対象とした「国際協力NGO寄付サイト」を立ち上げた。その後、国内における環境NGOも対象にすることになり、2006年4月より運営主体を（特）環境アリーナ研究機構に移管した。2012年3月までの寄付実績は約1億円。

● イーココロ！

イーココロ！はイーココロ！を入口にして買い物や資料請求などサイトにアクセスすると一定のポイントがたまり、1ポイント1円として指定したNGOに寄付できる仕組みである。寄付は広告主が負担するので、本人は無料で募金することができる。

イーココロ！は（株）ダビンチ（2003年5月設立、資本金1,000万円）が運営している。（株）ダビンチは関根健次社長により国際協力活動に対する寄付システムとして設立された。

2013年7月までの実績はクリック募金による寄付が8,200万円、会員によ

る寄付等を加えた寄付合計が1億1,000万円である。

◉ DFF（クリック募金）

2001年6月にクリック募金企業として（株）ディ・エフ・エフ（DFF）（資本金8,000万円）が設立された。DFFはDonate For Freeの略で、1999年アメリカで開発されたクリック募金を広めたいとの想いで設立された。クリック募金はクリック募金サイト上の募金ボタンをクリックすれば、スポンサーが寄付をする仕組みで、無料で募金ができる仕組みである。現在までの募金実績は4億円近い。

3-4　専門職としてのプログラム・オフィサー

20世紀最大のフィランソロピストの1人であるカーネギーは、「慈善を行うことは責任を伴うことであり、与える者の義務を考慮しなければならない」と述べている。[注27]

また現代の大富豪ウォーレン・バフェットは、「ビル・ゲイツはたいへん合理的な考え方で財団を運営している。ビルとメリンダは、だれよりも有効に金を使って人々の命を救っている。それに一所懸命取り組んでいる」として、バフェット財団の資金の一部をゲイツ財団にまわしている。「ほかの財団に金をわたすというのは財団のやりたがらないことだが、優秀な人々の真似をするのは悪いことではない」[注28]。しかしビル・ゲイツのように出捐者が実業から引退してフィランソロピーに専念するというのは極めて稀で[注29]、多くの場合、助成金の配分については専門職のプログラム・スタッフが担当する。

日本には専門のプログラム・スタッフを擁している財団は極めて少ない。日本の助成財団の多くは選考委員会に選考を委託しているものが多い。これは1つには日本では自然科学や科学技術に対する助成が多く、専門的評価を必要とするからである。

日本でプログラム・オフィサー制度を本格的に導入したのはトヨタ財団が最初であるが、同財団の初代理事長であった豊田英二は「プログラム・オフィサーという仕事は、かなり天性に依存する性質のもののようだから、育成ということは簡単にはいかないと思いますね」と述べている。[注30]たしかにかなり専門性の高い仕事ではあるが、ある程度の能力と意欲があれば習得可能であろう。

ジョエル・J・オロズ[注31]は、プログラム・オフィサーが身につけるべき資質

として、①誠実さ、②人と関わりあうスキル、③分析能力と創造性、④精神性、⑤バランス感覚、⑥共感と思いやり、を挙げている。なかなか得がたい資質には違いないが、問題はむしろ専門的なプログラム・オフィサーについての認識が低いということだろう。これからの日本の社会を柔軟にしていくためにはプログラム・オフィサーを擁した助成財団の果たす役割は大きい。

　最近日本では、企業や行政が直接助成金を提供している場合も多いが、それらの助成事業を運営していくために、企業のCSR担当者や行政職員の専門性が十分かについては危惧を持たざるを得ない。

第4節　フィランソロピー税制

4-1　フィランソロピー税制の思想

　民間の公益組織は国家とは異なる価値観に基づき公益を実現する組織であるから、税制上優遇をして当然であるという議論がある。公益をどのように考えるかという問題と税制は密接に関係している。多様な市民的公益を実現するには、民間の公益活動を税制上優遇し、さらに民間公益組織に対する寄付金は公益に資するものとして寄付金については税を免除するというのが税制優遇であるが、これは税の使い道を納税者自らが決めるということにつながり、国の徴税権を侵すものであり議会および政府の機能をないがしろにするものであるとの考えもあり、国によって民間公益組織に対する税制の取扱いは大きく異なる。公益国家独占主義的発想ではそもそも民間公益、市民的公益を認めないのであるから、寄付金についても税制優遇は認めない。

　フィランソロピー税制を考える上での参考として、アメリカのファイラー委員会報告を紹介しよう。[注32] この委員会は正式には"The Commission of Private Philanthropy and Public Needs"であるが、委員長のジョン・ファイラー（当時エトナ保険会社会長）の名前をとってファイラー委員会と呼ばれた。アメリカで1969年に助成財団に対する規制が強化されたのに対応して、助成財団の意義を確認し正当性を主張するために実態調査を含めて大がかりな調査研究が行われた。メンバーはファイラー委員長以下28名で、調査研究の主査はマーティン・フェルドシュタインが務めた。2年間にわたる調査経費は

約250万ドルといわれ、J. D. ロックフェラー3世の全面的支援より行われた。ファイラー委員会報告は「当調査会は、政府が全ての問題を解決すべきではない」という多元主義の考え方が基本になっており、税制についても「課税権は、他の諸国では往々にして非営利組織を損なうために行使されてきた。これに対し、米国史を通じて顕著なパターンは、政府部門が税法によって民間資金援助と非営利組織を奨励していることである」と述べている。

日本の政府主導の社会とは根本的に異なるアメリカの多元主義社会の理念を読み取ることができるし、そのことを実証し主張する体制と費やされた調査費の大きさに驚かされる。

4-2　日本のフィランソロピー税制

(1) 公益法人課税

フィランソロピー税制は組織に対する課税と寄付金の税制優遇がある。

日本では第4章で述べるように非営利組織の法人制度が複雑であるから、税制も複雑である。非営利組織のうち公益性の高い法人は税制上は公益法人等として法人税は非課税である（法人税法第7条）。

表3-6　法人税法上の法人の区分および税率

分類	例示	法人税税率
公共法人等	地方公共団体、公社、一部の独立行政法人、事業団、国立大学法人、NHK等の特殊法人、一部の金融公庫等	納税義務免除
公益法人等	非営利型の一般財団法人・一般社団法人(注33)、公益財団法人・公益社団法人、学校法人、社会福祉法人、宗教法人、農業協同組合中央会、労働組合、社会医療法人、一部の特殊法人等（他の法律で規定、法人政党、マンション管理組合、特定非営利活動法人等）	19%（収益事業課税）（800万円以下の所得は15%*）非営利型の一般財団・社団法人、公益財団法人、公益社団法人は25%（所得年800万円まで15%、収益事業課税、公益法人の公益目的事業は収益事業でも非課税）
協同組合等	漁業協同組合、商工組合、消費生活協同組合、信用金庫、農林中央金庫、農業協同組合等	19%（すべての所得に対し）（800万円以下の所得は15%）
普通法人	会社、医療法人、非営利型でない一般財団法人・一般社団法人	25.5%（中小企業の800万円以下の所得は15%）
人格のない社団等	任意団体等	25.5%（収益事業課税）（800万円以下の所得は15%）

* 本表の15%は、租税特別措置の軽減税率の特例により平成27年度末までに開始する事業年度に適用される。特別措置が終われば19%になる。
** 以上の税率に対して、平成24年度から3年間は復興特別法人税が10%課される。
*** 地方の、法人住民税、法人事業税、地方法人特別税は別途。なお、国税としての地方法人税が2014年度に導入された。

法人所得に対する課税は上記のように法人が区分されており、税率が異なる。非営利法人は公益性によって区別がなされている。非営利法人でも社会医療法人を除く医療法人は税法上は普通法人で企業と同じように課税される。特定非営利活動法人については税制上の取り扱いが特定非営利活動促進法に規定されており、複雑怪奇である。

公益法人等は非課税法人であるが、収益事業から生じた所得については軽減税率ながら法人税が課税される。税法上の収益事業とは、法人税法第2条第13号を受けて法人税法施行令第5条に掲げる34業種で、継続して事業所を設けて営まれるものである。

税法上の収益事業：

物品販売業、不動産販売業、金銭貸付業、物品貸付業、不動産貸付業、製造業、通信業、運送業、倉庫業、請負業、印刷業、出版業、写真業、席貸業、旅館業、料理店舗その他飲食店業、周旋業、代理業、仲立業、問屋業、鉱業、土砂採取業、浴場業、理容業、美容業、興行業、遊技所業、遊覧所業、医療保健業、一定の技芸教授業等、駐車場業、信用保証業、無体財産の提供等を行う事業、人材派遣業

したがって非課税といっても公益法人等が何らかの事業を行えば、殆どの場合収益事業の対象となり、民間公益活動の制約になっていた。しかし公益社団・財団法人については、収益事業の範囲から公益目的事業に該当するものは除外されることになり、アメリカの関連事業所得と非関連事業所得の考え方が取り入れられた。従来から公益法人の本来事業に課税するのは不合理であるとの主張がなされていたが、[注34]新公益法人では、ようやくこの主張が認められることになった。

団体側から見れば多様な選択肢があるのは望ましいことかもしれないが、同種の活動をしていても法人格によって税制が異なるのは如何なものかと思う。現在でも社会福祉法人と特定非営利活動法人との間には差別がある。

その一方で、同様な事業を行いながら営利企業は普通法人として課税されることから、特に中小企業の立場から不公平税制との批判があり、イコール・フッティングが問題になる。公益性の論議ともからんでくる難しい問題である。

法人には法人税のほかに様々な種類の税が課税される。利子等に係る源泉所得税、法人住民税、法人事業税、不動産取得税・固定資産税、印紙税、登録免許税、消費税等[注35]である。非営利法人にはそれぞれ特例があるが省略する。

(2) 寄付金控除[注36]

公益に資する法人に対する寄付金については、多くの国で税制優遇が講じられている。日本の寄付金控除の制度は1962年に試験研究法人の制度創設により、法人の寄付金の損金算入限度の特別枠が設けられ、個人の所得税についても試験研究法人への寄付金と指定寄付金について税額控除が認められた。1967年に所得控除方式に変更され、所得の3%と20万円との少ないほうの金額につき所得の15%を限度に控除が認められた。

現在の寄付金控除の限度は、個人の寄付金については所得控除と税額控除の選択性で、所得控除の場合は2,000円を超える寄付金が総所得金額の40%を限度に所得から控除される。税額控除の場合は2,000円を超える寄付金が所得税から控除される。この場合は総所得金額の40%、所得税額の25%が上限である。

法人税の損金算入限度は次のとおりである。

一般枠 $\{(所得金額 \times 2.5\% + 資本金等金額 \times 0.25\%) \times 1/4\}$
特別枠 $\{(所得金額 \times 6.25\% + 資本金等金額 \times 0.375\%) \times 1/2\}$

法人税の一般枠は寄付金支出先に関係なく認められるもので、政治献金や地域の商店街に対する寄付金等も認められる。

特別枠が公益に資する寄付金である。

アメリカで助成財団が発達しているのは相続税が優遇されていることが大きいが、日本では故人の遺言によって国や公益法人などに寄付したときは原則として非課税となる。認定特定非営利活動法人についても相続税が優遇される。

相続した財産の金銭を認定特定公益信託に出捐した場合には、相続税の負担が不当に減少する場合を除き、相続税の課税価格に算入されない。

①公益に資する寄付金

個人の寄付金控除の対象になる寄付金は特定寄付金である。特定寄付金と

は国、地方公共団体に対する寄付金、指定寄付金[注37]、特定公益増進法人[注38]に対する寄付金、認定特定公益信託[注39]の信託財産とするために支出した金額および認定特定非営利活動法人（認定 NPO 法人）への寄付金、災関連寄付金である。この他に租税特別措置法により、特定の政治献金は特定寄付金として所得控除（または税額控除の選択制）が認められている。なお認定特定非営利活動法人は実質的に特定公益増進法人と同じであるが、特定非営利活動促進法に規定されているところから特定公益増進法人には含まれない。

　法人の寄付金で特別枠として認められるのも個人の特定寄付金と同じであるが、地方公共団体に対する寄付金と指定寄付金は、全額損金算入が認められる。

②公益性の認定

　新公益法人制度の発足により3種類の公益認定制度が並立することになった。新公益法人での公益認定等委員会（都道府県は合議制の機関）の委員は官が選ぶのではあるが言わば賢者による認定である[注40]。認定特定非営利活動法人の場合は寄付金控除の対象となるかどうかはパブリック・サポート・テストにより寄付金を多く集められるかどうかによる。民の寄付者が公益性を決める方式である。

　従来の特定公益増進法人は主務官庁および財務省の判断に委ねられ、官の認める公益が公益であった。旧公益法人の特定公益増進法人はなくなるが、社会福祉法人は設立が認可されれば特定公益増進法人となるから、官の認定である。認定特定公益信託も官の認定だが分野は特定公益増進法人より少ない。

　このように3種類の公益認定制度があることをもって多様性があると肯定的に捉えるか、統一性が欠けるとして否定的に捉えるかは議論が分かれるところだろう。

　公益性認定に関して興味深いのは、イギリスの市民フォーラムの思想である。

　イギリスの2006年、及び2011年の新チャリティ法では、もっぱら公益を目的として設立された団体であり、①設立目的における公益性（Charitable Purposes）、②受益者の範囲における公益性（Public Benefit）に適うものがチャリティとして認められる。

　従来はチャリティとは「貧困の救済、教育の振興、宗教の普及、地域社会に利益をもたらすその他の活動」という漠然とした定義しかなかったのであるが、2006年の改正では13の活動がチャリティの活動として定義された。

受益者の範囲における公益性は日本では「不特定かつ多数の者の利益の増進」と定義され、その判断は公益認定等委員会に委ねられることになっているが、イギリスでは受益者の範囲における公益性については法律上明記されず、チャリティ委員会が国会に提出した具体的なガイダンスに依拠することになった。その過程で公共政策の専門家や一般市民による「市民フォーラム」(Citizens' Forum)が組織され、市民参加でガイダンスをつくっていった。[注41] その際の「市民フォーラム」の判断基準の第一に「行政では十分カバーできない、真の社会的ニーズの解決に対応しているか」が挙げられていた。

③認定特定非営利活動法人

特定非営利活動法人（NPO法人）のうち、受入れ寄付金の額が一定の算式に適合する法人が認定特定非営利活動法人として特定公益増進法人と同様な取扱いを受ける。この方式はアメリカの寄付金税制のパブリック・サポート・テストに倣ったもので、金銭的支持者が多数であれば公益性があると判断する考え方である。[注42]

認定特定非営利活動法人の制度は2001年10月に創設されたものであるが、要件が厳しすぎるとの批判があり、2003年度税制改正において要件が緩和された。また、みなし寄付金制度も導入された。

パブリック・サポート・テストとは単純化して言えば、総収入金額のうちに占める寄付金及び助成金の額（寄付金総額）の割合で判定するもので、当初はこの割合が3分の1以上であったが、2003年4月以降この割合が5分の1に引き下げられた。その後、2005年、2006年、2008年と緩和された。

さらに、2011年度税制改正によって上記の相対値に加えて、3,000円以上の寄付者が100人以上という絶対値基準が導入された。これにより事業収益が多い事業型特定非営利活動法人が認定を取得しやすくなった。また、2012年の改正特定非営利活動促進法の施行によって、認定の所轄庁が国税庁から所轄庁に移され、実務的にも楽になると同時に、「仮認定」制度も導入され一層の認定促進がなされた。

④地方税

地方税については、従来は共同募金と赤十字に対する寄付金のみが寄付金控除の対象であったが、2008年度の税制改正で所得税上寄付金控除の対象になる寄付金のうち都道府県又は市町村が条例により指定したものが追加され、税額控除方式に変更された。さらに2011年度の税制改正により、所得

税上寄付金控除の対象にならない寄付金についても条例で指定できるようになった。控除率は都道府県民税4％、市町村民税6％、控除対象限度額は総所得金額の30％、適用下限額2,000円である。地方分権の観点から望ましい方向であるが、自治体により差が生じている。

(3) フィランソロピー税制の課題

2012年の制度改正以後認定特定非営利活動法人数は着実に増加しているが、それでも約4万9,000の特定非営利活動法人のうち認定特定非営利活動法人は570弱にすぎない。特定公益増進法人は約2万7,000であるが、2万弱は社会福祉法人である。アメリカの税制優遇の対象である501（C）3団体の108万、イギリスの税制優遇の対象であるチャリティの約18万[注43]に比べてあまりにも少ないし多様性に乏しい。

寄付金税制は格段に拡充されてきたけれども、依然として入口規制が厳しい。それ以前に法人格取得が厳しい。一般財団法人と一般社団法人は準則主義で設立できるようになったが、特定非営利活動法人の認証主義はそのままである。認証といっても所轄庁の中には認可主義の感覚で接しているところも多く、今となってはハードルが高く、特定非営利活動促進法の存在意義が改めて問われなければならない。

第5節　ボランティア

5-1　ボランティアの意味

ボランティア活動は時間の寄付である。共感の原理の表れがボランティアであり、贈与の経済の1つの形である。

ボランティア（Volunteer）の語源はラテン語のVoloで、英語のWillである。つまり、自発的に行うことを意味する言葉である。ボランティアの定義については様々な論議があるが、キーワードは「自発性」と「社会性」だろう。

広辞苑にボランティアが初めて収録されたのは、1969年で、ここでは「volunteer」①義勇兵、②自ら進んで社会事業などに参加する人、である。

また2000年度の国民生活白書では、①自発性：自らの意思に基づいて行

動する、②貢献性：（社会の一員として）他の人々や社会の福利を向上させる、の2点を最大公約数的な要素としてあげている。

　ボランティアが最初に登場したのはいつ頃かについては諸説がある。アレック・ディクソン（Dr. Alec Dikson, 1914-94）によると、17世紀に建てられた英国キリスト教会の門に次のような文言が刻まれているのが最も古いという。「外からの敵の侵入に対して市民からボランティアを募り、それに備えた」。アレック・ディクソンは、イギリスのジャーナリストで、世界のボランティアの父と言われ、世界で初めてのボランティア・センターの原型をロンドンで創設した。注44

　一説には1642年に始まった清教徒革命の社会不安の時期にイギリスで自警団の意味で使われ始めたという。いずれにしろ17世紀にイギリスで市民がコミュニティのために武器をとって外敵に備えたのが始まりらしい。その後、軍隊の志願兵、義勇軍の意味で用いられるようになった。福祉活動にボランティアという言葉が使われるようになったのも、社会的正義を実現するための志願兵の意味であった。

5-2　日本のボランティア：戦前

(1) セツルメント

　日本では昔から暮らしの助け合いが行われており、江戸時代の生活はボランティアで成り立っていたといわれている。明治以降、日本で初めてボランティアという言葉が使われたのは1932年であるというが、現在のようなボランティア活動そのものはキリスト教関係、特に救世軍で行われていた。また明治・大正時代にはセツルメント、特に宗教関係のものではボランティア活動が行われていた。注45

　日本で最も早いセツルメントは1897（明治30）年に片山潜が東京神田三崎町に開設したキングスレー・ホールである。キングスレー・ホールはどちらかというと労働運動の色彩を持ったものであるが、スラムで比較的早く活動を始めたのは、キリスト教の女性信者の会である日本基督教婦人矯風会外人部関東部会が1919（大正8）年開設した興望館セツルメントである。

　大阪では賀川豊彦による大阪四貫島セツルメント、石井十次の遺志を継いだ大阪の石井記念愛染園でのセツルメント活動がある。また公立のセツルメントとして大阪市立北市民館は異色である。大阪市立北市民館は1918年7

月から9月にかけて起こった米騒動に対して米価対策として寄せられた寄付金の剰余金の半分の27万円を財源として設立された全国でも珍しい公立セツルメントである。なお残りの27万円で後述の方面委員活動を支援する(財)大阪府方面委員後援会が設立された。

三井財閥の三井十一家が100万円を寄付して設立された三井慈善病院での賛助婦人会が行ったボランティア活動は上流階級の女性のボランティア活動として注目される。

阪神・淡路大震災にはボランティアが大活躍し注目されたが、関東大震災の時にも多くのボランティアが活躍した。

関東大震災時には東京帝大の学生による震災ボランティア活動も行われた。ボランティア活動に参加した学生を中心に開設・運営されたのが、東京帝大セツルメントである。セツルメントは社会改良活動であるからどうしても思想的には左翼に傾きがちである。そのため当局の弾圧の対象となり、1938(昭和13)年わずか14年で活動の幕を閉じた。

14年間にセツルメントに関係した学生のその後の経歴は、まさに綺羅星のごとくである。[注46]

(2) 方面委員

戦前の公的なボランティアとしては米騒動後の社会不安に対応して1918年に「大阪府方面委員規程」により大阪で始められた方面委員がある。これより前にも岡山県等で方面委員が設置されてはいたが、大阪府のものは本格的なもので、方面委員は地域における福祉ニーズを把握するために小学校区を一方面とし、名誉職として知事が委嘱し配置されていた。当初は35方面に527委員が委嘱された。方面委員制度は、消極的救貧事業から環境改善を図る積極的防貧策への転換であるといわれている。

1929年に制定さたれ救護法により、方面委員は補助機関として公的な制度に組み込まれ、保護の実施の決定にかかわる実施主体としての役割の一部を担うことになった。

5-3　終戦後のボランティアの流れ

方面委員は終戦後民生委員と改称され、1950年の生活保護法において協力機関として位置付けられた。2000年に民生委員法が改正され、民生委員

は住民の立場に立って活動することが確認され、名誉職の規定が廃止された。従来のようなパイプ役から1人の住民として社会福祉活動を行うボランティアとして認識されている。

第2次世界大戦後は経済的にゆとりもなく、公的な福祉の充実が先決であったから、ボランティア活動も細々としたものであったが、戦後のボランティア活動としては1946年に京都の大学生により始められたBBS（Big Brothers and Sisters）が比較的早い。BBSは1940年にニューヨークのA. K. クルーターの提唱によって始められたもので、非行少年の兄や姉の役割として関わり更正を援助する活動である。

1960年代になると、民間ボランティア活動が組織化されるようになってくる。1961年に学生ボランティア会議が開催され、1962年に日本病院ボランティア協会が設立された。

1960年は所得倍増計画が始まり高度成長時代に入るが、この年にアジア学院、日本キリスト教海外医療協力会が設立され、海外協力のボランティア活動が芽生え始める。1965年に大阪ボランティア協会[注47]、富士福祉事業団、1967年に日本青年奉仕協会（JYVA）[注48]、ボランティア協会兵庫ビューロー（現、兵庫県ボランティア協会）[注49]が設立され、民間ボランティア推進機関が活動を始める。

ボランティア推進機関は、ボランティアのコーディネートを行う機関で、ヒトのインターミディアリイである。

2001年1月には、全国ボランティアコーディネーター研究集会関係者を中心に、日本ボランティアコーディネーター協会が設立された[注50]。

5-4　国の施策

1962年に徳島県と大分県の社会福祉協議会で、ほぼ同時に善意銀行が発足する。善意銀行は寄付金の窓口となるほか「労力」「技術」を口座に受入れ、ボランティアのコーディネートも行った。寄付金の受入れ窓口については共同募金との関連でとりやめ、後にボランティア・センターに改組された。

1973年には社会福祉協議会に対してボランティア育成のための国庫補助が始まり、都道府県・指定都市の社会福祉協議会に善意銀行（ボランティア・センター）が設置されるようになった。75年には、市町村社会福祉協議会の「奉仕活動センター」（現在のボランティア・センター）に国庫補助が始めら

れた。

1982年に中曽根内閣で高福祉、高負担が否定され、1985年1月の社会保障制度審議会建議「老人福祉の在り方について」でサービスの有料化と民間活力の導入が提唱された。

1989年に策定されたゴールドプランは高齢者介護について在宅介護重視の方針を打ち出し、1990年および1992年の社会福祉事業法の改正により、国民参加の社会福祉活動の理念が取り入れられ、参加の形態として行政主導型のボランティア育成策が推進されるようになった。

教育関係の施策としては1977年から小・中・高等学校の中からボランティア協力校を選定し、社会福祉施設への訪問・交流等を行う事業が実施された。1990年代にはボランティア推進施策が次々と打ち出され、その後のボランティア活動の義務化の議論につながっていく。

1993年2月に文部省が高校入試の内申書において「生徒の個性を多面的にとらえるため、ボランティア活動も適切に評価するように」との通達を全国の教育委員会に出し、1994年の高校入試では13の県で内申書にボランティア活動評価の欄を設け点数化したほか、その他の都道府県でもボランティア活動を内申書に加味するようになった。このために全国的に中学生が「にわかボランティア」化した。

1997年の政府の教育改革プログラムで教員養成や教員研修にボランティアが導入され、「学校外の社会との積極的連携」ではボランティアが中心的な課題となっている。また1997年には「小学校及び中学校の教諭の普通免許状授与に関わる教育職員免許法の特例等に関する法律」で、教育免許取得希望者への介護体験が義務付けられ、1998年4月から施行された。

1998年の教育過程審議会の答申を受ける形で、1998年12月告示の学習指導要領に初めてボランティア活動という語が登場した。

2000年12月の教育改革国民会議の最終報告で、奉仕活動についての提言を行った。この提言を受ける形で2001年に学校教育法、社会教育法が改正され、「ボランティア活動などの社会奉仕体験活動」が推進されることとなった。

5-5　国際協力ボランティア

(1) 国際協力NGO

1972年にシャプラニールが設立され、日本でも海外協力ボランティアに

関心が寄せられ始めた。1975年4月のサイゴン陥落に続くベトナム戦争終結、1978年6月のベトナムのカンボジア侵攻などによって大量に発生したインドシナ難民救援のため、1978年から1980年にかけて多くの海外協力団体が設立された。

国際協力NGOについては第4章で述べる。

(2) 青年海外協力隊

1965年に発足した海外青年協力隊（Japan Overseas Cooperation Volunteerと呼ばれる）は発足当時は海外技術協力事業団の日本青年海外協力隊事務局が担当していたが、国際協力事業団（JICA: Japan International Cooperation Agency）発足後はJICAの事業になっている。

海外青年協力隊員は発展途上国の住民と一体となって当該地域の経済・社会の発展に協力するもので、農林水産、加工、保守操作、土木建築、保健衛生、教育文化、スポーツの7部門の約140の職種がある。年齢は20歳から39歳まで、派遣期間は2年である。JICAは70カ国と青年海外協力隊の派遣協定を結んでいる。

青年海外協力隊のほかに40歳以上68歳までのシニア海外ボランティアと中南米の日系人社会を対象とする日系社会青年ボランティア（20歳以上39歳まで）と日系社会シニア・ボランティア（40歳以上69歳まで）の制度がある。

JICAボランティアの派遣実績は次のとおりで、2013年現在の海外青年協力隊の派遣者は1,677名で、発足以来の派遣者数は3万7,982名である。地域・職種によるが女性隊員がかなり多い。

表3-7　JICAボランティア派遣実績（2013年5月）（うち女性）

青年海外協力隊	地　域	派　遣　中	累　　計
	アジア	471　(310)	11,042　(5,158)
	中近東	116　(91)	2,608　(1,196)
	アフリカ	650　(328)	12,273　(4,989)
	中南米	297　(190)	8,161　(4,441)
	オセアニア	143　(53)	3,228　(1,233)
	ヨーロッパ	0	606　(324)
	合計	1,677　(982)	37,928　(17,171)
シニア海外ボランティア		444　(102)	5,153　(892)
日系社会青年ボランティア		54　(41)	1,177　(731)
日系社会シニア・ボランティア		31　(22)	426　(209)

(3) 国連ボランティア

国連ボランティア（UNV: United Nations Volunteers）は、1970年の国連総会で「第2次国連の開発の10年」の一環として設立が決議され、国連開発計画（UNDP: UN Development Program）の下部組織として設立され、1971年より活動を開始した。「現地に溶けこみ、人々の生活に密着した支援を行う」が基本理念である。

開発途上国の技術支援や紛争地域での緊急援助、復興活動などに貢献する意志のある国連ボランティアを世界中から募り、各国政府や国連機関、NGOなどの要請に応じて現地に派遣する。

国連ボランティアの派遣期間は通常6カ月から2年で、活動分野は、農業、機械整備、通信、土木、医療、といった技術的なものから、紛争や自然災害などに対応するための緊急人道援助、また効果的な開発協力の基盤となる平和や民主主義、人権の推進活動に至るまで、140以上の職種にわたる。

UNVはロスターと呼ばれる独自の登録名簿を設けており、常時世界中から応募してくる候補者を登録・管理しており、現在このロスターには約2万5,000人の専門家が国連ボランティア候補者として登録されている。現地から国連ボランティアの派遣要請を受けると、UNVは要請内容とロスターと照合して適切な候補者を選び、要請先に派遣する仕組みである。

UNVは海外青年協力隊事務局と協力関係を進めており、1988年には日本政府とUNVとの間で公文書が取り交わされ、日本政府が派遣費用を全額負担することによって、より多くの元隊員が国連ボランティアとして派遣されるようになった。

2012年までに300人以上の元海外協力隊員が70カ国に派遣され国連のプロジェクトなどで活躍している。

UNVは日本のNGOとも協力関係を確立し、その活動を支援するため、NGOが行っている活動に国連ボランティアを派遣するプログラムを実施している。現在UNVは、日本国際ボランティアセンター（JVC）、シャンティ国際ボランティア会（SVA）、アジア医師連絡協議会（AMDA）、国際保健市民の会（SHARE）等のNGOや関西学院大学を始めとする大学と、国連ボランティア派遣に関する協定を結んでいる。

1971年に初の日本人国連ボランティアが派遣されて以来、2013年1月までに計900名以上の日本人が国連ボランティアとして派遣されてきた。特に

1992年から1993年にかけて、多くの日本人選挙管理ボランティアがカンボジアでのUNTAC（United Nations Transitional Authority in Canbodia: 国連カンボジア暫定機構）で活躍したことにより、彼らの存在が広く日本で知られるようになった。

日本人はこれまでに1,500人がロスター登録し、2013年4月現在の有効登録者は318人で、毎年述べ80名を越える日本人国連ボランティアが活躍している。

第6節　ボランティアの現況[注51]

6-1　ボランティア活動の多様化

1981年に神戸ライフケア協会、1982年にコープこうべ内にコープくらしの助け合いの会が設立され、時間預託型のボランティア活動が始められる。このような動きは住民参加型在宅福祉サービス団体として捉えられ、1987年から全国社会福祉協議会が調査を行っており、「住民参加型在宅福祉サービス全国連絡会」が結成されている。1985年には厚生省にシルバーサービス振興指導室が設けられ福祉の民間化が推進された。

1992年6月にリオデジャネイロで開催された国連環境開発会議（地球環境サミット）には日本からも多くのNGOが参加し、地球環境問題への関心が一挙に高まった。

その後、阪神・淡路大震災でボランティア活動の重要性が改めて認識されたが、ボランティア活動そのものは、それ以前から着実に増加してきている。

従来、海外協力のNGOと国内のボランティア団体はあまり接点がなかったのであるが、阪神・淡路大震災ではAMDA、PHD協会、SVAといったNGOが海外援助の経験を活かしてボランティアと協力し、日本のボランティア活動に1つの新しい形をつくりあげた。また阪神・淡路大震災は災害ボランティアというボランティア活動の1つのジャンルを生み出したことは確かだろう。

旧来の非営利組織でも、福祉施設、病院や美術館・博物館等ではボランティアの参加が日常的になってきている。

6-2 ボランティア、ボランティア団体の数

　日本でのボランティアとボランティア団体は、阪神・淡路大震災で突然増えたわけではないが、大震災で関心が高まったという人は多い。

　全国社会福祉協議会では1980年以降ボランティアグループ数とボランティア活動者数の統計を発表している。それによると1981年には1万6,000団体、160万人であったものが年々増加し続け、阪神・淡路大震災前年の1994年3月には6万団体499万人に達していた。大震災直後の1995年3月の数字が6万3,000団体、505万人であるから、大震災により劇的に増加したわけではない。その後、頭打ち傾向が続いたが2007年以降増加に転じ、2011年4月の調査では19万8,796団体、867万人となっている。

　そして2011年3月の東日本大震災は日本のボランティア活動に新しいページを加えた。この不幸な出来事のボランティア・マインドに与えた影響については、もう少し時間を必要とする。[注52,補4]

　総務省では5年毎に社会生活基本調査を実施しており、ボランティア活動についても調査している。[注53]2006年の調査ではボランティア活動の行動者数は2,972万2,000人で行動者率は26.2%である。前回2001年の調査に比べると行動者数は290万人の減少、行動者率は2.7ポイント低下している。この調査による行動者数は上記の全国社会福祉協議会の数字より、はるかに多いが、これは定義の違いによるものだろう。

　この調査ではボランティア活動とは「報酬を目的としないで自分の労力、技術、時間を提供して地域社会や個人・団体の福祉増進のために行う行動である。活動のための交通費など実費程度の金額の支払いを受けても報酬とみなさず、その活動はボランティア活動に含めている」として別表に例示を掲げているが、かなり広範な活動を含めている。ただし「婦人活動、青少年活動、消費者運動、市民運動、宗教活動、政治活動、権利主張や政策提言型の運動はボランティア活動に含めない」と明記している。

　行動者数は男性が1,387万人、女性が1,584万人、行動者率は男性25.1%、女性27.2%でボランティア活動では女性上位である。年齢別では女性は40歳から44歳の行動者率が40%に達している。60歳を過ぎると男性の行動者率が女性を上回るようになる。

　ボランティア活動の種類としては男女ともまちづくりのための活動が最も

多く、子供や高齢者、障害者対象では女性がかなり多い。

図3-1　男女、年齢階級別「ボランティア活動」の行動者率

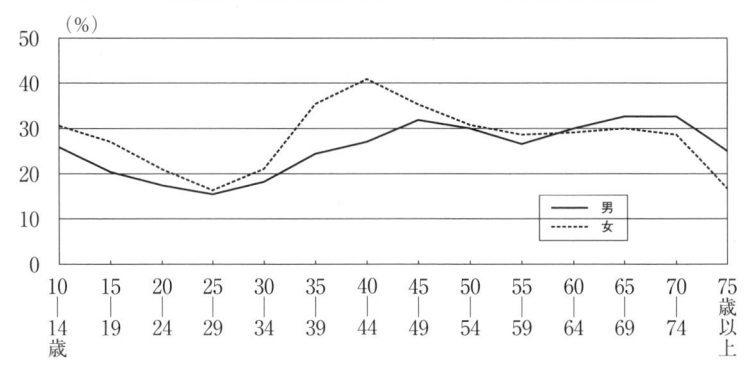

出所：『平成18年社会生活基本調査』「結果の概要」
〈http://www.stat.go.jp/data/shakai/2006/pdf/gaiyou.pdf〉[補5]

図3-2　男女、「ボランティア活動」の種類別行動者率

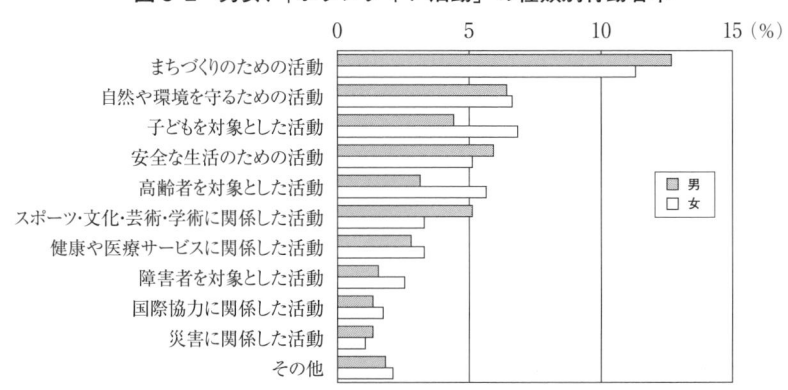

出所：『平成18年社会生活基本調査』「結果の概要」

　ボランティア活動の形態としては地域の団体に加入して行動する人が最も多い。

図3-3 「ボランティア活動」の形態別行動者率

```
                                    0    2    4    6    8   10(%)
         ┌ 町内会・老人倶楽部・青年団など
団体に    ┤        その他の団体
加入して  └ ボランティアを目的としている団体
         ┌       地域の人と
団体に    │    学校・職場の人と
加入しないで│        一人で
         │   友人・知人その他の人と
         └       家族と
                                              注：複数回答あり。
```

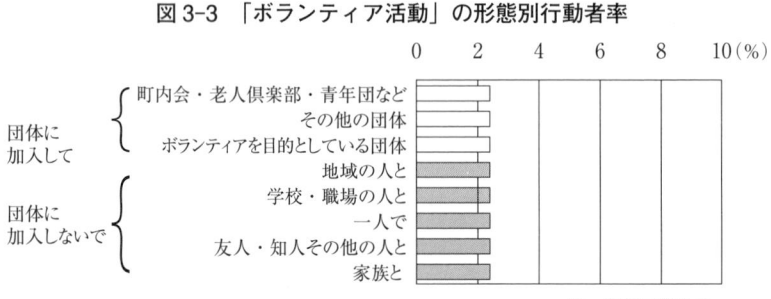

出所：『平成18年社会生活基本調査』「結果の概要」

「NPO白書2010」[注54]は、この調査（2006年）とアメリカ、イギリスのボランティア行動者率を比較している。それによると日本28%、アメリカ（2009）44%、イギリス（2007）64%で日本はかなり低い。

寄付の水準も低く、ボランティア活動も低調であり、第4章に見るように市民社会組織も未発達である。

日本の市民社会はまだまだ未成熟と言わざるを得ないようである。

6-3　有償ボランティア

特に高齢者介護の分野で有償ボランティアが重要である。有償ボランティアという働き方は、労働法の観点からは、指揮命令を伴い時間給的謝金が発生しており労働者として整理すべきと考えられる。一方、実態は組織側も当事者もボランティアであるという意識を持つ傾向がある。今後、労働者かボランティアかの二者択一によらない、新しい領域の検討も求められる。

有償ボランティアといってもその実態は様々で、神戸の非営利組織による介護保険制度外サービス実態調査によるとサービス提供者の受取額は下記のとおりで、最低賃金を上回るレベルもある。

表3-8　有償ボランティアの1時間あたり受取額（単位：円）

団体	定額制	内容別					
		家事援助	介護・介助	移送	その他 （便利屋）	その他 （技能支援）	その他 （入浴介助）
A	650						
B*		760	900				
C	700						
D		840	840	500		2,100	1,050
E	600						
F*		1,100	1,300	距離制			
G*		800	800	800	1,000		
H*		1,300	1,500	距離制			
I	700						
J*		960	1,200				

*は介護保険事業も実施

　有償・無償を問わず、ボランティアという働き方は労働法が想定していない働き方であるが、（特）流山ユー・アイ・ネットは「ふれあい事業」（会員互助型の非営利有償サービス）が税法上の収益事業として法人税を課されたことを不服として2002年8月に千葉地裁に提訴したが、敗訴、東京高等裁判所へ控訴したが、2004年11月に控訴棄却。原告側は上告せず、これで判決が確定した。この裁判は法人税について争われたものであるが原告側は、判決では、助け合い活動はボランティア活動であることを認めているので、労働基準法、最低賃金法などの違反問題は生じないところから、上告しないことにした。

　この裁判で流山ユー・アイ・ネット側の弁護人を務めた堀田力は、ボランティア認知法を提唱している。注55 すなわち、「サービスに対して提供された金品の価格が当該サービスの市場価格の五分の四以下であるときは、当該金品は謝礼として提供されたものと推定する。その価格が最低賃金額以下であるときは、謝礼として提供されたものとみなす。ただし、サービスを提供する者が、ボランティア活動としてではなく、労働としてこれを提供したときは、この限りではない」「ボランティア活動を組織的に提供し、またはこれを支援する事業は、法人税法に定める収益事業に当たらないものとみなし、また、労働関係を規制する法令および職業を規制する法令の適用上、事業に当たらないものとみなす」という主張である。有償ボランティアは依然としてグレーゾーンである。

筆者注

注1　『日本経済新聞』2000年1月1日付。
注2　『日本経済新聞』2000年2月8日付。
注3　レスター・サロー（山岡洋一・仁平和夫訳）（1996）『資本主義の未来』TBSブリタニカ。
注4　『日本経済新聞』1999年2月8日。
注5　カール・R・ポパー（内田詔夫・小河原誠訳）（1980）『開かれた社会とその敵』未来社。
注6　ダニエル・ベル（林雄二郎訳）（1976）『資本主義の文化的矛盾　下』講談社学術文庫、90頁。
注7　今日の経済社会は、需要ある物に限りこれを供給するということを原則としているのである。ここに需要というは、単に要求というと同じではない。一定の要求に資力が伴うて来て、始めてそれが需要となるのである。河上肇（1947）『貧乏物語』岩波文庫、80頁。
注8　K・E・ボウルディング（公文俊平訳）（1975）『愛と恐怖の経済』祐学社。
注9　金子郁容・松岡正剛・下河辺淳（1998）『ボランタリー経済の誕生』実業之日本社。
注10　川添登・山岡義典編（1987）『日本の企業家と社会文化事業』東洋経済新報社。
注11　日本ファンドレイジング協会（2012）『寄付白書（2012）』経団連出版。
注12　助成財団センター編（2007）『民間助成イノベーション』松籟社、参照。
注13　日本財団の活動内容については、尾形武寿監修（2012）『財団経営の哲学』海竜社、参照。
注14　個人・家族財団、企業財団は私的財団（Private Foundation）というカテゴリーに入り、個人・家族や企業の資産隠しに使われるのを防止する意味から税制優遇が制限されている。例えば自己取引の禁止、最低必要支出額規定（これは財団に資産を貯めこむのを禁止する規定）、事業株の過大な保有、議決権付き株式を20％以上保有することは禁止、等々で、これらの規定に違反するとペナルティ課税が行われる。アメリカでは税制優遇がある一方で財団のみならず非営利団体について厳しい規制があることも忘れてはならない。
注15　コミュニティ財団については、大阪商工会議所（1990）『コミュニティ財団調査報告書』大阪商工会議所、橋本徹・古田精司・本間正明著（1986）『公益法人の活動と税制——日本とアメリカの財団・社団』清文社参照。2009年に公益財団法人東京コミュニティ財団が発足した。
注16　前掲橋本徹・古田精司・本間正明著（1986）参照。
注17　第8章第2節参照。
注18　BOPビジネスについては、第8章第3節参照。
注19　マイクロソフト会長のビル・ゲイツと妻のメリンダによって2000年に設立された。資産340億ドル（2001年11月）の世界最大の助成財団である。途上国の貧困や医療を中心に助成を行っている。
注20　1936年にフォード自動車の創始者ヘンリー・フォードの息子であるエドセル・フォードにより設立された。現在はフォード自動車とは関係のない独立

した助成財団で、ビル＆メリンダ財団が設立されるまでは、世界最大の助成財団であった。2012年9月現在の資産総額は109億ドル。世界各地に助成を行う代表的な国際財団である。
注21　Open Society Foundationについては第1節参照。
注22　第8章第2節参照。
注23　笹川平和財団（SPF）は日本では数少ない国際財団である。もちろん「国際」を冠した財団は少なくないが、その多くは日本国内での国際的プロジェクトに対して助成を行うのに対しSPFは基本的にはプロジェクト自体が国際的な枠組みを持っているものを対象にしており、世界中から申請を受付けている。またSPFは政策指向である点でも日本では珍しい存在であるし、専門職であるプログラム・スタッフを多く擁している点でも高く評価され、国際的に通用する数少ない財団である。SPFは基本的には助成財団であるが、場合によっては財団自らがプロジェクトを企画し、適当な団体に事業実施を委託する方法をとることもある。
注24　アジア・コミュニティ・トラスト（ACT）は1979年には募金型公益信託として設立された。アジア・コミュニティ・トラストは、アジアの発展途上国の人々の自助努力に対して、草の根レベルで援助することを目的としており、一般の寄付に基づき、アジア諸国の民間団体やグループに助成を行う仕組みである。

　ACTには一般基金に寄付をする方法、使途を指定して寄付者の名前をつけた特別基金を設定する方法と、賛助会員として毎年定期的に寄付をする方法があり、1995年には認定特定公益信託として認可され、税控除の優遇措置が適用されるようになった。

　当初は（財）日本国際交流センターに事務局を置いていたが、2001年から事務局を（特）国際協力NGO推進センター（JANIC）に移管、2005年からは（特）アジアコミュニティセンター21が事務局となっている。2011年度の事業費は3,890万円である。
注25　2011年6月に市民ファンド10団体が世話人団体となって「市民ファンド推進連絡会」が発足した。
注26　奥田裕之・牧田東一ほか（2009）『市民ファンドが社会を変える』コモンズ。
注27　アンドリュー・カーネギー（田中孝顕訳）（1990）『富の福音』騎虎書房。
注28　アリス・シュローダー（伏見威蕃訳）（2009）『スノーボール　ウォーレン・バフェット伝』日本経済新聞社。現在の日本の公益法人制度ではこのような恣意的ともいえる助成事業は許されない。
注29　日本でも原田積善会を設立した原田二郎は自ら助成事業を執行した。林雄二郎・山岡義典編著（1984）『日本の財団』中公新書。
注30　トヨタ財団（1985）『トヨタ財団10年の歩み』トヨタ財団。
注31　ジョエル・J・オロズ（牧田東一監修）（2005）『助成という仕事』明石書店。
注32　日本国際交流センター（1976）『米国における民間資金援助活動の現状と将来　ファイラー・コミッション報告書』日本国際交流センター。
注33　一般社団・財団法人の非営利型とは次のイまたはロに該当する法人である。
　　　イ．剰余金の分配を行わない旨が定款に定められていること等の要件に該

当する一般社団・財団法人
ロ．会員に共通する利益を図る活動を行うことを行うことを主たる目的と
していること等の要件に該当する一般社団・財団法人

注34 公益法人税制研究会「公益法人をめぐる税制改正関する提言」橋本徹・古田精司・本間正明著（1986）『公益法人の活動と税制──日本とアメリカの財団・社団』清文社に収録。

注35 消費税は本来的には法人が負担する税ではないが、納付者は法人である。

注36 日本のフィランソロピー税制の歴史については、島田晴雄編著（1993）『開花するフィランソロピー』TBSブリタニカ参照。

注37 指定寄付金とは、公益を目的とする法人または団体に対する寄付金のうち、次に掲げる要件を満たすと認められるものについて、財務大臣が指定したもの。指定寄付金は寄付を受ける団体等を指定するのではなく事業につき個別に指定される。
・広く公募されること。
・教育または科学の振興、文化の向上、社会福祉への貢献その他公益の増進に寄与するための支出で、緊急を要するものに充てることが確実であるものが条件である。
指定寄付金には、「包括指定」と、「個別指定」がある。包括指定としては、学校法人が災害による校舎の復旧に充てる費用、日本育英会が学資の貸与資金に充てるもの、赤い羽根共同募金など。過去の事例では7割近くが社会福祉事業、2割が私立学校の振興である。

注38 特定公益増進法人の原型は1961年に導入された試験研究法人である。1971年に社会福祉法人が追加され、順次範囲が拡大されてきたため、1989年「試験研究法人等」は「公益の増進に著しく寄与する法人（特定公益増進法人）」と呼称変更された。
平成24年4月現在の特定公益増進法人の数は次の2万6,900法人で社会福祉法人が圧倒的に多い。

第1号	独立行政法人	102
第1号の2	地方独立行政法人	16
第2号	特殊法人	4
旧第2号・旧第3号		186（旧民法に基づき設立された公益法人）
第3号公益社団法人及び公益財団法人		5,341
第4号学校法人		1,548
第5号社会福祉法人		19,536
第6号更正保護法人		165

注39 公益信託は信託であるから委託者の財産であるが信託終了時に信託財産がその委託者に帰属しないこと、など一定の要件を満たす公益信託は特定公益信託として税制上寄付金と同様な扱いを受け、公益信託の信託財産の運用収益については、所得税は課せられない。公益信託のうち特定の研究や事業に対する助成を行うものは認定特定信託として寄付金控除の対象になる。

注40 公益認定を受けるには18の公益認定基準をすべて満たすことが必要である。公益認定基準の中には収支相償原則、公益目的事業比率、遊休財産の規

制など会計面での聞きなれない基準が含まれており、とっつきにくい。公益認定を取得するためには相当な事務能力が必要となる。認定後も事務負担は重く、小規模法人には耐えられないかもしれない。

注41 公益法人協会宮川守久副理事長（当時）による。
注42 松原明・轟木洋子（2005）『よくわかる NPO 税制』シーズ。
注43 日本ファンドレイジング協会（2012）『寄付白書（2012）』経団連出版。
注44 興梠寛（2003）『希望への力 地球市民社会の「ボランティア学」』光生館。
注45 内片孫一（1932）「隣保事業に於けるヴォランチアの役割」『社会事業第16巻第4号、昭和7年7月号』中央社会事業協会（大阪市ボランティア・市民活動情報センター『COMVO』Vol. 35 による）。
注46 宮田親平（1995）『だれが風をみたでしょう』文藝春秋。
注47 大阪ボランティア協会（1996）『なにわボランティアものがたり 大阪ボランティア協会30年史』大阪ボランティア協会、大阪ボランティア協会（2005）『市民としてのスタイル 大阪ボランティア協会40年史』大阪ボランティア協会。
注48 2008年に解散。
注49 兵庫県ボランティア協会（1997）『足あとが道に 30年史』兵庫県ボランティア協会。
注50 ボランティアコーディネートについては、桜井政成（2007）『ボランティアマネジメント』ミネルヴァ書房参照。
注51 ボランティアの現況については守本友美・吉田忠彦編（2013）『ボランティアの今を考える』ミネルヴァ書房参照。
注52 東日本大震災でのボランティア活動については、日本ファンドレイジング協会（2011）『寄付白書（2011）』経団連出版、日本ファンドレイジング協会（2012）『寄付白書（2012）』経団連出版参照。
注53 この調査の2011年調査の概要については、山内直人・田中敬文・奥山尚子編（2013）『NPO白書 2013』大阪大学大学院国際公共政策研究科NPO研究情報センター参照。
注54 山内直人・田中敬文・奥山尚子（2010）『NPO白書 2007』大阪大学大学院国際公共政策研究科NPO研究情報センター。
注55 堀田力（2007）「ボランティア認知法の提言――有償ボランティアと労働の区別」『論究』第4号 2007年12月、衆議院調査局、〈http://www.t-hotta.net/teigen/fukushi/080101_v-ninchihou.html〉。

補訂者注―――

補1 2013年調査では1634法人を把握している。また、「公益法人へ移行したものが、1,101（財団1,057、社団44）、一般法人へ移行したものが222（財団207、社団15）となっており、残り311は未移行公益法人と社会福祉法人である。また、新制度施行以降に設立された一般法人は33あり、そのうち公

益法人へ移行したものが27ある（2013年11月の調査時点）」とされている（助成財団センター（2013）『日本の助成財団の現状』〈http://www.jfc.or.jp/bunseki/research2013.pdf〉 2014年4月3日確認）。以下の本文の叙述は、公益法人制度改革によって、財団名称の変更や新しい数字の公表等があるが、基本的論旨に影響を与えることはない。したがって、法人名等、原文のままであり必ずしもデータアップデートを行っていないので注意されたい。

補2　なお、「共同募金」とは「都道府県の区域を単位として、毎年1回、厚生労働大臣の定める期間内に限ってあまねく行う寄附金の募集であつて、その区域内における地域福祉の推進を図るため、その寄附金をその区域内において社会福祉事業更生保護事業その他の社会福祉を目的とする事業を経営する者（国及び地方公共団体を除く。以下この節において同じ）に配分することを目的とするも」と定められており（112条）、募金事業一般のことではない。

補3　これらの他に、公益財団法人　京都地域創造基金、公益財団法人　ひょうごコミュニティ財団などがある。なお、近年、環境系の営利企業形態でも「市民ファンド」という言葉を使うことがある。この場合には寄付ではなく投資の形を取っている（例えば、株式会社自然エネルギー市民ファンド等）。

補4　平成23年度「社会生活基本調査」「結果の概要」〈http://www.stat.go.jp/data/shakai/2011/pdf/gaiyou.pdf〉によれば、「「災害に関係した活動」の行動者率は全ての年齢階級で上昇」したとされている。

　なお、拙稿「『東日本大震災では、何人がボランティアに行ったのか』という問いから」『ボランタリズム研究』Vol. 2（2013）大阪ボランティア協会、も参照されたい。

「災害に関係した活動」の年齢階級別行動者率（平成18年、23年）

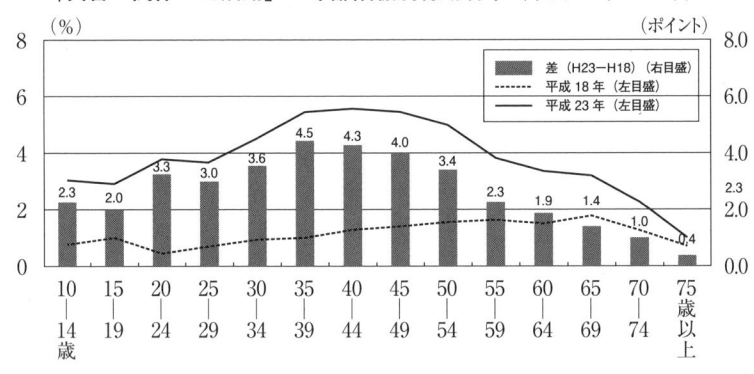

補5　「平成23年度社会生活基本調査」「結果の概要」から関連部分を注記する。行動者数2,995万1,000人，行動者率26.3％、男性1,361万1,000人、女性1,634万1,000人、行動者率男性が24.5％、女性27.9％で、女性が男性より3.4ポイント高い。行動者率は平成18年と比べると、0.1ポイント上昇。男性が0.6ポ

イント低下、女性が 0.7 ポイント上昇。

なお、平成 23 年度調査では、「別表 4　ボランティア活動の内容例示一覧」の注記に、「『ボランティア活動』は、『もっぱら他人や社会のため』に行うもので、以下の行動は、ボランティア活動には含めません。〔宗教活動、政治活動、消費者運動、市民運動、権利主張や政策提言型の運動〕」とある。

平成 18 年度調査では、同一カ所に、「『ボランティア活動』は、『もっぱら他人や社会のため』に行うもので、『自分を含む社会のための活動』の色彩が強いものは除きます。したがって、婦人活動、青少年活動、消費者運動、市民運動、宗教活動、政治活動、権利主張や政策提言型の運動は、ボランティア活動に含めません。」とされている。つまり「婦人活動」が平成 23 年版では除かれている。

このようなボランティア活動の定義、つまりいわゆる市民運動・アドボカシーや宗教団体での活動（宗教礼拝そのものを除くことは一般的である）等を除いたボランティアの定義は、国際的には特異なもので、国際比較に用いることができるデータが得られているとは思われない。例えば、国際比較統計で使われる ILO の定義は、"Unpaid non-compulsory work; that is, time individuals give without pay to activities performed either through an organization or directly for others outside their own household." である。社会生活調査の場合には、「ボランティア活動のみ」ではなく、「ボランティア活動・社会参加活動」の合計数字のほうがより国際比較には近い。

第4章

市民社会組織

第1節　第3セクターの組織

1-1　公益・共益

　第1章で述べた第3セクターに分類される組織には、公益を追求する組織と必ずしも公益を追求しない組織がある。そのいずれにも法人とそうでない組織がある。日本の第3セクターの法人制度については後に説明する。

　非政府・非営利組織で公益の活動を行う組織が民間公益組織である。これには学校、病院、福祉施設、博物館のような施設を保有し運営している組織や、劇団とか交響楽団のような芸術家の組織や研究機関のような組織、また経団連を始めとする事業者の連合組織や助成財団のような組織、政党を始めとする政治団体もある。このように民間公益組織というのはかなり例が多い。

　非営利・非公益組織については複雑である。非公益・非営利団体の多くは趣味の会のようにインフォーマルなものが多いが、例えばスポーツ・クラブや社交クラブ、学校の同窓会等のようにフォーマルに組織されたものもある。これらの団体は共益組織と呼ばれることがある。協同組合や労働組合は組合員の利益を図る組織であるから共益団体で非公益に分類されるが、公益性が無いとは言えない。同窓会でも公益的な活動をすることもあるであろう。これは公益の定義の問題ともからんでくるが、少なくとも営利を目的とする組織ではないことには違いない。

　公益性の理解は人によって異なる。ローマンは次のように公益性をかなり狭く捉えている。[注1]「大部分の非営利組織が公共財を生産していないことは明らかである。芸術や社会サービスが一様に目に見えない形で直接すべての人々の利益になっているという主張は、明らかに正しくない。そのことは、

芸術的な催し物に参加したりサービスを受けたりしたことが一度もない人々もたくさんおり、したがってそういう人々はおそらくそのような組織から直接利益を受けることができないでいるという事実を見るだけで明らかである」。

宗教法人が公益団体か共益団体かも難しいところである。欧米では宗教団体は無条件で公益性が認められているが、監督の問題や税法上の取扱いに関してもっと議論が必要な問題である。

1-2 市民社会組織 (Civil Society Organization)

最近はCSOという用語が用いられるようになった。CSOとはCivil Society Organizationの略で日本語では市民社会組織と呼ばれる。市民社会という用語が多義的であり、論者によって様々な意味が与えられているように、CSOも多義的であり、各論者がそれぞれの想いをもってCSOを論じている。ここでは日米協会の定義に従って「社会的利益や社会的課題について議論し、研究し、行動する非営利組織（企業形態であっても社会的・非商業的資格で活動するものを含む）」をCSOとして検討する。CSOは「例えば社会サービスの提供や社会改革の提言を行う組織或いは教育機関であり、政治参加を促進し、社会的資本（ソーシャル・キャピタル）の構築に寄与し、民主的統治を推進し、共通の問題を解決するために資源を共有し、総体として強力な市民社会の建設に資するもの」である[注2]。

CSOとNPOを同意義に用いることが多いが、ここでは上記の定義のように法的形態にはこだわらずに企業形態の組織も併せて検討する。例えばパブリック・アクセスを保証しているメディアや一部の出版社等である。

また協同組合もCSOに含まれるが協同組合については第5章で検討する。また自治会・町内会のような地縁組織も広義のCSOに含めて考えたいが地縁組織は第6章で取り上げる。労働組合や宗教団体、政治団体は本書では取り上げない。

第3セクターあるいは非営利セクターを広く捉えると、反社会的組織も含まれるが、もちろんこのような組織はCSOではない。

1-3 CSOの機能

CSOには様々な機能がある。概括的に言えば社会的にニーズがありなが

ら企業でも政府・行政でも対応できない問題に対処するのがCSOの本来的機能である。

社会的ニーズとは、個人が必要とする財・サービスであって、それらの財・サービスを提供することが社会全体に利益をもたらすものに対するニーズである。経済学的には準公共財に対するニーズである。

準公共財に対するニーズはDemandにならないから市場では提供できない。unmet needsに応える準公共財の性格を持つサービスの提供という点ではCSOは行政と競合関係にあるとも言える。同種の公益サービスを提供するにあたり、非営利組織はどのような機能を期待されているのだろうか。

資本主義諸国は第2次世界大戦後、福祉国家を目指して各種の準公共財の提供を拡大してきた。しかしその結果財政負担が過重になり財政破綻を招くまでになってきた。

社会的ニーズに行政が十分に対応できなくなったのは世界的な流れで、政府の失敗に対処する組織として1980年代からNPOが台頭してきている。[注3]

CSOには経済的機能、政治的機能、社会的機能がある。この3つの機能は分かちがたく結び付いているが、機能を分けて説明すると次のようになる。

(1) 経済的機能

CSOの経済的機能とは、市民のニーズに応えて公益サービスを提供する機能であり、第1章に述べたMarket failure, Government failureに対応する機能である。

近年「新しい公共」[注4]が論じられている。筆者の理解では従来行政に委ねていた公共サービスを市民自らが担う、あるいは行政が提供してこなかった新しい公共サービス、即ち下記の社会的ニーズの部分が新しい公共にあたる。

行政が過度に関わりすぎていた社会的ニーズから行政が撤退していく、あるいは新しく生まれてきた社会的ニーズに市民主体の様々な民間組織が対応していく動きが新しい公共への道であると理解している。

行政が提供する準公共財は公平を旨とするから画一的になる、そしてしばしば非効率でコスト高になる。CSOが提供すれば柔軟で個別対応ができる。そして多くの場合効率的でコストが安い。従来、行政が独占していた、あるいは行政に過度に依存していた公共サービスを市民自らが実施するものである。また、本来、行政が実施すべきではない公共サービスもある。行政

とCSOの関係については第7章で取り上げる。

　CSOは資本主義に対するアンチテーゼとして大きな意味を持つものではあるけれども、社会変革を実現するには民間性の確保が重要である。経済的機能の中にも政治的・社会的機能が含まれていなければ、社会的に存在意義はない。CSOは非営利であることをもって尊しとするわけではない。

(2) 政治的機能

　CSOの政治的機能とは、間接民主主義の欠陥を補う直接民主主義としての機能である。即ち、代表性民主主義では充分に反映されない少数者の意見を代弁する機能や、新たに生じてきた政治的課題に対して迅速に対応する機能である。

　政治の基本的機能は、単純な言い方をすれば税金の使い方と集め方を決めることである。それを選挙という方法で選んだ議員に市民の意見を代表して議論し、ルールをつくっていくのが間接民主主義である。政治で決められたルールに基づき市民は税金を納め、行政はその税金を使って様々な公共サービスを提供する。

　民主主義は少数者の意見を尊重するものであるけれども、最終的には多数決により決定される。

　行政は議会で定められたルールに則って、画一的、機械的に業務を執行する。行政が恣意的に行われてはならない。

　しかしこれでは少数者の利益は必ずしも守られない。

　行政は新しく起こってきた問題に対しては迅速に対応できない。民主主義は合意形成に時間がかかるシステムである。また成果がよく分からない課題に実験的に取り組むことも政治・行政はあまり得意ではない。

　このような政治・行政が対応できないニーズに対応していくのがCSOである。またCSOは政府の政策に対して代替案を提示したり、少数者の利益を代弁して政策提言を行う機能がある。また政治や行政そのもののあり方に関する調査研究も重要な機能である。政治改革・行政改革等は民間から大胆な提案をするのが望ましいテーマである。

　そこで重要性を増しつつあるのが、CSOの政策提言機能、政策・行政評価機能である。市民がNPOや地縁団体の会員になったり、ボランティアとして参加して他の市民と協働すれば成果をあげることができる。さらにこれ

らの団体相互や大学・研究機関と協働しながら活動する。
　CSOは、行政とは別の観点・手法に基づき公的サービスを提供する。その過程で公共政策の様々な問題点に逢着する。そのような問題点を指摘し問題提起を行い、さらに問題解決に向けての提案を行うことが期待されている。CSOは議会による正式な意思決定を待たずに新しい課題に積極的に取り組み、自ら問題を解決する。また課題解決のための制度化を議会に提案する機能もある。
　CSOの本質は非営利性とともに非政府性にある。非政府性を確保するには自主財源が確保されなければならないが、現在、日本では自主財源を確保することが極めて困難な状況にあり、政策への参加を難しくしている。
　第2章で述べたように最近は「ガバメントからガバナンスへ」ということが言われるようになり、市民が公共を担うということが重視され、特にローカル・ガバナンスの主体としてのCSOが重要性を増しつつある。

(3) 社会的機能　市民社会建設の担い手としてのCSO

　現在の日本で市民社会の建設が求められているのは、自分たちの暮らしに関係する社会の仕組みを自分で決めたいという欲求、自分たちの価値観の実現を可能にする社会にしていきたいという欲求からである。
　CSOはこのような市民社会建設の重要な担い手なのである。現在の日本には市民社会への課題が極めて多く、これらの課題解決に向けて、CSOが取り組んでいかなければならない。
　CSOの重要な機能はボイスの機能である。ボイスとは声を上げることであるが、社会的諸問題について自ら主張していくこと、また声を上げることが困難な人たちの声を代弁して社会に訴えかけていくことを意味する。分野としては人権の擁護又は平和の促進を図る活動、男女参画社会の形成の促進を図る運動、国際協力の活動はボイスの機能が強い。
　また芸術・文化やスポーツは自己表現機能（expressive）であり、これもCSOの重要な機能である。
　CSOはまたグローバル社会における市民的連帯の実現に向けての機能が期待される。何よりも重要なのはSocial Inclusion[注5]を実現し、人間としての尊厳と精神的充実をもたらす。日本社会に欠けているこれらの実現を目指さなければCSOに未来はない。

第2節　日本の非営利組織の変遷

2-1　日本の非営利組織の生成と発展[注6]

　日本の資本主義は明治維新に突如始まったものではなく、江戸時代にその萌芽があった。非営利組織による民間の公益活動も江戸時代にその源流がある。なかでも民間の教育機関であった含翠堂、懐徳堂[注7]やコミュニティ財団の原型ともいわれる秋田感恩講[注8]がよく知られている。

　特に江戸時代の大坂は地子免除の天領であり経済力も豊かであったから、町人の一建立(いっこんりゅう)の思想により多くの公共事業が民間の資力で行われた。

　1898（明治31）年に民法が施行され公益法人の制度が規定された。初期の公益法人には、秋田感恩講（1898年）、大日本仏教慈善会財団（1901年）、岡山孤児院（1903年、発足は1887年）、慶応義塾大学（1907年、発足は1858年）、森村豊明会（1914年、発足は1901年）等（いずれも財団法人）がある。

　明治末期から大正時代にかけては、企業と企業家のフィランソロピーに支えられたNPOが活躍する。特に助成財団は現在よりも多彩である。主なものを年代順に列記してみる。

　　1875年　新島襄、同志社設立。
　　1887年　岡山孤児院。石井十次、孤児教育会設立→岡山孤児院。
　　1889年　W・R・ランバス（アメリカ南メソディスト教会）、関西学院開設。
　　1895年　段通職工教育部簡易学校開設（堺）。
　　1899年　留岡幸助、家庭学校開設。
　　1901年　森村豊明会、1914年に財団法人。
　　1911年　甲南学園。弘世助太郎、針生釟三郎、伊藤忠兵衛等。
　　1911年　鈴木梅四郎、実費診療所開設。
　　1918年　山口玄洞、財団法人山口厚生病院、1922年診療開始。
　　1919年　大原社会問題研究所、1930年大原美術館。
　　1919年　資生堂がギャラリー開設。
　　1920年　原田積善会。
　　1921年　邦寿会。
　　1924年　日本生命済生会。

1911（明治44）年に発せられた「施薬、救療の大詔」に基づき下賜された150万円の内努金をもとに2,500万円を目標に義捐金を募り恩賜財団済生会が設立された。三井、三菱、大倉の各財閥が100万円を寄付したのを始め、勅任官は年俸の10分の1、奏任官は年俸に応じ15分の1から20分の1を強制的に集めた。済生会は診療所、病院、乳児院、産院、助産院、結核療養所等の設置、医療券の配布、無医村や細民街への巡回診療、訪問看護員（保健婦）の養成等を行った。

第8章に述べるように、財閥も様々な社会貢献活動を行った。

多彩な活動をしたのは賀川豊彦である。1920年に消費組合共益社を設立し生協の先鞭をつけ、1921年には神戸消費組合を設立した。その後の灘神戸生協、現在のコープこうべである。労働運動、農民運動にも力を注ぎ、1926年、木崎村無産農民学校を開設した。1932年には中野組合病院、その他協同組合型病院を発足させた。

2-2 民法と公益法人制度

1889（明治22）年に大日本帝国憲法が発布され、1898（明治31）年に民法が施行（制定は1896年）、翌1899年に商法が施行された。憲法、民法、商法はいずれも当時の新興資本主義国であったドイツの影響を強く受けている。民法総則に法人に関する規定がおかれ、第33条に「法人は本法其他の法律の規定に依るに非ざれば成立することを得ず」、第34条に「祭祀、宗教、慈善、学術、技芸その他公益に関する社団又は財団にして営利を目的とせざるものは主務官庁の許可を得て之を法人と為すことを得」、第35条「営利を目的とする社団は商事会社設立の条件に従い之を法人と為すことを得」と規定され、第35条に基づき商法が制定された。

公益法人の設立には主務官庁の許可を必要とした。許可とは公共の安全や秩序の維持、危険の防止などの理由から原則禁止とし、これを特定の場合に解除し特に許すことである。公益法人の設立を許可するかしないかは行政の裁量にまかされた。また民法第67条には「法人の業務は主務官庁の監督に属す」との規定があり、日本には行政から独立した「非政府の」真に「民間」の公益法人はあり得ない仕組みになっていた。

非営利・非公益あるいは非営利・共益の組織についての規定がなく、民法の不備として早くから指摘されていた。非営利・非公益あるいは非営利・共

益のいわゆる中間団体については特別に法律を制定しなければならなかった。

第2次世界大戦後、憲法が改正され、日本の統治システムは抜本的な変更が行われた。

CSOに関連する憲法の主な条文は、第25条「1. すべて国民は、健康で文化的な最低限の生活を営む権利を有する。2. 国はすべての生活部面について、社会福祉、社会保障及び公衆衛生の向上及び増進に努めなければならない」および第89条「公金その他の公の財産は、宗教上の組織若くは団体の使用、便益若くは維持のため、又は公の支配に属しない慈善、教育若くは博愛の事業に対し、これを支出し、又はその利用に供してはならない」である。

第89条は戦前の国家神道を念頭に置いたものであり、また民間福祉は民間の資金で行うべきで、国が関与すべきではないとの理念に基づくもので歴史的意味があったが、現実には民間資金のみで成り立ち得る民間公益組織は少なく、意図はともあれ、憲法第89条が戦後の日本の民間公益活動の阻害要因となり現在に至っている。89条については第7章で取り上げる。

第2次世界大戦後、民法のうち親族、相続編は改正されたが、総則は改正されなかったため公益法人の規定はそのままであった。その一方で分野ごとに特別法が制定され別個の法人格が規定された。即ち、社会福祉法人（社会福祉事業法、1951年）、学校法人（私立学校法、1947年）、医療法人（医療法、1949年）、宗教法人（宗教法人法、1951年）などである。これらの法人は「公益法人等」と呼ばれ、設立は認可主義である（宗教法人は規則の認証）。

民法が分化した結果、公益法人としてはその他の分野だけが残り、「藻抜けの殻法人」といわれた。その中で重要なのは助成財団、特に企業財団である。企業財団については第8章で取り上げる。

認可主義は一定の要件さえ具備していれば主務官庁は必ず認可しなければならない。厳密に言えば許可と認可は異なるのであるが、実質的にはあまり差はない。

民間公益活動の主要な分野が特別法で規定されたため、民法に基づき設立される法人はその他の分野の法人だけになってしまった。その一方で行政の外郭団体的な法人が増え、官僚の天下り先となっていったため、厳しい批判にさらされ、後述の公益法人改革へとつながっていった。

2-3　特定非営利活動促進法

　1980年代になると社会の変化に対応して市民主導の新しい形の公益活動が行われるようになってきた。このような活動は1994年3月に発表されたNIRAの委託研究により「市民公益活動」と名付けられ以後市民公益活動という呼び名が一般化してきた。[注9]具体的には国際協力、環境保護、まちづくり、住民互助型高齢者福祉などである。これらの活動は従来の許認可による法人格の取得が難しいところから、先のNIRAの報告書は、新しい形の法人格を提案した。

　NIRAの報告書が発表された1994年の11月には「市民活動を支える制度をつくる会C's」が結成され、ロビー活動を展開し始めた。

団体概要「これまでの活動」冒頭部分

> シーズは、明確な目標を掲げてスタートしました。
> シーズは、1994年11月5日に、以下の3つの制度を実現するという目標を掲げて、24の市民団体により設立されました。現在、約120の市民団体による連合プロジェクトとして活動しています。
> 法人制度：市民団体が簡易に法人格を取得できる制度（NPO法）の創設
> 優遇税制：市民活動に対する寄付金への減税などのNPO税制の整備
> 情報公開：誰でもが簡単に市民活動の情報にアクセスできるNPO情報公開制度の創設

　市民活動団体は1995年4月に「市民活動の制度に関する連絡会」を結成し、広く情報を共有することにより、市民活動の基盤である制度、具体的には税法を含む法制度についての理解を深めることになった。この連絡会は名称の示すとおりの連絡会であり、立法に向けての直接的な働きかけは、連絡会の構成団体の1つであるC'sが行うことになった。

　C'sは、市民活動を促進する特別法を制定し、制度面から市民革命を達成しようという組織であり、NIRAの研究グループでも先の研究の続編として「市民公益活動の促進に関する法と制度のあり方」の報告書をまとめ、いくつかのオプションを提示した。C'sにしてもNIRAの研究グループにしても、時間をかけて現行制度の問題点を訴えていくことにしていたのだが、阪神・淡路大震災を契機に政府・政党の動きが急になり、紆余曲折を経て1998年3月に特定非営利活動促進法が成立し、同年12月に施行された。

この法律は1997年6月に「市民活動促進法」として衆議院を通過したのであるが、参議院で可決されるまでに9カ月を要し、参議院自民党の意向もあり法律の名称を「特定非営利活動促進法」に修正の上成立した。
　この最後の段階で経団連が経済企画庁の意向を受けて参議院自民党の説得にあたり、法律制定への大きな力となった。この頃には経団連の社会貢献部が市民活動団体と協働関係にあった。
　なお、この時期、介護保険法も審議されており介護保険法が1997年に成立し、2000年4月から導入されることが決まっており、介護保険に基づく在宅サービス提供団体として小規模な市民グループの法人化が求められていたことも1つの背景である。
　特定非営利活動促進法は通称NPO法と呼ばれ、この法律に基づき設立された法人をNPO法人と呼ぶようになった。[補1]
　この法律は、上記のような経緯から市民立法として成立したのが大きな特徴である。もちろん市民立法の制度があるわけではないので、市民活動団体と政府、政党の協議の上にたって議員立法で成立したのである。
　この法律は民法の特別法として制定されたものであるが、民法に基づく公益法人とは大きく異なる。即ちこの法律の意義は公益国家独占主義を排除し市民的公益を実現したこと、および、主務官庁による監督を廃し、主務官庁による監督に代えて、ディスクロージャーによる市民による監視を規定したことも大きな特徴である。これで日本に始めて市民社会の基礎ができた。特定非営利活動促進法は、市民が行う自由な社会貢献活動により公益を増進することを目的としており主務官庁は存在しない。所轄庁は事業内容については価値判断をしないし、事業内容に付いては監督をしない。所轄庁の監督を受けるが、法令違反、定款違反等の場合である。
　この法律の目的と定義は次のとおりである。

NPO法（特定非営利活動促進法）

目的:第1条　この法律は、特定非営利活動を行う団体に法人格を付与すること等により、ボランティア活動をはじめとする市民が行う自由な社会貢献活動としての特定非営利活動の健全な発展を促し、もって公益の増進に寄与することを目的とする。

> 定義：第2条　この法律において「特定非営利活動」とは、別表に掲げる活動に該当する活動であって、不特定かつ多数のものの利益の増進に寄与することを目的とするものをいう。

　「特定」というのは活動分野を限定しているからである。活動分野は当初12分野であったが2003年5月に17分野、2012年4月には20分野に拡大された。

　特定非営利活動法人にはいくつかの制約がある。営利を目的としないこと、宗教活動を主たる目的としないこと、政治上の主義推進・支持・反対を主たる目的とするものではなく、かつ公職の候補者もしくは公職者または政党の推薦・支持・反対を目的とするものではないこと、社員の資格の得喪に関して不当な条件が付されていないこと、役員のうち報酬を受ける者の数が役員総数の3分の1以下であること、等である。

　基本的には社団法人であるが、社員が10人以上いればよい。所轄庁は正当な理由がないかぎり、2カ月の公衆縦覧後2カ月以内に認証・不認証の決定を行わなければならない。なお暴力団またはその構成員の統制下にある場合は認証されない。

　従来の公益法人の設立許可申請のように、長期間棚ざらしにすることは許されなくなった。

　2012年には特定非営利活動促進法大改正が行われ2013年4月に施行された。

　今回の改正は事務手続きも含めてかなり大幅なものであるが、改正の主なものは次のとおりである。

①活動分野の拡大

　特定非営利活動の分野が拡大され、下記の4、5、20の分野が追加された。

 1. 保健、医療又は福祉の増進を図る活動
 2. 社会教育の推進を図る活動
 3. まちづくりの推進を図る活動
 4. 観光の振興を図る活動
 5. 農山漁村又は中山間地域の振興を図る活動
 6. 学術、文化、芸術又はスポーツの振興を図る活動
 7. 環境の保全を図る活動

8. 災害救援活動
9. 地域安全活動
10. 人権の擁護又は平和の推進を図る活動
11. 国際協力の活動
12. 男女共同参画社会の形成の促進を図る活動
13. 子どもの健全育成を図る活動
14. 情報社会の発展を図る活動
15. 科学技術の振興を図る活動
16. 経済活動の活性化を図る活動
17. 職業能力の開発又は雇用機会の拡充を支援する活動
18. 消費者の保護を図る活動
19. 前各号に掲げる活動を行う団体の運営又は活動に関する連絡、助言又は援助の活動
20. 前各号に掲げる活動に準ずる活動として都道府県又は指定都市の条例で定める活動

②所轄庁の変更

特定非営利活動法人の認証制度が見直され、内閣総理大臣は所轄庁でなくなり、主たる事務所のある都道府県知事（指定都市の場合は指定都市市長）が所轄庁となった。

③会計書類の変更

「収支計算書」が損益計算書に近い「活動計算書」に改められた。

④寄付金税制の改正

この改正には寄付金税制の改正も行われ、2012年度から施行された。寄付金税制の内容については第3章で述べたとおりである。

2-4　公益法人改革[注10]

2001年の4月に行政改革推進事務局が「行政委託型公益法人等改革の視点と課題」を発表し、行政委託型にとどまらず、公益法人制度の抜本改正の必要性を提言し、公益法人制度そのものが俎上に乗せられることになった。2001年7月23日に開催された行政改革推進本部において、「公益法人制度についての問題意識——抜本的改革に向けて」を報告し、その後、最近の社会・経済情勢の進展を踏まえ、民間非営利活動を社会・経済システムの中に

積極的に位置付けるとともに、公益法人について指摘されている諸問題に適切に対処する観点から、公益法人制度について、関連制度（NPO、中間法人、公益信託、税制等）を含め抜本的かつ体系的な見直しを行うべく、「公益法人制度の抜本的改革に向けた取り組みについて」が2002年3月29日に閣議決定された。その後、公益信託は対象から外され、公益法人、中間法人、特定非営利活動法人が改革の対象として検討が進められた。

2002年4月、行政改革推進事務局は、今後の議論に資するため、「公益法人制度の抜本的改革の視点と課題」を公表するとともに、同月から同年6月にかけて、内閣総理大臣補佐官の主宰により、数次にわたって有識者ヒアリングを実施し、同年8月2日には、有識者の意見もふまえ、「公益法人制度の抜本的改革に向けて（論点整理）」を行政改革推進本部に報告し、公表するとともにパブリックコメントを求めた。

2002年11月には行政改革事務局に「公益法人制度の抜本的改革に関する懇談会」を設置、法人制度の検討を始めた。一方、政府税制調査会は、基礎問題小委員会の下に「非営利法人課税ワーキンググループ」を設置し、税制部分の検討を開始した。

2003年1月になると、公益法人、中間法人、特定非営利活動法人を1つの非営利法人に統合するという政府の方針が明らかになってきた。このような政府の動きに対して、2003年1月には各地のNPO支援センターが公益法人等の抜本的改革に関する声明を発表し、公益法人協会は2003年2月に新公益法人制度の提言を行い、特定非営利活動法人、公益法人がそれぞれロビー活動を展開し始めた。2003年6月27日に「公益法人制度の抜本的改革に関する基本方針」が閣議決定されたが、ここでは特定非営利活動法人は対象から外し公益法人と中間法人を統合し、準則主義で設立できる非営利法人制度を創設することが示された。2003年11月から「公益法人制度改革に関する有識者会議」が開催され、2004年11月に報告書が提出された。2004年12月に閣議決定された「今後の行政改革の方針」の中で「公益法人制度改革の基本的枠組み」として制度の基本的枠組みが決定された。

2005年度から法案の準備が進められ、2006年3月10日に閣議決定を経て国会に提出され、2006年4月26日に可決成立し、6月2日に公布された。

公益法人制度改革法は、「一般社団法人及び一般財団法人に関する法律（一般社団・財団法人法）」「公益社団法人及び公益財団法人の認定等に関する法

律（公益法人認定法）」「一般社団法人及び一般財団法人に関する法律及び公益社団法人及び公益財団法人の認定等に関する法律の施行に伴う関係法律の整備等に関する法律」の3法より成る。この制度改革により中間法人法は廃止され、民法第34条の法人に関する規定が削除された。

一般社団法人は社員2名以上、一般財団法人は300万円以上の財産があれば、準則主義により法人格が取得できるようになった。

公益法人については、民間有識者による委員会（公益認定等委員会）の意見に基づき、総理大臣又は都道府県知事が認定し、監督も行うことになった。公益目的事業とは学術、技芸、慈善その他の公益に関するものとして別表に掲げる種類の事業であって、不特定・多数の利益の増進に寄与するものである。

法律の施行は公布の日から2年6月を越えない範囲内において政令で定める日とされていたが2008年12月1日に施行された。

税制については公益認定社団法人・財団法人は本来の公益目的事業であれば法人税が課税されないことになった。公益認定社団法人・財団法人はすべて特定公益増進法人として寄付金控除の対象とされ、公益認定社団法人・財団法人は税制上有利な取り扱いを受けるようになった。

別表：
1. 学術及び科学技術の振興を目的とする事業
2. 文化及び芸術の振興を目的とする事業
3. 障害者若しくは生活困窮者又は事故、災害若しくは犯罪による被害者の支援を目的とする事業
4. 高齢者の福祉の増進を目的とする事業
5. 勤労意欲のある者に対する就労の支援を目的とする事業
6. 公衆衛生の向上を目的とする事業
7. 児童又は青少年の健全な育成を目的とする事業
8. 勤労者の福祉の向上を目的とする事業
9. 教育、スポーツ等を通じて国民の心身の健全な発達に寄与し、又は豊かな人間性を涵養することを目的とする事業
10. 犯罪の防止又は治安の維持を目的とする事業
11. 事故又は災害の防止を目的とする事業

12. 人種、性別その他の事由による不当な差別又は偏見の防止及び根絶を目的とする事業
13. 思想及び良心の自由、信教の自由又は表現の自由の尊重又は擁護を目的とする事業
14. 男女共同参画社会の形成その他のより良い社会の形成の推進を目的とする事業
15. 国際相互理解の促進及び開発途上にある海外の地域に対する経済協力を目的とする事業
16. 地球環境の保全又は自然環境の保護及び整備を目的とする事業
17. 国土の利用、整備又は保全を目的とする事業
18. 国政の健全な運営の確保に資することを目的とする事業
19. 地域社会の健全な発展を目的とする事業
20. 公正かつ自由な経済活動の機会の確保及び促進並びにその活性化による国民生活の安定向上を目的とする事業
21. 国民生活に不可欠な物資、エネルギー等の安定供給の確保を目的とする事業
22. 一般消費者の利益の擁護又は増進を目的とする事業
23. 前各号に掲げるもののほか、公益に関する事業として政令で定めるもの

第3節　日本の非営利組織の現状

3-1　様々な非営利組織

　非営利組織とは営利組織（企業）に対立するもので広義では公的組織（政府）も含まれる。しかし一般的には民間組織（非政府組織）を指す。具体的には表4-1のような組織が含まれる。

　これらの組織には法人もあれば任意団体もある。このほか特別の法律に基づいて設立された日本赤十字社、日本商工会議所のような組織もある。

表4-1 様々な非営利組織の例

		公的組織（政府）(GO) (注11)	擬似政府組織(QUANGO) (注12)	民間組織（非政府組織）(NGO)
非営利（NPO）	公益	国・地方公共団体公立学校、公立福祉施設、国・公立博物館・美術館等々	独立行政法人、国立大学法人・公立大学法人、国立劇場等（独立行政法人日本芸術振興会）	私立学校、私立病院、民間福祉施設、私立博物館、劇団、交響楽団、福祉サービス提供組織、市民運動団体、民間研究機関、事業者団体、助成財団、宗教団体等々
	共益			協同組合、労働組合、信用金庫、共済組合、自治会・町内会、同窓会、スポーツ・クラブ、趣味の会、社交クラブ等々
営　利				会社

＊ 営利企業形態をとる場合、地方公共団体の直営の場合を除く（例えば、高齢者施設の場合、有料老人ホームや認知症高齢者グループホーム、小規模多機能等は、民間企業が参入可能。他方特別養護老人ホームなどは社会福祉法人の他に地方公共団体も経営可能。劇団の場合も公立劇団や株式会社も存在する）。

表4-2 主な民間公益組織の数

法　人　名	法人数	調査月	根拠法等
特例民法法人	19,860	2011.12	旧民法34条 旧公益法人（社団法人・財団法人）2014年11月移行申請締切。審査の標準審査期間4か月であるので、ほぼこの法人格は2014年4月にはほぼ消滅。
一般社団法人、一般財団法人	33,029	2013.04	一般社団・一般財団法
公益社団法人、公益財団法人	8776	2014.04	公益認定等に関する法律（公益社団3881　公益財団4895）
社会福祉法人	19,498	2012.03	社会福祉法
宗教法人	181,803	2012.12	宗教法人法
学校法人	5,543	2012.05	私立学校法
医療法人	47,825	2012.03	医療法
更正保護法人	165		更正保護事業法
特定非営利活動法人	47,771	2013.02	特定非営利活動促進法

NPODAS（公益法人協会〈http://www.nopodas.com/〉）、公益法人information〈内閣府〈https://www.koeki-info.go.jp/pictis_portal/koeki/pictis_portal/common/portal.html〉）による。但し宗教法人は文化庁、更正保護法人は全国更正保護法人連盟による。

　旧民法34条により設立された旧公益法人は公益法人改革により5年以内に（2013年11月末日までに申請）一般社団法人・一般財団法人もしくは公益社団法人・公益財団法人に移行しなければならなかった。移行手続きが終

わっていない旧公益法人は特例民法法人と呼ばれた。移行期間中にどちらの手続きも行わなければ解散ということになるので、公益法人の数は極めて流動的であったが、2013年11月末の移行期間の終了によって2014年4月以後にはほぼ新しい公益法人の体制が定着したといえよう。[補2]

ちなみに営利企業の数は次のとおりで、非営利法人よりはるかに多い。

表4-3 法人企業の数

組　織　別	数
株式会社	2,422,469
合名会社	4,219
合資会社	21,467
合同会社	20,804
その他	66,313
うち企業組合	1,181
医療法人	56,307
合　　計	2,535,272

『会社標本調査：調査結果報告　税務統計から見た法人企業の実態』平成24年度分による。

3-2　非営利組織の経済規模

ここで日本の非営利組織が経済的にどのような規模であるかを見ておこう。これについては最近いくつかの推計が行われている。非常に古い推計であるが、ここでは経済企画庁による推計を紹介しておく（表4-4）[注13]。これによると広義の非営利組織の経済規模は2%から3%である。狭義のNPOである市民活動団体の経済規模は0.006%、ボランティア活動を金額換算しても0.08%にすぎない。

NPO白書2007[注14]にはSNAと非営利サテライト勘定での推計が掲載されている。SNAでの2005年の対家計民間非営利団体の総産出額は10兆円でGDPの1.5%である。非営利サテライト勘定でのNPI(Nonprofit Institutions)の2003年度の産出額36.3兆円、付加価値額20.8兆円である。NPIには生協、労働組合、認可地縁団体や任意団体も含まれており、SNAよりはるかに範囲が広い。

ジョンズ・ホプキンス大学のレスター・サラモン教授を中心とする国際調査研究チームによる非営利セクターの国際比較研究の第1段階では調査対象7カ国のNPOの支出額はGDPの4.6%、日本は3.2%である[注15]。

表 4-4 日本の非営利組織の経済規模

	広 義	%	狭 義	%
一般の医療法人	3兆7669億円	25	———	——
特定医療法人	3,2487	21	3兆2487億円	28
教育	4,1993	28	4,1993	37
社会保険・社会福祉	2,0101	13	2,0101	18
宗教	8285	5	8285	7
その他	1,1598	8	1,1598	10
合計	15,2133	100	11,4464	100
内市民活動団体	300		300	
同含ボランティア	3500		3500	

付加価値ベースである。産出額ベースでは、広義は 27 兆 2661 億円、狭義では 20 兆 3710 億円。
付加価値は 1995 年度 GDP（489 兆 2489 億円）の、広義では 3.1%、狭義では 2.3%。産出額は 1995 年暦年産出額（926 兆 7900 億円）の、広義では 2.9%、狭義では 2.2%。
特定医療法人とは出資持分の定めのない社団医療法人と財団医療法人のうち、その事業が医療の普及と向上、社会福祉への貢献、公益の増進に著しく寄与し、公的に運用されることについて一定の条件を満たすものとして、財務大臣の承認を受けたもの。
一般の医療法人も非営利であり、余剰の非配分制約が課されているが、法人税法上は営利法人として取り扱われるが特定医療法人は公益法人並の軽減税率が適用される。
その他に含まれるものは、更正保護法人、労働組合、商工会・商工会議所、政党・政治団体、地縁団体、市民活動団体。

対象を 35 カ国に拡大した第 2 段階の調査では非営利セクターの従業員とボランティアをフルタイム換算して国全体の就業者数との比較が行われているが、35 カ国平均では 4.4%、オランダの 14.4% からメキシコの 0.4% まで格差が大きい。日本は 4.2% で平均並みである[注16]。

このように非営利組織の経済規模は、非営利組織の定義によって大きく異なるが、日本の非営利組織は経済的には国民経済の 3% から 5% 程度と見てよさそうである。

なお、国際比較研究での NPO の定義は、正式に組織されており（Formal）、民間であり（Private）、利益配分を行わず（Non-profit-distributing）、自己統治であり（Self-governing）、自発的であり（Voluntary）、非宗教的（Non-religious）、非政治的（Non-political）である組織である。宗教団体と政治団体は統計がとりにくいため外されているが、いずれも非営利組織である[注17]。

NPO の支出規模と雇用者報酬については次のような推計が行われているが、経済的に計ると NPO は吹けば飛ぶような存在である。

表 4-5　NPO の支出規模と雇用者報酬　単位：10 億円

法　人　名	支出規模	雇用者報酬
公益法人	20,338	3,679
社会福祉法人	18,300	3,597
宗教法人	3,651	655
医療法人	33,940	8,880
学校法人	10,876	3,301
特定非営利活動法人	738	112

NPO 白書 2010 (注18) による。

3-3　仕事の場としての非営利組織

ジョンズ・ホプキンス大学の国際比較研究[注19]によると、日本の NPO の従業員数は 214 万人で、非農林漁業の就業者数の 3.5％、国家・地方公務員数にほぼ等しい。ボランティアの貢献をフルタイム換算すると 70 万人で、これを加えると日本の NPO の従事者は 280 万人になり、雇用者（employment）全体の 4.6％ にあたる。

広義の NPO の従業員については上記の国際比較研究以外の統計はない。特定非営利活動法人については、NPO 白書 2007[注20] によると、特定非営利活動法人の有給職員は 2005 年 12 月末現在で 7 万 7,646 人（経済産業研究所の調査（2006）による）。

最近の労働統計（労働力調査 2010 年 1－3 月平均）によると、日本の就業者数は 6,194 万人、雇用者数は 3,363 万人である。上記の 280 万人は就業者数の 4.5％ にあたる。

労働力調査による公務従事者は 206 万人であるが、上記の NPO の従業員数 214 万人に近い数字である。公務従事者の数はなかなか捉え難く、総務省調査によると広義の公務員数は約 398 万人（国家公務員約 94 万人、地方公務員約 304 万人[注21]）であるが、さらに広く捉えると公務従事者は 900 万人ともいわれる[注22]。

特定非営利活動法人の労働条件についての調査は少ないが愛知県の調査によると、次のように労働条件はあまり良くなく、正規職員の年収の平均値 265 万円、中央値 252 万円は極めて低い。また労働時間については必ずしも長時間労働というわけではないが、残業に含まれない活動時間が長い[注23]。

表4-6　平均収入のセクター間比較　　単位：万円

特定非営利活動法人	民　　　間	地方公務員（全職種）	国家公務員（全職種）
265.4	350.2	467.5	487.8

第4節　サービス提供者としてのCSO

　ジョンズ・ホプキンス大学を中心とする国際比較プロジェクトでは非営利組織の機能をService、Expressive、その他に分類している。Serviceは直接サービスを提供する機能、Expressiveというのは自己表現のための活動で文化、職業団体、アドボカシー、環境が含まれる。その他に分類されるのは国際分野と助成財団である。助成財団は第3章で述べたところである。
　日本の特定非営利活動促進法では前述のように20分野があるが、日本の非営利組織のうち規模的に最大の分野は医療分野である。ついで教育・研究、社会福祉でこの3分野で7割以上を占める。

4-1　医療

　統計上、非営利組織として医療の規模が大きいのは民間の病院が非営利組織として扱われているからである。
　医療供給の主体は圧倒的に個人であり、ついで医療法人である。医療法人は1950年の医療法の改正により導入された制度で、「病院、医師若しくは歯科医師が常時勤務する診療所又は老人保健施設を開設する社団又は財団」（第39条）である。営利を目的しない組織であるから非営利組織であるが、一般の医療法人は脱退時に出資持分を処分することができるため、非営利組織と言いがたい面もあり、法人税法上は会社と同じ普通法人として扱われている。また一人医療法人という制度もあり、医療法人を非営利法人と呼べるかどうかについて議論があるわけである。[補3]
　仮に医療法人を非営利法人であるとしても、この種の法人はCSOとはいえない。
　医療行為そのものを行う非営利組織は医療法人が殆どであるが、最近は患者の立場に立った医療の周辺で活動するCSOが出てきている。
　病院・施設などへ来院・来所する人々に安らぎを与える病院ボランティア活動は各地で古くから行われているが、（特）日本病院ボランティア協会は

病院ボランティア及び病院ボランティアグループを支援し、それに関する相談・助言などの事業を行う支援組織として設立された。

（特）ささえあい医療人権センター COML は互いに気づき合い、歩み寄ることのできる関係づくりを通して患者中心の開かれた医療の実現を目指している。「コムル」とは、「医療と法の消費者組織」を意味する欧文の「Consumer Organization for Medicine and Law」の頭文字をとった造語である。

（特）サポートハウス・親の会は難病のため、遠隔地から専門病院へ入院せざるをえない子どもに付き添う家族の方々に対して宿泊所の整備をしている。大阪府豊中市の千里地区の病院（阪大病院・国立循環器病センター）周辺が主である。

4-2 福祉

第2次世界大戦後の新憲法第25条は、「1. すべて国民は、健康で文化的な最低限の生活を営む権利を有する。2. 国はすべての生活部面について、社会福祉、社会保障及び公衆衛生の向上及び増進に努めなければならない」との規定を置き、社会福祉は国家の責任とされた。その一方で、第89条に「公金その他の公の財産は、宗教上の組織若くは団体の使用、便益若くは維持のため、又は公の支配に属しない慈善、教育若くは博愛の事業に対し、これを支出し、又はその利用に供してはならない」との規定を置き、民間福祉への公的資金の支出を禁じた。

公金支出禁止規定は、民間福祉事業は民間資金で賄うという民間性維持のために必要であるとの趣旨であるが、事実上この規定により民間福祉は壊滅的な打撃を受けるため、1951年に社会福祉事業法が制定され、国の委託を受けて措置費という形で公金の支出を受けて社会福祉事業を行う組織として社会福祉法人が制度化された。この制度は国の持つ福祉の権限（措置権）を社会福祉法人に委託し、かわりに公費（措置費）を支出できる道を開いたものであるが、福祉は税金を財源として国の責任で実施するものという考えを定着させ、民間の福祉活動あるいは福祉分野への民間からの金銭的・資金的支援を低調なものにしてきたことは否めない。

2000年5月に社会福祉8法（社会福祉事業法、生活保護法、児童福祉法、母子及び寡婦福祉法、老人福祉法、身体障害者福祉法、知的障害者福祉法、精神保健及び精神障害者福祉に関する法律）のうち、母子及び寡婦福祉法、

老人福祉法、精神保健及び精神障害者福祉に関する法律を除く5法が改正された。社会福祉事業法は社会福祉法に改められ、社会福祉事業法は事業者について定めた法律であったのに対し社会福祉法は事業者、利用者、地域福祉を定めた。利用者保護と地域福祉がキーワードである。

社会福祉法人も非営利法人であるが、行政の関与が強く非政府性が弱くCSOとは言えないものが殆どである。

1980年代になると神戸ライフケア協会（1982年）、コープくらしの助け合いの会（1983年）のような住民参加型在宅福祉サービス団体が増え始め、2000年3月には純民間系の団体による「市民互助団体全国協議会」が発足した。福祉分野でのCSOの嚆矢である。

2000年4月の介護保険実施により、老人福祉は措置から契約へと変わり、2003年度から障害者福祉について支援費制度が実施され、さらに2006年度に障害者自立支援法が成立し障害者福祉の現場に大きな混乱をもたらしているが、これらの制度変更に対応したCSOが特定非営利活動法人として設立され活動している。

（社福）プロップ・ステーションのように社会福祉法人として先駆的な事業を展開しているところもある。「プロップ」というのは「支柱」「つっかえ棒」「支え合い」を意味する言葉で、プロップ・ステーションはコンピュータを活用して、障害を持つ人（challenged: チャレンジド）の自立と社会参加、とりわけ就労の促進や雇用の創出を目的に、創設者で理事長の竹中ナミにより、1991年5月、草の根の非営利組織として創設され、1998年9月に第2種社会福祉法人として厚生大臣の認可を受けた。

challenged（チャレンジド）というのは「障害を持つ人」を表す新しい米語「the challenged」を語源とし、障害をマイナスとのみ捉えるのでなく、障害を持つゆえに体験する様々な事象を自分自身のため、あるいは社会のためポジティブに生かしていこう、という想いを込め、プロップが提唱している呼称である。

財団法人であるがCSOとして活動している（公財）さわやか福祉財団のような例もある。さわやか福祉財団は、東京地検特捜部検事で、田中角栄のロッキード事件を担当した堀田力が、福祉ボランティア活動に転身し、1991年に立ち上げた「さわやか福祉推進センター」が前身で、1995年に財団法人化し「財団法人さわやか福祉財団」として設立された。1992年に、「ボラン

ティア切符(現ふれあい切符)全国ネットワーク構想」を発表し、以後、ふれあい切符を始めとしたボランティア活動の普及・支援組織として活動を拡大している。

(特)ニッポン・アクティブライフ・クラブ(NALC)は元松下電器労働組合委員長の高畑敬一が中心になって設立した組織で、福祉活動を中心に高年齢者在宅介護・介助、町づくりの推進、災害救助、子育て支援等のボランティアで社会へ貢献するとともに、自分達の生きがいづくりの活動している特定非営利活動法人で、3万人の会員を擁する大組織である。

保育の分野では多くの特定非営利活動法人が認可外保育所として地域に密着した子育て・子育ち支援事業を展開しているが、(特)こどもコミュニティケアが運営する「ちっちゃなこども園にじいろ」では、少人数保育で看護師が常駐し、慢性疾患や障害児にも対応するキメの細かい保育を行っている。

4-3 教育

教育は、非営利組織のうち規模的には医療についで大きい。これは、私立大学を中心とする学校法人が大きな部分を占める。制度教育としては、公的部門が受け持つ公教育と民間の非営利組織が受け持つ民間教育とがある。初等中等教育は圧倒的に公立への依存度が高く、高等教育は私立が中心である。

教育は学校教育と社会教育に大別される。文部省の社会教育局が生涯学習局に名称変更されて以来、社会教育は最近では生涯学習という言葉に置き換えられている。

1886年(明治19年)に帝国大学令が発布され、高等教育機関の整備が始められ、東京大学が帝国大学と改称され、1897年に東京帝国大学と改称された。

明治時代には、自治独立の気風を育成することを目標に私立学校が設立される。江戸時代には個性ある優れた私塾が存在し、私立学校はそのような民間教育の伝統を受け継いだものである。

慶応(1858年)、同志社(1875年)、早稲田(1882年)、関西学院(1889年)のように自由主義の学校に対して、神宮皇学館(1882年)、皇典講究所(1882年、のちの國學院大學)、哲学館(1887年、のちの東洋大学)のような伝統主義的な私学も設立された。また実務系の私学として東京法学社(1879年、法政大学)、専修学校(1880年、専修大学)、明治法律学校(1881年、明治大

学)、イギリス法律学校 (1885 年、中央大学)、関西法律学校 (1886 年、関西大学)、日本法律学校 (1889 年、日本大学) 等が設立された。

　私立学校は、また政府が軽視した女子の中等・高等教育や幼児教育に取り組み、成果をあげてきた。

　第 2 次世界大戦終結後、日本はアメリカの手によって民主化が進められる。教育については 1947 年 3 月に教育基本法および学校教育法が公布された。学校教育法は第 1 条に「学校とは小学校、中学校、高等学校、大学、盲学校、聾学校、養護学校及び幼稚園とする」との規定を置いた。これが一条校といわれるもので、この法律は、たびたび改正され、一条校には、このほか高等専門学校、中等教育学校が付け加えられ、「盲学校、聾学校、養護学校」は「特別支援学校」に変更された。また、各種学校の規定に加え、後に専修学校の規定も加えられた。これらの学校のうち私立学校について規定しているのが、1949 年に公布、翌年施行された私立学校法で、私立学校法第 3 条に、私立学校の設置を目的として、私立学校法に基づいて設立される法人を学校法人という、との規定がある。私立専修学校、私立各種学校の設置のみを目的とする法人は準学校法人である。

　学校法人も非営利組織であるが、CSO のイメージとはかなり遠い。学校法人についても、憲法第 89 条の制約を回避し公的支援を可能にするために、公共性をもった特別の法人制度を創設したものである。しかし、このことは自由で多様な教育・研究という点では望ましくない。

　現在、学校の荒廃、学力低下が著しく、教育問題は医療問題と並んで最大の内政課題になっている。教育が問題化している理由は様々であるし、その対応策については大きく意見が分かれている。理由はともかく公教育が制度疲労を起こしていることは確かである。公教育の歪みは学習塾の盛行となって現れているが、最近は別の形で教育を模索する動きが出てきている。フリースクール、チャータースクール[注24]の動きである。

　(特) 東京シューレはフリースクールの草分けで 1984 年に発足した「登校拒否を考える会」を母体に 1985 年 6 月に設立され、1999 年に特定非営利活動法人化された。この間 1992 年には文部省が「不登校は誰にでも起こり得るもの」と認識を転換し、校長が認めれば民間施設でも出席日数として認知することになった。それと同時に文部省と運輸省の話し合いで通学定期券が使用できるようになった。

全国のネットワークとして（特）フリースクール全国ネットワーク（代表理事奥地圭子）、（特）日本フリースクール協会がある。

（特）京田辺シュタイナー学校は親が自力で実現したシュタイナー学校である。シュタイナー学校とはドイツの思想家ルドルフ・シュタイナーの教育理念に基づく学校で、シュタイナー教育とは芸術や体験を重視し、からだを動かし、ものを作りながら子どものイマジネーションに訴えかけ、子ども1人1人の成長を大切にする教育である。京田辺市では「そよかぜ幼稚園」においてシュタイナーの教育理念に基づく実践が行われてきており、この幼稚園児の母親を中心に1995年に「京田辺シュタイナー学校設立を考える会」が設立され、2000年3月に特定非営利活動法人となった。2000年2月には土地を賃借できることになり、木造の校舎も完成し、2001年4月に予定通り開校に至った。

開校に必要な資金5,000万円のうち親の積立金で用意できたのは1,000万円のみであったが、残りは寄付金で賄った。関係者の熱意、建築士、施工業者の好意、現在の教育に危機感を持つ人々の善意により完成した市民立の学校である。

学校法人形態のシュタイナー学校も発足した。

1987年に東京都新宿区に1年生8人の「東京シュタイナーシューレ」が発足した。1993年三鷹市に移転、2001年4月には中等部を開始、同年11月に特定非営利活動法人としての認証を得、着々と実績をあげてきた。この実績をもとに2004年10月に神奈川県藤野町が国から認定を受けた「藤野『教育芸術』特区」の制度を利用し、日本で初めての認可されたシュタイナー学校として学校法人シュタイナー学園が発足した。

学校法人を設立するには県の私立学校審議会の審議を経て認可されなければならないが、「従来の（エリート教育的な）学校以外の学校を望む声が多いのではないでしょうか」という主張が認められた。

なお前述の（特）こどもコミュニティケアもシュタイナー教育を実践している。

1999年に市民の手で学校をつくることを目指して、大阪に新しい学校を創る会が発足した。2003年特定非営利活動法人化し、箕面に校舎を借り2004年に開校した。2009年には新校舎を建設、2009年に移転、法人名を（特）箕面こどもの森学園に改称し、現在6歳から12歳の40名定員で教育

を実施している。

　(特)ブレーンヒューマニティは、1994年5月に関西学院大学の学生を家庭教師として派遣する「関学学習指導会」として発足した。1995年1月に起こった阪神・淡路大震災により、会の性格は大きく変っていく。1995年2月に避難所で学習する子どもたちを支援する「救援教育センター」を設置し、無料で家庭教師を派遣、無料寺小屋講師派遣を行うとともに(無料派遣は1995年7月末で終了)、1995年4月に「救援教育センター」を「ちびっこ支援センター」に改組、ハイキング、バーベキュー、キャンプ等の野外活動を実施し被災児童のこころのケアに取り組むようになる。その一方で1997年9月に「家庭教師センター」を設置した。

　1999年6月に別組織のブレーンヒューマニティが発足、99年11月に「関学学習指導会」と合併、2000年3月に特定非営利活動法人としての認証を受けた。

　現在は500名を超える学生ボランティアがレクリエーション活動、不登校児童等支援活動等の活動を行っている。

　(特)サイエンス・ステーション(Science Station: SS)は大学関係者が設立した珍しい特定非営利活動法人である。東京大学の教官と学生を中心に「理科離れに歯止めをかける」ことを目的に設立された。東京大学木曾観測所(長野県)では、かねてより全国から高校生を募集して「銀河学校」を開催して天文学を実感してもらう試みを行ってきた。この試みの延長線上で2004年3月に特定非営利活動法人Science Stationとして認証を受けた。

　SSの構成員の大半は大学生と大学院生で、活動は天文学にかぎらず、出前授業、講師派遣、科学企画への協力、公的機関が行う理科発表会への支援、文部科学省のサイエンス・パートナーシップ・プログラムへの参加、理科教材の企画と製作といった多様な活動を行っている。

　科学の楽しさを伝える目的で行われている出前授業では、大学そのものを伝えるという効果も出ているという。[注25]

第5節　表現主体としての非営利組織・その他

5-1　文化

　表現主体としてのCSOには、文化、職業団体、アドボカシー、環境分野の団体が含まれる。日本の文化団体の非営利性・公益性は議論の分かれるところである。商業主義で営利企業として経営されているものや非営利で会費や寄付金で維持されているものなど非常に幅が広い。華道、茶道など日本独特の家元制度によって伝承されているものなど様々である。

　2001年11月には「文化芸術振興基本法」(12月公布、同日施行)が成立し、国としての方向が定められた。

　芸術は新しい文化の創造という個人の自由な発想に基づく行動であり、これを国家がどの程度支援すべきかは議論のあるところである。海外の例をみるとフランスとアメリカが対照的である。フランスでは芸術活動の事業収入への依存度は1割程度で、殆どが政府の補助金で、中央政府と地方政府が半々である。それに対しアメリカでは半分以上が事業収入であり、公的助成は1割程度で、残りは財団の助成金、個人・企業の寄付金である。日本の場合事業収入が半分以上であるのはアメリカと同じであるが、民間の助成金・寄付金は1割程度で残りが公的助成、特に地方政府の補助金である。

　これはどちらが良いということではないが、日本の政府のように芸術への理解度が低く、よく分らないくせに口出しをするような国では、公的助成に多く依存することは新しい文化の創造につながらないと思う。

　また統制的な国家では自由な芸術活動が許されないことがある。ナチスドイツ及びソ連がその例であるし、戦時中の日本もそのような傾向があった。

　「文化芸術振興基本法」の制定については、文化政策を国がやるのか、地方自治体が主導でやるのか、はたまた民間レベルがやっていくのかという点も議論されず、「地方公共団体は、基本理念にのっとり、文化芸術の振興に関し、国との連携を図りつつ、自主的かつ主体的に、その地域の特性に応じた施策を策定し、及び実施する責務を有する」(第4条)、「地方公共団体は、第八条から前条までの国の施策を勘案し、その地域の特性に応じた文化芸術の振興のために必要な施策の推進を図るよう努める」(第35条)ということ

になっている。実務的には問題がないように見えるこの文言も、実は国が直接に文化政策を行っていくことを前提としているという点で、市民社会を構築して新しい文化政策を進めるという立場からすれば、今までの官庁主導の公共政策と同じであり単純には容認しがたいという批判が強い。[補4]

　Art の関係者は多様である。Art は Performance Arts と Visual Arts に大別される。

　舞台芸術の場合、創作者と演者は一般的には、別である。これに興行者、場所の提供者が供給者側。これに鑑賞者と教育者が主たる関係者。供給者と教育者は兼ねることもある。

　日本では伝統文化については家元という独特の制度がある。芸術文化団体のうちオーケストラは従来財団法人、社団法人の形をとったものもあるが（移行後は、一般社団・財団法人、公益社団・財団法人）、演劇やダンスのようなアートカンパニーは、公益法人制度改革前は法人化が難しく、やむを得ず有限会社形態をとってきたものもある。

　Visual Arts の創作者は殆どが個人であるが、場所の提供者である美術館には公益財団法人も多い。ただ日本の美術館は創作美術に場を提供するところは多くはない。

　最近は様々な NPO が生まれてきているし、次のような中間支援的な組織もある。

　芸団協（(公社)日本芸能実演家団体協議会）は俳優、歌手、演奏家、舞踊家、演芸家、演出家、舞台監督などの実演家の団体を会員とする公益法人で、実演家の著作隣接権に関わる業務、芸能文化に関する情報の収集・発信事業、「芸能人年金共済制度」をはじめとする福祉事業、契約問題など実演家を取り巻く環境の整備に関する研究事業などで、これらを推進するため、「実演家著作隣接権センター」「芸能文化情報センター」などを設置している。

　(公社)企業メセナ協議会は、企業によるメセナ（芸術文化支援）活動の活性化を目的に 1990 年に設立された公益法人で、企業メセナのみならず、文化政策やアートマネジメントなど芸術文化支援全般を対象とする、日本で唯一のメセナ専門のインターミディアリ機関である。[注26]

5-2　アドボカシー組織

　アメリカではアドボカシーは CSO にとって非常に重要な活動と位置付け

られており、環境、民族、女性、高齢者など様々な分野でCSOがアドボカシー活動を行っている。[注27]

アドボカシーとは何か、についても様々な訳や定義があるが、筆者が座長を務めた認定特定非営利活動法人市民活動センター神戸の「アドボカシー研究会」では、アドボカシーとは「社会的課題を解決するために社会に働きかけること」と定義した。[注28]

アドボカシーは、一般名詞としては権利擁護及びそのために発言することを意味する。

社会福祉のソーシャル・ワークでは重要な機能で、自らの権利・要求・主張を自ら表現できない人たちを弁護し、彼らに代わって代弁する機能であり、彼らのための制度や政策を提言することもソーシャル・ワーカーのアドボカシー機能とみなされている。

CSOの活動としてのアドボカシーは自己の組織の主張のために、あるいは発言力に乏しい市民あるいは組織の主張を代弁して発言する機能である。アドボカシーは、もっと幅広く政策提言、政策提案の意味で用いられることも多い。多くの当事者団体、利益団体やアンブレラ組織がアドボカシーを行っている。

日本ではNPOによるアドボカシーはあまり活発とは言えない。特定非営利活動促進法では特定非営利活動法人は「政治上の主義を推進し、支持し、又はこれに反対することを主たる目的とするものでな」く、かつ「特定の公職の候補者若しくは公職にある者又は政党を推薦し、支持し、又はこれらに反対することを目的とするものでない」ことが要件になっている。個々の政策について発言し行動することを禁止しているものではないが、この規定があるために特定非営利活動法人は政治的事柄に関わってはいけないと思い込んでいる傾向がある。[補5]

Social Inclusionの実現のためにもアドボカシーは重要な活動である。

Social Inclusionに取り組むソーシャル・ファームについては第5章で取り上げるが、旧来からの社会的排除についてはそれぞれの課題ごとにCSOがアドボカシーに取り組んでいる。課題によっては歴史の長い組織が多いが、当事者間で意見の相違もあり、複雑である。

マイノリティのためのアドボカシー組織としては（特）神戸定住外国人センター、[注29]多文化共生センターグループ（東京、京都、大阪、兵庫、広島）、

（特）コリアNGOセンターなどがある。

マイノリティとはカテゴリーの異なる社会的排除に取り組む障害者、DV被害者や特定疾病の患者の組織なども、アドボカシー組織である。

（特）女性の家サーラーは1992に横浜にできた民間シェルターである。設立のきっかけは、トラフィッキング（人身売買）されたタイ人の女性の救出に関わったことにある。その当時、タイから日本に売買され、組織犯罪に巻き込まれるタイ女性の被害が後を絶たなかったため、シェルターを提供することにしたのである。サーラーとはタイ語であずまやを意味し、一時の休息の場の意味である。サーラーのスタッフは、タイ語、タガログ語、スペイン語、ポルトガル語、ハングル、中国語、英語で対応できる。[注30] 2008年7月に特定非営利活動法人の認証を受けた。

5-3 環境

自然は自ら発言できないわけであるから、環境保護・自然保護の分野ではCSOの活動は必然的にアドボカシー活動になる。（財）日本自然保護協会のように長い間アドボカシー活動を行っている組織やWWFJのように国際的連携で活動している組織もある。特定非営利活動法人の環境保護団体は多い。環境首都コンテストを主催している（特）環境市民、日本にいち早くグラウンドワークの手法を取り入れた（特）グラウンドワーク三島など特色ある活動を展開している例は多い。また（一財）日本熊森協会のようにキャンペーン、アドボカシー活動の一方で（特）奥山保全トラストを設立し森林を買い取っている例もある。

しかし海外に比べると日本の自然保護団体は規模が小さく、また法整備も不十分である。

5-4 経済団体

経済団体をCSOと呼ぶには異論があるかもしれないが、非政府の非営利組織には違いなく、アドボカシー組織の性格もある。経済団体を広義に捉えれば、事業者団体のほか、労働組合、消費組合、消費者団体も含まれるであろうが、一般的には事業者の団体を指す。

日本の事業者団体の歴史は国家と市場との関連を見る上で興味深い。

経済団体としての歴史が古いのは商業会議所で1878（明治11）年に東京、

大阪、翌年に横浜、福岡、長崎、熊本で設立された。1890（明治23）年に商業会議所条例が発布され、1892年には全国商業会議所連合会が設立され、全国規模の経済団体が発足した。明治10年代から製紙業、紡績業、貿易といった業種で業界団体が設立されるようになり、その後、海運、造船、倉庫等でも業界団体が設立された。

工業関連の団体としては1900年に工業倶楽部が設立され、その後日本工業協会と名称変更し1916年の日本工業倶楽部の設立につながっていく。

1922年8月に民間総合経済団体の中心的な組織として日本経済連盟が設立された。設立当初は商業会議所や工業倶楽部との関係に問題があったようであるが、その後日本工業倶楽部の経済団体的活動は全面的に日本経済連盟に移され、日本工業倶楽部はクラブ活動に限定していった。

1931年には労働運動の激化に対応し労働組合法制定の問題が起こってきたところから、労働問題に対処するために全国産業団体連合会が結成された。

1928年1月1日商工会議所法が施行され日本商工会議所が設立されたのを始め業界団体が設立され始め、1930年代に入ると化学工業や鉄鋼業、機械業などの近代産業の業界団体が一斉に設立され始めた。工業組合（1931年）、同中央会（1933年）、商業組合（1932年）、同中央会（1938年）の設立もこの頃である。1938年の国家総動員法の制定により、日本の市民活動は消えて行くが、経済団体もこれを機に統制団体へと変貌していく。

政府出資の特殊法人である営団がつくられるようになるのもこの頃である（例えば住宅営団、1941年）。

1941年の重要産業団体令等により、重要産業部門別の全国組織である統制会が設立された。統制会は22にのぼり、その産業に属する会社はすべて強制的に加入させられた。続いて1943年の行政官庁職権委譲令により、政府の行政権限の一部が鉄鋼業等12の統制会に委譲された。

第2次世界大戦後、1948年から1953年まで、事業者団体法が施行されていた。この法律による定義は次のようなものであった。「『事業者団体』とは事業者としての共通の利益を増進することを目的に含む二以上の事業者の結合体、またはその連合体をいう」（第2条）。この定義にあてはまる事業者団体はすべて公正取引委員会に届け出る必要があった。

第2次世界大戦終戦時の主な経済団体は、日本経済連盟会、商工会議所系の商工経済会、統制会の寄り合い所帯である重要産業協議会と商工組合中央

会であった。

　1946年8月に経済団体連合会（経団連）が設立され、同月に日本産業協議会が設立された。経団連は当初、日本産業協議会、全国金融団体協議会、日本商工経済会、日本貿易団体協議会、商工組合中央の5団体が第一種会員となり発足したが、1952年に業種別団体の総合団体に改組された。[注31]

　1946年には経済同友会が個人加入の全く新しい組織で発足した。同友会は進歩的な中堅経済人の組織で、経済再建の諸問題を研究し政策立案に高めていくことを目的としていた。2010年には、社団法人から公益社団法人となっている。

　同じ1946年には、日本経営者団体連盟の母体となる関東経営者協会が発足、東京商工会議所が任意団体として新体制で組織変え、日本商工会議所も同年11月に設立された。1954年には商工会議所法に基づく特別認可法人となった。

　1948年に経営者団体の全国組織として日本経営者団体連盟が設立され、財界労務部とも呼ばれ春闘などに強い影響力を持っていた。しかし春闘の形骸化が進み、就職協定も廃止されるなかで地盤沈下していき、2002年5月に経団連と統合し社団法人日本経済団体連合会（日本経団連）、2012年には公益法人改革に対応して一般社団法人となった。

　日本経団連は個別企業のほか業種別全国団体、地方別団体などが会員になっている。

　なお、経団連は財界の政治献金の斡旋を行ってきたが、1993年に政治献金の斡旋行為を中止した。日経連との統合後2003年1月に日本経団連は、民主導・自律型社会の実現に向けた改革を加速するために、政治に積極的に関与していくことを宣言し、2004年に斡旋を再開し、大きな論議を呼んだ。

　関西では1946年8月に関桂三他10名が世話人となり発起人会が開かれ、同年10月に関西経済連合会が設立された。[注32] 関西では関経連のほかに大阪商工会議所、大阪工業会、関西経済同友会、関西生産性本部、関西経営者協会の経済6団体が並立していたが、2003年に大阪商工会議所と大阪工業会が統合され、2009年5月に関西経営者協会は関西経済連合会と統合した。2011年には社団法人から公益社団法人に移行した。

5-5　国際協力[注33]

　日本の市民組織による国際協力の歴史は新しいと言われているが、1938年には京都のキリスト者である医学生たちが診療班を結成し、中国に渡り、日本軍の侵略戦争の犠牲となった中国の人たちの治療・医療活動を行っている。そして戦後これらの人たちが中心となり、1960年に医療協力を行う日本キリスト教海外医療協力会（1961年社団法人、2011年に公益社団法人）を結成した。

　1960年代にはこの他にも海外協力を主たる目的とする団体が設立され始めた。1973年には鶴川学院農村伝道神学校（東京都町田市）の東南アジア科を母体として、アジア学院が設立され（学校法人）、1961年には戦争を反省し、新しい日本とアジア諸国の関係を築こうと夢見た神道系宗教団体の創設者によって、アジアの農村開発のための協力を目的とした精神文化国際機構が発足、65年にはオイスカに改名され、69年には財団法人オイスカ産業開発協力団の設立認可を受け（95年に財団法人オイスカに名称変更、2011年には公益財団法人オイスカ（Organization for Industrial, Spiritual and Cultural Advancement-International, Japan）となっている。

　初期の国際協力は医療、農業の分野が主体である。

　高度成長時代を経て1970年代には南の国々の貧困問題や開発に取り組む団体が活動を始める。1972年にはバングラデシュ支援のヘルプ・バングラデシュ・コミッティが設立され、その後80年にはシャプラニールとして活動を始め、さらに83年にシャプラニール＝市民による海外協力の会と改称、2001年に特定非営利活動法人格を取得し、09年には認定特定非営利活動法人となっている。[注34]

　1974年のベトナム戦争終結後、1975年4月のサイゴン陥落によりベトナム民族解放戦争も終結するが、その後もインドシナでは混乱が続く。1976年4月カンボジアでポルポト政権による大虐殺が始まり、1978年6月にはベトナムがカンボジアに侵攻、1979年2月には中越戦争が起こる。このような状況の中でカンボジアから大量の難民が流出し、その救済が国際社会の課題となっていた。連日、新聞はボート・ピープル化した難民や国境を越えてタイに逃れた難民の窮状や欧米諸国の市民団体による難民救済の状況を報道した。

日本でも 1978 年から 1980 年にかけて多くの海外協力団体が設立された。1979 年 11 月から 80 年 2 月のわずか 4 カ月間に、「難民を助ける会（AAR）」(2000 年特定非営利活動法人格取得、03 年認定特定非営利活動法人となる)、「日本国際ボランティアセンター（JVC）」(1999 年特定非営利活動法人格取得、2009 年認定特定非営利活動法人となる)、「曹洞宗国際ボランティア会」(99 年社団法人シャンティ国際ボランティア会、2011 年公益社団法人となる)、「日本国際民間協力会（NICCO）」(カンボジア難民救援会として発足、88 年に日本国際民間協力機関（NICCO）と改称、93 年社団法人日本国際民間協力会（NICCO）、96 年特定公益増進法人格取得、2011 年公益社団法人となる)、「幼い難民を考える会（CYR）」(保育士の女性が中心となって設立、2001 年特定非営利活動法人格取得、2006 年認定特定非営利活動法人) が創設された。これらの団体はその後、活動範囲を農村開発、子供の教育、職業訓練、植林などに広げ、日本の NGO の活動の 1 つの大きな流れを作っている。アムダ（AMDA、設立は 1984 年、2001 年特定非営利活動法人格取得、13 年認定特定非営利活動法人）も 1979 年に活躍を始めている。

1983 年には NGO 関係者懇談会が始まり、情報交換がされるようになり、1987 年の NGO 活動推進センター：JANIC（Japanese NGO Center for International Cooperation、現在は（特）国際協力 NGO センター）設立へとつながった。1985 年に設立された関西 NGO 連絡会は、87 年には関西国際協力協議会となり、94 年には名称変更し関西 NGO 協議会（2008 年に特定非営利活動法人格取得）となっている。

1980 年代に入ると NGO の設立件数は急増し、約 150 の新しい NGO が生まれた。

1990 年前後に国際協力 NGO が急増する。この時期の大きな変化としては、冷戦構造の崩壊があげられる。東西の軍事的緊張が無くなったことで、貧困や環境問題などへの関心が急激に高まることになった。さらに冷戦構造の崩壊により、様々な NGO の参加が可能になった。一方、NGO への補助金を出す政府機関が増え、補助金額も急増した。1989 年に外務省と農林水産省が NGO に補助金を開始し、90 年代に入って、建設省、環境庁、厚生省も交付を始めた。

1991 年の湾岸戦争で国際貢献についての関心が高まり、1992 年の地球サミットで NGO の認知度が高まり設立数は急速に増大している。

海外協力は現地での体制づくりに協力するのが原則になってきている。最近では日本のNGOスタッフやボランティアが海外の現地で仕事をすることは少なくなってきており、日本のボランティアは日本の事務所での仕事が中心である。AMDAのような災害緊急支援NGOも、なるべく早く駆けつけるが現地の体制が整えばなるべく早く引き上げる。

日本の国際協力NGOの全貌は明らかではないが、日本で国際協力に携わる市民組織は500程度と推計されている。これらの組織の設立者を分類すると次のようになる。①聖職者（牧師、僧侶など）、アジア学院（キリスト教牧師）、れんげ国際ボランティア会（仏教僧）、②青年・学生たち、国際青年環境NGO A SEED JAPAN（25歳以下の青年たち）、フリー・ザ・チルドレン・ジャパン（大学生、高校生）、③企業の退職者・子育てを終えた母親たち、日本シルバーボランティアズ（企業退職者たち）、マザーランド・アカデミー（母親たち）、④専門職にある人たち、アムダ（医師たち）、ヒューマンライツ・ナウ（弁護士、ジャーナリスト）、⑤企業・自治体の職員、APEX（企業社員たち）、徳島で国際協力を考える会（元青年海外協力隊員である自治体職員）。[注35]

『NPO白書 2013』[注36]には406団体の事業分野が次のように紹介されている。

表4-7 事業別団体数（複数回答）

事業分野	団体数 2009	団体数 2012
農業・漁業・開発	120	121
経済	24	39
教育・職業訓練	183	211
保健・医療	109	109
飢餓・災害	44	74
環境	76	88
平和・政治	32	45
人権	20	38
その他	36	67
合計	392	406

JANIC「NGOディレクトリー」より吉村作成。

また、これらの団体の総収入割合は次のようになっており、国際協力団体は寄付の割合が多いことが分かる。

表4-8 国際協力団体の収入割合

収入内訳	収入割合（%）2004	収入割合（%）2009
寄付金収入	50	60
受託事業収入	12	15
助成金収入	14	9
自主事業収入	7	7
会費収入	9	6
基金運用益	0.4	0.4
その他	7	3
合計	100	100

外務省・JANIC調べ。

　事業規模の格差が大きく、総収入が1億円を超える団体が18%である一方、1,000万円未満の団体が32%を占める。総収入の多い団体には下記のようなものがあるが、上位3団体が傑出している。これらはいずれも国際的な大組織の関連団体である。その他にも（公社）日本ユネスコ協会連盟、（公財）世界自然保護基金ジャパン、（一財）日本国際飢餓対策機構、（公財）ケア・インターナショナル・ジャパン、（特）AMDA社会開発機構、（公社）セーブ・

表4-9　総収入の多い団体

団体名	経常収入（百万円）	年度
（特）国境なき医師団日本	5,315	2011
（特）ワールド・ビジョン・ジャパン	5,155	2011
（公財）プランジャパン	3,303	2012
（特）難民を助ける会	1,326	2012
（公社）日本ユネスコ協会連盟	1,310	2011
（公財）世界自然保護基金ジャパン（WWFJ）	912	2011
（特）JEN	782	2012
（公財）オイスカ	656	2012
（特）ピースウィンズ・ジャパン	652	2012
（一財）日本国際飢餓対策機構	595	2010
（公財）ジョイセフ（家族計画協力財団）	575	2012
（公社）シャンティ国際ボランティア会	513	2012
（公財）ケア・インターナショナル・ジャパン	513	2011
（公財）国際開発救援財団	367	2012
（特）AMDA社会開発機構	362	2012
（特）日本国際ボランティアセンター（JVC）	326	2011
（特）ブリッジ　エーシア　ジャパン	265	2012
（特）シャプラニール	262	2012
（公社）セーブ・ザ・チルドレン・ジャパン	261	2011

筆者調べ（主に各団体のウェブページでの公表による）。

ザ・チルドレン・ジャパンなど国際的な NGO のブランチ的なものやネットワークの一員である団体は多い。

5-6 メディア

　本書の冒頭に、市民社会論は公共空間に関する議論であり、公共空間の議論は言説の空間あるいはメディア論として論じられることが多い、と述べた。
　現代の代表的なメディアであるマスコミは商業化し、特に日本では中央集権化し画一化している。McKee は、現代のメディアの傾向として矮小化 (Trivialization)、商業化 (Commercialization)、劇場化 (Spectacle)、断片化 (Fragmentation)、無感動 (Apathy) を挙げている。これはアメリカを対象とした分析であるが、日本にも多かれ少なかれ当てはまるであろう。社会の木鐸としての機能を果たしていないように思われるし、木鐸という機能自体、市民社会に相応しくない機能かもしれない。
　むしろ津田正夫が言うように、ミニコミ類を含めて、メディアがどれだけ市民性を持ち得るかは、活動型および提言型の市民社会組織の広がりとともに、市民社会形成に決定的に重要な要素である。アメリカでは、市民活動を支援するメディアの役割が大きい。
　ミニコミ紙を中心に市民活動・地域活動の資料を収集・公開していた「住民図書館」が2001年に閉鎖された状況に見られるように、インターネットの普及により紙媒体の重要性は低くなっている。
　その一方で活性化しているのがケーブルテレビやFM放送である。阪神・淡路大震災時に日本語を解さない人たちに対して7言語で情報提供を行った「FMわぃわぃ」活動開始の話は感動的である。
　北海道二風谷に月1時間だけ放送するFM局がある。二風谷は現在はニブダニと発音され、沙流川沿いに発達した集落でアイヌ民族の聖地と言われるが、その一部は二風谷ダムの底に沈んでしまった。この「FMピパウシ」はアイヌ語が生きた言葉としてよみがえることを願って、2001年4月に発足した。開設者はアイヌ初の国会議員で、二風谷アイヌ資料館長であった萱野茂である。茂の没後、子息の萱野志朗が継いでいる。2003年4月からは札幌のコミュニティ放送局「さっぽろ村ラジオ」から同時中継されるようになり、現在はインターネットで配信されている。
　「FMわぃわぃ」にしても「FMピパウシ」にしてもまさに社会的包摂 (Social

Inclusion）を実現するためのアドボカシー CSO である。

　これらの放送局は市民が番組をつくり出演するわけであるが、市民制作をより徹底しているのが京都三条ラジオカフェである。3分番組であれば1回 1,575円の放送利用料で誰でも FM ラジオで放送することができる。京都三条ラジオカフェは（特）京都コミュニティ放送が運営しているが、特定非営利活動法人として初めて放送免許を取得した。同法人は京都都心コミュニティの活性化を目指して地元の経済人や CSO 関係者を中心に設立されたもので、まちづくりの一環としてラジオを活用しているわけである。ラジオカフェという名称も人々の憩いの場、情報交換の場となるラジオ局にするという思いがこめられている。

　日本では一般市民が放送電波に参画できるパブリック・アクセスの権利に関する規定はないが、1992年にコミュニティ FM 放送が制度化されて以来市民メディアとしての FM 局が増えてきている。[補7]

　紙媒体では新潟県上越市で地域メディアと CSO の協働により地域の情報発信が行われている。即ち、上越市を中心とする地方紙である上越タイムズは同地域の中間支援組織である（特）くびき野 NPO サポートセンターに紙面を提供し、地域情報を発信している。上越タイムズ社の大島誠社長は NPO サポートセンターの理事長でもある。企業の CSR としても注目される動きである。

　インターネットの普及により様々なソーシャル・メディアが発達し、言説の空間は様変わりしつつあり、アナーキーの状況にあるといえる。

第6節　中間支援組織

6-1　日本のサポートセンター

　CSO の特殊な存在はインターミディアリである。

　非営利組織の事業は市場を介して行われるものばかりではないので、価格による需給調整が機能しないために市場に代わるものとして、インターミディアリ（仲介組織）とか基盤組織とか呼ばれるものが必要であり重要な役割を果たす。インターミディアリは CSO 相互や CSO と市民の間をつなぎ

ネットワーク化していく。様々な行動主体の間に多様な機能をもったインターミディアリが存在しなければならないし、もっと強化していかなければならない。

インターミディアリは非営利組織の経営に必要な経営資源、ヒト、モノ、カネ、情報の仲介を行う組織で、ボランティア・センター、職業紹介所、情報センターの類である。サービス提供者と受益者をつなぐインターミディアリも必要である。助成機関、金融機関も資金という資源を仲介するという点ではインターミディアリである。

CSO の経営について主としてソフト面で支援を行う組織に支援組織がある。事務代行組織やコンサルティング・ファームの NPO 版である。

日本では仲介機能も支援機能も区別しないで、一般的に中間支援組織という用語が使われ、サポートセンターと総称されている。その他に中間支援組織の機能として調査研究や政策提言が挙げられるが、この機能は次に述べるシンクタンクの機能である。

日本で中間支援組織と呼ばれている組織にはインターミディアリとしての機能は殆ど無く、インターミディアリとしての機能はボランティアセンターや助成財団が担っている。ボランティアセンターや助成財団については第3章で取り上げた。

インターミディアリとし注目されるのは兵庫県が CSO に委託して開設している「生きがいしごとサポートセンター」である。無料職業紹介の免許を取得し、社会性のある仕事の紹介あるいは社会性のある起業を支援している。[注41]

アメリカでは CSO の経営に資する組織として基盤組織（Infrastructure Organization）という用語が用いられており、日本でも中間支援組織よりは、基盤組織を用いるのがよいと思う。

1996 年に（特）日本 NPO センター[注42]、（特）大阪 NPO センター[注43]が設立されて以来、特に 1998 年の特定非営利活動促進法制定以後、全国各地にサポートセンターが設立されている。

日本 NPO センターでは①NPO の支援（主に団体・組織の支援）を行っており、②分野を特定せず、③常設の事務所があり、④日常的に NPO に関する相談に応じることのできる職員がいる、という4つの条件を全て満たしている団体を NPO 支援センターと定義し、実態調査を行っている。2012 年度

の実態調査では全国250のセンターから回答を得ている。このうち設置者と運営者について次のように分類している。これでみると全体の4分の3のセンターに行政が関与している。[注44]

表4-10　日本のサポートセンターの類型

類　型	%
行政が設置し、行政が運営	26
行政が設置し、行政と民間で運営	7
行政が設置し、民間が運営	41
民間が設置し、民間が運営	26

　この中で古いのは1996年4月に開設された「かながわ県民活動サポートセンター」である。公設公営であるが、優れたスタッフが配置されたところから、成果をあげてきている。

　「(特)コミュニティ・サポートセンター神戸」は1996年10月に設立された地域密着型のサポートセンターで民間設置・民間運営型のモデルになっている。[注45]

　NPOの支援の内容は各センターによってまちまちであるが、主なサポートには次のようなものがある。

◎経営支援・コンサルティング　アメリカのInfrastructure Organizationの主流は、個々のNPOに対して経営支援を行うManagement Support Organization（MSO）であるが、日本の中間支援組織はManagement Supportの機能は十分ではない。現在のところ経営コンサルティングを行っている組織は(特)大阪NPOセンターの「助け隊」や「認定コンサルタント派遣」事業、(特)パブリックリソースセンター（現公益財団法人パブリックリソース財団）のコンサルティング事業、(特)市民フォーラム21・NPOセンターのNPOコンサルティング事業は数少ない例である。

　　また(特)市民活動センター神戸と(特)神戸まちづくり研究所は神戸市の委託によりNPOに対するアドバイザー派遣を行っている。

◎集合事務所　いくつかのCSOに対して事務スペースを提供する。入居しているCSOに対して経営指導ができれば望ましいが、そのような例は少ない。

◎場所・機材提供、事務局代行・技術支援　印刷機やコピー・FAXは小規模団体では揃えるのが困難であるので、場所・機材提供を行っているサポートセンターは多い。姫路の（特）コムサロン21は、場所・機材の提供の他に会計・広報等の事務局代行を行っている。

◎研修・セミナー　サポートセンターの主要な事業の1つが研修・セミナーである。多くの研修・セミナーが実施されているが、NPOがかなり普及してきた現在、総花的なものではなく、受講者の層や研修の内容を特定したものが企画されてもよい。

◎情報提供　殆どの組織がニューズレターを発行し、自組織の情報だけではなくNPOにとって有益な情報を発信している。助成金情報やイベント情報などはタイミングが重要でありFAX通信やMAILニュースを発信しているサポートセンターが多い。

◎連絡調整・団体間のコーディネーション　これもサポートセンターの主要な事業である。サポートセンターがアンブレラ組織の機能をどの程度果たすのかは、特に対行政の関係で難しい課題である。

　むしろ時間的には日常的なNPOに関する相談・問い合わせが多いようである。関連する情報を整備しておき情報センターとしての機能を果たすことが必要である。

6-2　アメリカの基盤組織 (Infrastructure Organization)

ここでアメリカの基盤組織について紹介しておく。

日本で中間支援組織と呼ばれているような組織はアメリカではInfrastructure Organization（以下IOと略記）と呼ばれている。CSOの基盤を支えるという意味である。本節は、Alan J. Abramson & Rachel McCarthy (2002)[注46]に依拠している。

(1) 基盤組織概観

基盤組織には次のような類型がある。特定分野のNPOを支援するする組織、例えばAmerican Hospital Association, American Symphony Orchestra LeagueおよびNPOセクター全体あるいはその一部を支援する組織、例えばIndependent Sector, Council on Foundations, National Council of Nonprofit Associationsである。

NPOを支援する組織にはNPOだけでなく行政や営利企業のものもある。

1970年代からNPOの数が増加するにつれて様々な分野の基盤組織が設立されるようになり、1970年代は基盤組織の黄金時代であった。1980年には、NPOセクター全体の利益を代表し、アドボカシーを行う意欲的な目的を持つに包括的な基盤組織としてIndependent Sectorが設立された。

(2) 基盤組織のタイプ

基盤組織は、顧客層（セクター全体を対象にするのか、個々のNPOを支援するのか）、サービスの内容（アドボカシー、調査研究、テクニカル・アシスタンス、教育訓練、その他のサービス）、重点的プログラム（アカウンタビリティ、ガバナンス、ファンドレイジング、その他）によっていくつかのタイプに分けられる。

①セクター全体を支援する組織、アドボカシー、パブリック・エジュケイション、調査研究等

このタイプの基盤組織は、セクター全体を強化するためにアドボカシー、public education、その他のサービスを提供する。代表的な例がIndependent Sectorで、助成を行う組織と助成を受ける団体双方の700組織が会員になっている。Independent Sectorの会員自体がNPOの全国組織（YMCA of the United States, Girls Incorporated, Catholic Charities USA, United Way of America）や全国規模で活動する助成財団（Ford Foundation, Charles Stewart Mott Foundation, Carnegie Corporation of New York）のような大組織である。

Independent Sectorの主たる目的は、NPOセクターについての各界のリーダーおよび市民に対する教育、NPOセクターとフィランソロピーについての調査研究、NPOセクターのリーダーの質の向上、NPOセクターと政界との間の建設的関係の構築、NPOリーダーに対する交流の場の提供で、最近は公共政策、戦略的パートナーシップ、調査研究に重点を置いている。

Independent Sectorは会員組織であるがゆえの課題を抱えている。即ちIndependent Sectorの活動の成果は会費を払っていない会員外にも資するものであるから、いわゆるフリー・ライダー（ただ乗り）の問題から免れることはできない。そのため助成財団の支援を仰ぐとともにIndependent Sectorは会員の連帯意識に訴えている。また個々のNPOはそれぞれの個別活動分

野の基盤組織に加盟しており、さらに Independent Sector に加盟することには二の足を踏む。しかし NPO セクター全体の認知を高めることの重要性を理解し、全国的に活動する分野別協会や財団は Independent Sector にも加盟している。

　Council on Foundations は助成を行う組織の立場から組織的フィランソロピーの効果性を高め理解を高めることが目的で 2,100 以上の助成財団と企業の社会貢献部門が会員になっている。

　Council on Foundations は中規模以上の助成財団のための組織であるが、Association of Small Foundations は有給スタッフが殆どいない小規模な助成財団を代表しており、基盤組織の中で会員数の増加が最も大きい。National Network of Grantmakers は先駆的な財団の組織であり、Philanthropy Roundtable には保守的な財団が集まっている。

　National Council of Nonprofit Association および Forum of Regional Association of Grantmakers は、州および地方レベルの NPO と助成財団の能力向上のための組織である。

　OMB Watch は予算、規制政策、NPO アドボカシー、政府情報へのアクセス、Office of Management and Budget の活動に特化した調査研究、教育、アドボカシー組織である。National Committee for Responsive Philanthropy (NCRP) は低所得層で選挙権もない人々に対してフィランソロピーの支援が得られるように活動する組織である。即ち、フィランソロピー活動を、苦難している人々に対応し公的ニーズに有効でより説明責任をもった透明性の高いものにすることにより、より民主的な社会をつくっていくことを目的とし、1976 年に設立された。NCRP や OMB Watch, Alliance for Justice, Independent Sector は 1995 年に、連邦補助金を受けている NPO のロビー活動を制限しようとした Istook 修正案（下院議員の Ernest Istook が提出した）を協力して阻止した。

　州および地方レベルでは California Association of Nonprofits, Minnesota Council of Nonprofits や助成側の組織として Council on Michigan Foundations や Donors Forum of Chicago といった組織がセクター全体のためのアドボカシー活動を行っている。

　②個別の NPO や NPO のスタッフを支援する基盤組織

　個々の NPO やスタッフの能力強化を目的とする IO も重要なタイプであ

る。セクター全体を対象とする IO は財団の助成金への依存度が高いのに対し、このタイプの IO は料金が収入の中心である。

◎マネジメント・サポート、研修　マネジメント・サポート組織は NPO の経営を支援する。マネジメント・サポート組織はそれ自体が NPO であり千差万別であるが、地域限定で NPO に対して多機能のサービスを提供している場合もある。各地のマネジメント・センターおよび専門家が彼ら自身の IO を設立した。1990 年代後半に Nonprofit Management Association と Support Centers America が合併し、Alliance for Nonprofit Management が設立された。

United Way of America および各地の United Way（日本の共同募金会にあたる）も重要なサポート資源である。Board Source（前身は 1988 年に Association of Governing Boards of Universities and Colleges および Independent Sector により設立された National Center for Nonprofit Boards である）は NPO の理事の機能と能力を高めることにより NPO の組織強化を図ることを目的としている。

◎専門性の向上　倫理、アカウンタビリティを重視しつつ専門性を高めていくことを目的とした組織として、Association of Fundraising Professionals（以前は National Society of Fundraising Executives）、American Association of Fundraising Counsel, American Society of Association Executives がある。

◎情報提供　助成財団の情報提供機関として Foundation Center がある。BBB Wise Giving Alliance は National Charities Information Bureau と Philanthropic Advisory Service of the Council of Better Business Bureau's Foundation が合併したもので、NPO の活動、組織、スタッフ、財政に関する情報を助成機関に提供し、助成決定に資することを目的としている。

NPO 関係の雑誌類の代表的なものは Chronicle of Philanthropy で有料購読者は 4 万 5,000 人に達する。Nonprofit Times が 3 万 4,000 部。その他 Council on Foundations の機関誌 Foundation News and Commentary、NCRP の Responsive Philanthropy、New England Nonprofit Quarterly を改称した Nonprofit Quarterly がある。

またオンライン情報の種類も多い。

◎専門性の重視　NPO セクターの IO の発展をもたらしたのは、NPO に

おいて専門化が進んだことである。

　専門化が進んだもう1つの要因は行政との契約が増加してきたことである。またNPOセクター自身も業務が複雑化してきたために専門性をもったスタッフを必要とするようになってきた。さらにNPOセクターでのスキャンダルが表面化するようになったことからも、会計処理の標準化、情報公開、その他専門的事務処理が必要になってきた。

このような状況に対応してNPOスタッフの能力向上や組織強化に協力するIOの重要性が高まってきたのである。

(3) 基盤組織の課題と展望

アメリカのIOの課題として次のような項目が挙げられている。現在の日本で課題とされているようなことが挙げられており、基盤組織の課題は永遠であるようだ。

①基盤組織間の協働・基盤組織自体の質の向上、②アカウンタビリティの強化、③公共政策に対する大胆で行動的な働きかけの必要性、④財政基盤の強化、⑤NPOセクターの存在意義を明らかにする必要性。

第7節　シンクタンク

7-1　シンクタンクとは何か

シンクタンクとは「政策分析・政策研究を通じて政策提言を行う、あるいは政策代替案を提示することを目的する研究機関で、政府の分析能力を補完し、国と市民の間に立って、政府を監視する非政府研究機関」である。もともと第2次世界大戦時、アメリカで使われた軍事用語で、戦略の立案を目的とした組織で知の戦車を意味する。その後政策研究をする機関や組織もシンクタンクと呼ぶようになった。アメリカではワシントンに100以上、全米では1,000以上のシンクタンクがあるといわれる。

7-2　日本のシンクタンク

日本では1970年がシンクタンク元年といわれる。この頃アポロ計画の成

功の背後にRand Corporationがあったことが認識され、日本でもシンクタンクへの関心が高まった。初期のシンクタンクには野村総研（1969年）、三菱総研（1970年）がある。

1974年に産業界、学会、労働界の協力を得て政府主導の総合研究開発機構（NIRA: National Institute for Research Advancement）が設立された。

NIRAでは1988年以降毎年シンクタンクの調査を行ってきている。NIRAによる調査対象機関数は第1回調査の1988年に149機関であったものが、2001年には337まで増加してきたのに対し、2002年度から減少し始め、2014年には181機関に減少している。これは解散したものの他に金融機関系や企業系のものが母体企業の合併に伴い合併したものがあるためと思われる。

日本のシンクタンク181の組織別形態は下記のように営利法人がほぼ半数を占めているが、これは日本のシンクタンクの特徴であるといえる。大手のシンクタンクは殆どが営利法人で、事業規模は営利法人が大きい。これは金融機関・証券会社や事業会社の調査部門が独立したものが多いことにもよるが、一方で小規模のシンクタンクは、旧民法下では公益法人として設立することが困難であったという事情もある。

2004年版では特定非営利活動法人が9法人収録されていたが、2014年版では4法人に止まっている。[補8]（特）NPOぐんま、（特）NPO政策研究所、（特）日本医療政策機構等である。

表4-11　組織形態別内訳

非営利団体	公益財団法人	33
	公益社団法人	3
	一般社団法人	32
	一般財団法人	13
	特例民法法人（社団）	0
	特例民法法人（財団）	0
	学校法人	3
	特定非営利活動法人	4
	非営利法人小計	88
営利団体	営利法人	82
その他	その他法人	5
	任意団体	1
	その他団体	5
合　計		181

営利法人の比重が大きいということは産業・企業の立場からの研究が重視され、公共政策への踏み込みを難しくしている。日本の代表的なシンクタンクであるNIRAは政府系機関であるから、日本では民間の公共政策形成力は極めて弱い。大学および大学付置研究所も政策研究機関として重要であるが、政策実現への踏み込みは弱い。また地方自治体が設置したシンクタンクも多いが、プロパーの研究員を置いているところは少ない。

最近になってようやく、独立シンクタンクとして競艇の資金により東京財団が設立された。また元大蔵官僚が設立した構想日本も活発な提言活動を行っているが、まだまだ日本では政策科学が未発達で研究者の層は薄いと言わざるを得ない。また独立系のシンクタンクを資金的に支えるフィランソロピーも極めて弱体である。

日本の最大のシンクタンクは霞ヶ関であると皮肉をこめて言われることがあるが、日本の政策立案は全面的に官僚組織が担ってきたと言っても過言ではない。そのような中で2006年に自由民主党系のシンクタンクとして「シンクタンク2005・日本」が設立されたが、2011年に解散。また2005年には民主党系のシンクタンク「公共政策プラットフォーム（プラトン）」が設立されたが、2009年に活動を停止しており、官僚機構に依存しない政策形成の仕組みはなかなか定着しない。

日本で政策を競いあうデモクラシーが定着するには官からも企業からも独立したシンクタンクが多数存在し政策提案を競い合うことが必要であるが、日本のシンクタンクはまだまだ能力が限られている。シンクタンクを量・質ともに充実させるには研究費を提供する助成財団が必要である。先に見たように日本の助成財団は弱体であるし政策研究への助成は極めて少ない。

第8節　市民社会組織のエンパワーメント

市民社会組織を強化するには資金面の充実が重要であるが、市民社会組織の経営を担う人材および政策策定に携わる人材の育成が不可欠である。

特定非営利活動促進法が施行されたのは1998年12月であるが、1997年には兵庫県でNPOマネジメント・スクールが開講された。これは1996年に設立されたコミュニティ・サポートセンター神戸（1999年に特定非営利活

動法人化）が当時神戸で被災地支援を行っていた阪神・淡路コミュニティ基金、兵庫県の共同事業として始めたものである。NPOのビジネス・スクールを目指したものであったが、次期尚早で入門講座的なものにならざるを得なかった。当初は阪神・淡路コミュニティ基金の資金助成により行われていたが、同基金が1999年6月に閉鎖されてからは兵庫県の事業として現在まで続けられているものの規模は大幅に縮小されている。

2001年には（特）大阪NPOセンターがNPO大学院講座を開設した。これは修士号を取得できる内容とコマ数を揃えた意欲的なものであったが、どうしても授業料が高くつき長くは続かなかった。

このような状況にあって、集合研修よりは個別にコンサルティングまたはアドバイスを実施するのが有効ではないかとの考えから大阪NPOセンターでは2001年からNPOコンサルタント養成講座を行い、現在はコンサルティング付きのユニークな助成を行っている。

（特）パブリックリソースセンター（現公益財団法人パブリックリソース財団）はNPOへのコンサルティングを試験的に実施する一方でインターネットによるコンサルタント養成を行っている。

その他（特）市民フォーラム21・NPOセンターもコンサルティング事業を行っているし、（特）神戸まちづくり研究所および（特）市民活動センター神戸では、より実践的なアドバイザー派遣事業を行っている。

大学・大学院でもNPOの理論とともにNPO経営にも関心が高まってきている。

一方、政策形成についての教育では大阪大学大学院国際公共政策研究科をはじめ多くの大学に政策系の学部や大学院研究科が設けられている。

人材育成には時間がかかる。上記のような試みが成果をあげるにはまだ先の話である。

筆者注

注1　R・A・ローマン（溝端剛訳）（2001）『コモンズ——人類の共同行為』西日本法規出版発行、星雲社発行、212頁。
注2　1998年9月から1999年1月にかけてワシントンの日米協会（The Japan-America Society of Washington D.C.）が4回にわたり開催した日米の市民社会に関するセミナー"Civil Society in Japan and America: Coping with Change"における定義である。
注3　レスター・M・サラモン、H・K・アンハイアー（今田忠監訳）（1996）『台頭する非営利セクター』ダイヤモンド社。
注4　新しい公共については第6章で取り上げる。
注5　社会的包摂や社会的包含などと訳される。第5章で取り上げる。
注6　今田忠編（2006）『日本のNPO史』ぎょうせい。
注7　大阪平野郷、享保2(1717)年、土橋友直をはじめ6名の町人が発起人となって設立された私学。基金の維持に代々の町人が貢献。地域福祉にも取り組んだ。
注8　大阪船場、享保九年（1724年）開設。
注9　総合研究開発機構（1994）『NIRA研究報告書——市民公益活動基盤整備に関する調査研究』総合研究開発機構。
注10　公益法人改革の経緯については、公益法人協会（2013）『公益法人協会40年の歩み』公益法人協会、79-102頁によくまとめられている。初谷勇（2012）『公共マネジメントとNPO政策』ぎょうせい、第1章「未完の公益法人改革」は中間法人に視点を当てた分析である。今回の公益法人改革には問題点が非常に多い。入山映（2012）『市民社会があぶない』幻冬舎ルネッサンスには厳しい批判が展開されている。
注11　Governmental Organization.
注12　Quasi Non-Governmental Organization.
注13　経済企画庁国民生活局編（1998）『日本のNPOの経済規模』大蔵省印刷局。
注14　山内直人・田中敬文・河井孝仁編（2007）『NPO白書　2007』大阪大学大学院国際公共政策研究科NPO研究情報センター。
注15　レスター・M・サラモン、H・K・アンハイアー（今田忠監訳）（1996）『台頭する非営利セクター』ダイヤモンド社。
注16　Lester M. Salamon, S. Wojciech, Regina List（2003）*Global Civil Society: An Overview*, Johns Hopkins University, p. 17.
注17　レスター・M・サラモン、H・K・アンハイアー（今田忠監訳）（1996）『台頭する非営利セクター』ダイヤモンド社、Lester M. Salamon, S. Wojciech, Regina List（2003）*Global Civil Society: An Overview*, Johns Hopkins University.
注18　山内直人・田中敬文・奥山尚子（2010）『NPO白書　2007』大阪大学大学院国際公共政策研究科NPO研究情報センター。
注19　Lester M. Salamon, Helmut K. Anheier, Regina List, Stepfn Toepler, S. Wojciech Sokolowski & Associates（1999）*Global Civil Society: Dimension of*

the Nonprofit Sector, Johns Hopkins University, pp. 244-246.
注20　山内直人・田中敬文・河井孝仁編（2007）『NPO白書　2007』大阪大学大学院国際公共政策研究科 NPO 研究情報センター。
注21　公務員の種類と数
合計（約 398 万 7,000 人）
内訳

国家公務員 （約 94 万 5,000 人）	特別職 （約 30 万 5,000 人）	大臣、副大臣、大臣政務官、大使、公使等（約 400 人）
		裁判官、裁判所職員（約 2 万 5,000 人）
		国会職員（約 4,000 人）
		防衛庁職員（約 27 万 4,000 人）
		独立行政法人役員、日本郵政公社役員（約 200 人）
	一般職 （約 64 万人）	非現業国家公務員（約 30 万 1,000 人）
		検察官（約 2,000 人）
		国有企業（林野）職員（約 5,000 人）
		特定独立行政法人職員（約 6 万 9,000 人）
		日本郵政公社職員（約 26 万 2,000 人）
地方公務員（304 万 2,000 人）		

1. 総務省資料より作成
2. 国家公務員の数は、以下を除き、平成 18 年度末予算定員
（1）特定独立行政法人役職員数及び日本郵政公社役員数は、平成 17 年 10 月 1 日現在の常勤役員数
（2）特定独立行政法人職員数は平成 18 年 1 月 1 日現在の常勤職員数
（3）日本郵政公社職員数は、平成 17 年 3 月 31 日現在の常勤職員数
3. 地方公務員の数は、「平成 17 年地方公共団体定員管理調査」による一般職に属する地方公務員数
4. 職員数については、端数処理の関係で必ずしも合計数と一致しない
出所 WEB。詳細不明。
注22　福岡政行（2010）『公務員ムダ論』角川書店。
注23　愛知県（2011）『NPO 法人における雇用と働き方』愛知県。
注24　チャータースクールとは日本語に訳すと「特別認可学校」で、1991 年にアメリカ・ミネソタ州ではじめて「チャータースクール法」が成立した。日本でチャータースクールのサポートセンターの機能を持つものとして、2001 年に「日本型チャータースクール推進センター」が設立された。日本でもチャータースクール法（仮称）ができた場合、学校を創りたいと思う人が集まって、必要な書類を用意して申請し、認可されれば、新しい「公立」学校を創ることができるようになり、それにより特色のある学校があちこちにできて、親や子どもは学区にとらわれず、行きたい学校を選んで入れるようになることを期待し、チャータースクールの理念の普及、設立・運営等のノウハウの蓄積、日本型チャータースクール法立法の実現、教育政策に関する提言等への関与、といった活動をしてきたが、チャータースクールの理念が理解されず実現は難しいとして 2007 年に解散した。
　堤未果（堤未果（2013）『（株）貧困大国アメリカ』岩波新書）によると、アメリカのチャータースクールは営利企業化し当初の理念から離れつつある。
注25　吉井譲（2004）「サイエンス・ステーション」『UP 2004 年 12 月号』東京大学出版会。
注26　メセナとは芸術文化擁護・支援を意味するフランス語。古代ローマ皇帝ア

ウグストゥスに仕えたマエケナス（Maecenas）が詩人や芸術家を手厚く擁護・支援したことから、芸術文化支援を「メセナ」というようになった。日本では 1990 年の企業メセナ協議会の設立に際し、テレビ番組の協賛の意で使用されてきた「スポンサー」という英語ではなく、フランス語のメセナを採用したことから、メセナは、企業がパートナーシップの精神に基づいて行う芸術文化支援を指す言葉として知られるようになった。

注27　Elizabeth T. Boris, and Jeff Krehely, "Civic Participation and Advocacy," Lester M. Salamon, editor (2002) *The State of Nonprofit America*, Brookings Institution Press.

注28　市民活動センター神戸（2006）『NPO のためのアドボカシー読本』市民活動センター神戸。アドボカシーの手法としては行政や議会に対する働きかけ（ロビイング）としては審議会への参加、パブリックコメント、陳情、請願、提案制度等があり、市民への働きかけ（狭義のアドボカシー）としては宣伝ビラ、署名運動、集会、デモ行進、座り込み、カフェやサロンの開設、情報発信（メディアへの情報提供、発表会、講演会・研修会・講座など）がある。

注29　神戸定住外国人支援センター（KFC）（2007）『10 周年記念誌かぜ』神戸定住外国人支援センター。

注30　武藤かおり（2007）「NGO から見たトラフィッキング」馬場憲男・高柳彰夫編著『グローバル問題と NGO・市民社会』明石書店。

注31　秋元秀雄（1968）『経団連』雪華社、経済団体連合会（1969）『経団連の二十年』経済団体連合会。

注32　関西経済連合会（1957）『関経連十年の歩み』。

注33　重田康博（2006）『NGO 発展の軌跡』明石書店、関西国際交流団体協議会編著『NPO/NGO のフロンティアたちの歩み』明石書店に詳しい。特に後者は人物紹介があり、興味深い。

注34　シャプラニールの活動記録編集部編（1989）『シャプラニールの熱い風』めこん、シャプラニールの活動記録編集部編（1992）『シャプラニールの熱い風 第 2 部』めこん、に詳しい。川口善行（2013）『NPO の経営は工夫次第』左右社も参考になる。

注35　伊藤道雄（2007）「日本社会と NGO」馬場憲男・高柳彰夫編著『グローバル問題と NGO・市民社会』明石書店、257-261 頁。

注36　吉村季利子「第 12 章　国際協力」山内直人・田中敬文・奥山尚子編（2013）『NPO 白書 2013』大阪大学大学院国際公共政策研究科 NPO 研究情報センター。表 4-8 については、本白書、91 頁の表には出典が、「外務省・JANIC（2011）をもとに筆者作成」とあるが、表には 2012 年のデータがあり、合わない。本文では、JANIC の「NGO ディレクトリー」による、とあるので、そちらが正しいであろう。表 4-9 については、92 頁の図 1 にあるが、その元データである、外務省・JANIC（2012）『NGO データブック 2011 ── 数字で見る日本の NGO』。〈http://www.mofa.go.jp/mofaj/gaiko/oda/shimin/oda_ngo/shien/pdfs/databook_10.pdf〉（67 頁）によって確認した。

注37　Alan McKee（2005）*The Public Sphere: An introduction*, Cambridge University Press.

注38 メディアと市民社会については、『現代思想特集：メディアは誰のものか NHK 問題』Vol. 34-4（2006）、青土社、堤未果（2012）『政府は必ず嘘をつく』角川 SCC 新書、山本美香（2013）『ザ・ミッション』早稲田大学出版部、日本のマスメディアについてはマーティン・ファクラー（2012）『「本当のこと」を伝えない日本の新聞』双葉社、および上杉隆の諸著作を参照。

注39 津田正夫（2000）「中間支援組織とメディア戦略」山岸秀雄編『アメリカの NPO』第一書林。

注40 市民検証研究会編（2001）『市民社会をつくる』市民社会推進機構。

注41 県下 6 カ所（神戸市東灘区、神戸市須磨区、宝塚市、尼崎市、明石市、姫路市）に開設されており、中間支援組織が県の補助を受けて運営している。

注42 日本 NPO センター（2007）『市民社会創造の 10 年』ぎょうせい。

注43 大阪 NPO センターは大阪青年会議所が母体である。大阪 NPO センター（2006）『大阪 NPO センター 10 年史』大阪 NPO センター。

注44 日本 NPO センター（2013）『2012 年度 NPO 支援センター実態調査報告』日本 NPO センター。

注45 コミュニティ・サポートセンター神戸（2003）『CS 神戸のあゆみ　コミュニティ・エンパワーメント』コミュニティ・サポートセンター神戸。

注46 Alan J. Abramson & Rachel McCarthy, "Infrastructure Organizations," Lester M. Salamon, editor（2002）, *The State of Nonprofit America*, Brookings Institution Press.

補訂者注

補1 2014 年現在もこの用法は使われているが、しばしばこの用語法に引きずられて「NPO 法人 = NPO、つまり非営利団体」、あるいは「NPO 法人 = NPO で法人格を持つ団体すべて」、という誤解が生まれている。この点で、NPO 法、NPO 法人という呼称については、問題が多い。

補2 この制度改革は、110 年ぶりの大改革であり、日本の非営利団体法制の骨格を変容させたものである。この改革の結果については、下記の概括表が参考になる（日本 NPO 学会大会 2013 年 3 月 16 日　雨宮孝子内閣府公益認定等委員会委員長代理報告資料より）。なお、この報告の行われた公益法人制度改革をめぐる報告等については、2014 年度中に、岡本仁宏編著『市民社会セクターの可能性——110 年ぶりの大改革の成果と課題』（仮題）関西学院大学出版会、として出版予定であるので参照されたい。

移行の概況

制度移行時特例民法法人数　24,317※1　※1 共管重複部分があるため、国所轄と
（平成20年12月1日）　　　　　　　　　　　都道府県所轄の計は総数と一致しない。

6,625（27%）	17,818（73%）
国所管（各省庁）	都道府県所管

移行申請法人数　20,736※2　※2 取下げ件数を除く。

うち、みなし解散法人数※3
※3 移行期間内に移行申請が行われなかったため、法律上解散したものとみなされた法人の数。

9,054（37%）	11,682（48%）	3,581（15%）
公益法人への移行認定	一般法人への移行認可	解散・合併等

国所管	71
都道府県所管	355
合計	426

公益法人への移行認定申請

	社団	財団	合計
内閣府へ	703	1,469	2,172
都道府県へ	3,264	3,618	6,882
合計	3,967	5,087	9,054

一般法人への移行認可申請

	社団	財団	合計
内閣府へ	1,327	995	2,322
都道府県へ	5,948	3,412	9,360
合計	7,275	4,407	11,682

旧公益法人制度
計 24,317 法人
うち特増862法人（3.5%）‥‥‥‥>

新公益法人制度
移行申請　計 20,736 法人
公益 9,054 法人（44%）＝特増

※　法律上の「特定公益増進法人」

補3　本文のように、医療法人（2013年3月末日現在で4万8,820法人）は、一般には営利法人と同様の取り扱いであるが、中には残余財産の帰属先の制限やその他公共性を高めるための制限を加えた法人類型がある。特定医療法人（残余財産の帰属先は、国、地方公共団体又は他の医療法人（財団たる医療法人又は社団たる医療法人で持分の定めがないもの））、社会医療法人（同じく、国、地方公共団体又は他の社会医療法人）である。これらの法人の場合、公益法人としての税制上の優遇が行われている。特定医療法人は、2013年3月末日現在で375法人、社会医療法人は、2007年度より施行された新しい法人類型で、2014年1月1日現在で215法人である（厚生労働省「種類別医療法人数の年次推移」〈http://www.mhlw.go.jp/topics/bukyoku/isei/igyou/igyoukeiei/houzinsuu04.pdf〉「社会医療法人の認定状況について」〈http://www.mhlw.go.jp/topics/bukyoku/isei/igyou/dl/shakaiiryouhouzinnintei.pdf〉）。ともにごく少数の割合を占めるにすぎないとはいえ、社会的に重要な役割を果たしている。

補4　この点では、人権のような普遍的規範の実施に関する法律、例えば男女共同参画社会基本法の「地方公共団体は、基本理念にのっとり、男女共同参画社会の形成の促進に関し、国の施策に準じた施策（1）及びその他のその地方公共団体の区域の特性に応じた施策(2)を策定し、及び実施する責務を有する」（第9条）とする規定よりは、文化行政においては、相対的に地方自治体の自主的な取り組みを重視しているということはできるであろう。

補5　一般社団・財団法人や公益社団・財団法人については、同様の規定は存在しない。この点については、岡本仁宏（2011）「NPOの政治活動の活性化に

向けて」『ボランタリズム研究』創刊号、社会福祉法人大阪ボランティア協会、岡本仁宏 (2014)「公益認定等委員会の不認定答申について」『公益法人』(公財) 公益法人協会、を参照されたい。

補6　この資料は、埼玉大学を経て、2010年から2012年にかけて立教大学共生社会研究センターに移管され、アジア太平洋資料センター（PARC）等の資料とともに利用可能になっている。〈http://www.rikkyo.ac.jp/research/laboratory/RCCCS/outline/history/〉2014年5月確認。

補7　25の特定非営利活動法人のコミュニティＦＭ放送局が知られている。〈http://radiocafe.jp/about/〉。ＮＰＯコミュニティ放送全国協議会が、2006年に特定非営利活動法人の団体の「交流、情報交換および著作権使用料に関する協定締結等に関して協議し、もって地域文化の振興、コミュニティ醸成等に寄与することを目的」として発足している。〈http://www.geocities.jp/tamalakesidefm/page007.html〉ともに、2014年5月確認。

補8　NIRA「日本のシンクタンクの調査結果の概要」2014年版〈http://www.nira.or.jp/network/japan/index.html〉2014年5月確認。なお、このデータは、214機関のうち研究成果情報の提出があった181機関についてである。NIRAのデータベース自体には、特定非営利活動法人は、9団体が登録されている。

第5章
社会的経済と社会的企業

第1節　社会的経済

　ジョンズ・ホプキンス大学を中心とする非営利セクターの国際比較研究では、協同組合は出資金に対する配当が認められているので営利セクターに分類されている。協同組合は非営利組織ではないが、営利を目的としない助け合いの組織である。ヨーロッパ、特に大陸ヨーロッパ諸国では、非営利組織をもっと幅広く「社会的経済」（social economy）という捉え方をしている[注1]。

　社会的経済とは、主として協同組合、共済組織、アソシエーションといった組織によりなされる経済活動で、①利潤ではなく、組合員またはその集団へのサービスを究極目的とし、②独立した管理を行い、③民主的な手続きにより、④利益配分においては、資本に対して人間と労働を優先する[注2]。

　市場経済、公共経済、社会的経済の3つの経済が明確な形で提示されだしたのは1970年代であるが、社会的経済としての協同経済が注目されたのはフランス革命後の19世紀前半の労働者アソシエーション主義およびユートピア思想のうちにおいてであった。

　協同組合は生活のあらゆる側面にわたり、大別すると生産組合と消費組合があるがフランスのアソシエーション社会主義はイギリスの消費者協同組合に対して、生産者協同組合を奨励した[注3]。

　第2次世界大戦後、資本主義国においても福祉国家化が進み、国民の生活は国家と市場の2つのセクターのうちに取り込まれてしまうが、レスター・サラモンが指摘したように福祉国家の衰退が非営利セクターの台頭をもたらした。ヨーロッパではそれが社会的経済の復権という形で現れてきている。

第2節　協同組合[注4]

2-1　協同組合の起源

　協同組合運動は、1844年にイギリスのマンチェスター近くのロッチデールという町で設立された「ロッチデール公正開拓者組合」の設立に始まる。マンチェスターは18世紀半ばに起こったイギリス産業革命発祥の地であるランカシャー工業地帯の中心都市である。イギリスでは1830年頃、チャーティスト運動が起こるが、チャーティスト運動、労働運動、社会主義運動から協同組合運動が生まれてくる。ロッチデールのフランネル職工労組もチャーティスト運動を源流にもつ。その中のロバート・オーエン思想の影響を受けた人々によって、世界で最初の協同組合の店舗が開店した。この運動は資本主義経済の不公正さに対抗して、組合員の金銭的利益と社会的・家庭的な条件の改善を図ることを目的としたもので、その後の運動も労働運動と密接に結びついている。

　ICA（International Co-operative Alliance: 1895年にロンドンで設立）による協同組合の定義は、「協同組合は、共同的に所有し管理する事業体（enterprise）を通じて、共通の経済的・社会的・文化的ニーズと願望を満たすために、自発的に結びついた人びとの自治的な結社（association）」である（ICA・協同組合のアイデンティティに関する声明、1995年）。

　ICAは、生協、農協、漁協など世界のあらゆる業種の協同組合が加盟する国際組織で、世界最大の非営利組織であり、国連の経済社会理事会に登録され諮問的地位を持つ最大のNGOでもある。ICAは現在33カ国の協同組合の全国組織242が会員となっており、傘下の組合数は74万9,000、組合員総数は7億2,500万人に上る。日本では日本生活協同組合連合会、全中（全国農業協同組合中央会）、全農（全国農業協同組合連合会）、全漁連（全国漁業協同組合連合会）等が加盟している。

　1995年のICA原則には「コミュニティへの関与」の原則が付け加えられ、協同組合が、組合員のための自助組織であるだけでなく、さらにコミュニティの発展のための組織であることを明らかにしている。即ち「協同組合は、組合員が承認する政策を通じて、コミュニティの持続可能な発展のため

2-2 モンドラゴン[注6]

　労働者が主体になる生産者協同組合が労働者協同組合で、ワーカーズ・コープまたはワーカーズ・コレクティブと呼ばれる。後述の社会的企業につながるものであるが、ワーカーズ・コープの代表的なものとして取り上げられるモンドラゴン協同組合を紹介しよう。

　モンドラゴンはスペインのバスク自治州に位置する南北8キロ、東西2キロの細長い谷間にある人口2万5,000人の町である。モンドラゴン協同組合グループはモンドラゴンを本拠に展開する各種協同組合の複合体で、1991年以降「モンドラゴン協同組合企業体」を名乗っている。

　モンドラゴン協同組合を育ててきたのはアリスメンディアリェタというカトリック神父である。アリスメンディアリェタは1941年にモンドラゴンの教会に赴任してきた。スペインでは1939年に内乱が終結しフランコ政権下にあった。アリスメンディアリェタは1943年に技術学校を設立、1953年には住宅協会、結核予防診療所を開設するなど、モンドラゴンの住民の生活向上に尽力してきた。1956年に技術学校の卒業生5名により、小さなストーブ工場として最初の工業協同組合ウルゴールが発足した。その後金融部門、消費生協等が加わり組織が拡大していった。

　アリスメンディアリェタは1976年に死去するが、その後も発展を続け現在は90を超す協同組合があり「モンドラゴン協同組合企業体」(MCC: Mondragon Corporacion Coopertiva) として統合されている。MCCは次の3サブグループに分けられる。①金融や共済等の事業を行う財政グループ、②工業グループ：冷蔵庫、洗濯機、皿洗い機等の家電製品、電子機器部品、自動車部品、工作機械、建設用機械等を生産、③エロスキ生協を中心とする流通グループ。従業員は9万3,000人で、うち工業部門が約4万人、流通部門が約4万8,000人である。

　2008年度の決算書によるとMCCの総収入は167億ユーロ、1ユーロ130円で概算すれば2兆1,700億円に達する。

　モンドラゴン協同組合は職業教育から始められたものであるから、現在も教育は重要な位置を占めており、モンドラゴンでは教育のかなりの部分が協

同組合で行われている。多くの教育協同組合があり、現在は「モンドラゴン協同組合企業体」から離れて教育協同組合の連合体として教育文化連盟がある。

2-3 日本の協同組合の源流

日本の協同組合思想の源流は頼母子講、ゆい講であるが、体系的な思想は二宮尊徳と大原幽学である。

二宮尊徳(通称金次郎、本名たかのり 1787-1856)は現在の小田原市に生まれ、14歳で父を、16歳で母を失い、日雇稼ぎをするかたわら、自家の荒廃田を復旧し、村民に貸し与え家産を復興した。25歳で小田原藩士服部家の若党となり、才能を認められ服部家の家政再建も行った。小田原藩領内を隈なく視察し、財政再建に寄与した。その後幕府の普請役格として印旛沼の分水工事、日光領の復興開発、相馬藩の復興開発を手がけた。

尊徳は神・儒・仏の一体化の報徳思想を唱え、勤労・分度・推譲の報徳の道を説き、自助努力による農村復興を指導した。まず各人がとにかく「勤労」に励む。次に収入の範囲内で支出を定めて浪費を戒め(分度)、生んだ富は将来に残したり寄付して社会還元する(推譲)。そしてどんな場合にも誠を尽くすこと(至誠)を尊徳は教え続けた。

二宮尊徳が説いた推譲とは寄付でありそれを原資として報徳金を積み立て報徳信友講を実践した。これは構成員を対象に無利息貸付するための基金であり、貸付先は構成員の投票によって決められ、また、返済時に礼金といわれる、1年分の利子をその基金に組み入れる仕組みで、借入金は7年で返済し返済後7分の1を報徳金として拠出し、これを農村復興の社会的基金とした。このような無理のない仕組みが多くの農民を引きつけ、拡大していった。

この報徳信友講は、信用組合の原型である。

幕末になると二宮尊徳の思想を継承した地縁組織である報徳社が各地にできてくる。

これは生活困窮者に無利子で資金を融資する相互扶助制度である。報徳社は明治になってから関東、東海地方の農村部に普及し、大正の初めには全国に約1,000社あり、大正末期には全国組織として大日本報徳社が設立される。報徳社は産業組合法の基礎となったといわれている。大日本報徳社は、現在公益社団法人となっている。また、学校法人報徳学園が、中学校・高等

学校をこの報徳思想に基づいて営んでいる。

報徳社を設立したのは安居院庄七である。安政元（1789）年に生まれ54歳のとき二宮尊徳を訪ね報徳思想を学んだ。安居院庄七は、講の活動の一環で立ち寄った遠江でその農村の窮状を目にし、以前学んだ報徳思想と諸国を回った際に得た農業知識を伝授し、弘化4（1847）年59歳のとき下石田の地に「下石田報徳社」を設立した。のち門弟岡田佐平次が遠江国報徳社を浜松に創立、その後周辺の地域に広がりさらに全国に波及していった。

二宮尊徳と同時期の思想家・農村指導者に大原幽学がいる。大原は「先祖株組合」をつくらせ、農村開発をすすめた。先祖株組合は、組合員が一定の土地を出し合い共有の財産として管理し、将来の不測の事態のために利益を積み立てる制度である。尊徳の取り組みは封建領主との対立を生まなかったのに対し、大原の活動は社会秩序への挑戦とみなされ、幕府の弾圧を受け自刃してしまう。

2-4 初期の協同組合

二宮尊徳の報徳社や大原幽学の先祖株組合は協同組合の原型といえるが、日本で共同出資・共同利用・共同運営の原則に依拠したイギリスのロッチデールプランによる最初の消費協同組合は、早矢仕有的等福沢諭吉門下および関係者が1879（明治12）年に東京本所に設立した共立商社であるといわれる。共立商社は、数年間米や油などの生活必需品を扱い、貯金事業なども行ったが、全国的な広がりを見せるには至らなかった。早矢仕有的は福沢諭吉門下の秀才で、丸善株式会社の創立者でハヤシライスの考案者とも言われる。

この他同じ1879年に、東京に同益社、大阪に大阪共立商店、翌1880年神戸に神戸商議社共立商店が設立された。同益社は東京横浜毎日新聞社長の沼間守一、大阪共立商店は大阪朝日新聞の創立者村山龍平、神戸商議社共立商店は福沢諭吉門下で神戸商法会議所設立者の甲斐織衛が関っており、知識階級による運動であったが、これらはすべて大正期には消滅してしまった。

アメリカの労働運動を見てきた高野房太郎、片山潜、沢田半之助らにより1898年に組織された日本最初の労働組合である鉄工組合は、その小石川砲兵工廠支部に消費組合共働店をおいた。これが、無産者運動系の消費組合の最初のものである。この他にこの時期には知識階級による運動が起こるが、これらはすべて1918年には消滅してしまった。

明治初期の生産者組合は明治初期に製糸、製茶、瓦製造、製紙などの手工業部門で出現した。製糸では 1870 年代に生糸販売組合の碓氷社、甘楽社、下仁田社の上州南 3 社が設立され、協同組合の先駆として知られている。また製茶についても 1879（明治 12）年に静岡県小笠郡上内田村に設立された益集社を始め、共同製茶組合が日本の輸出を担っていた。1920 年代以後、第 2 次世界大戦までに自転車、印刷、鉄工の製造工場の労働争議の過程で労働者生産協同組合を組織する運動があったが、市場対応ができなかったり、経営力不足であったりして短命に終わっている。友愛会の賀川豊彦は 1922 年に印刷生産協同組合を設立し、賀川とともに前年、神戸の三菱、川崎造船所の労働争議（1921 年）を指導した久留弘三は、争議の敗北後、神戸印刷工組合の自治工場をつくったといわれる。

2-5　産業組合

　日清戦争後になると、労働階級による生協運動が起こるがこれは官憲により弾圧され、政府は逆に 1900（明治 38）年に産業組合法を公布し、官主導による協同組合が推進された。産業組合法は「ドイツ産業および経済組合法」に範をとったもので、組合の種類は信用、販売、購買、生産の 4 種類で、無限責任、有限責任、保証責任の責任体制を認めた。産業組合法の主たる対象者は農民および中小工業者であり、農民を中心に信用協同組合を育成することに主眼があり、中小農民の信用組合が組織され、信用組合の理事は地域の指導的な在村地主、名望家がなるケースが多かった。次に組織されたのが肥料、農機具などの生産資材と日用品の購買組合、共同利用組合であった。

　産業組合法では購買組合に「生計に必要なる物」の購買を認め、生活協同組合もその対象となった。生活協同組合は戦前は消費組合とか購買組合という名称がとられた。

　産業組合法に基づき、都市の給与生活者を中心に多くの消費組合組織が誕生する。

　生活協同組合は大別すると家庭購買組合の系統、賀川豊彦を指導者とする市民組合の系統、労働組合を基盤とする系統があった。

　1918（大正 7）年の米騒動以後の物価騰貴の時期に都市の中間層を背景とした一般市民を組合員とする消費組合が設立されるようになる。

　家庭購買組合は 1919 年に吉野作造を指導者として東京で設立された。吉

野その他著名人が発起人となったことで評判を呼び、昭和期には全国の代表的な組合として発展した。1920年には賀川豊彦、西尾末広等を中心に大阪に共益社が設立された。組合員1,000名のうち500名が労働者、4分の1が中産階級的俸給生活者、4分の1が商工業的市民であった。翌1921年には川崎造船所の購買組合の計画をもとに神戸消費組合が設立された。同組合も賀川豊彦の助言により市民組合として設立され、設立費用の大部分は賀川の印税から支払われたという。

神戸消費組合の設立1カ月後に、隣接する住吉村に灘購買組合が設立された。灘購買組合は神戸、大阪の大実業家の別荘地として知られた住吉村を基盤としており、1907（明治40）年に設立された実業家達の観音林倶楽部を母体とし、関西実業界で成功した那須善治が実業家、官公吏、学者等を組合員として創立したもので、消費組合としては異例である。那須は海産物の売買・株式の取引で財を築いたが、「自分が事業に成功し、富を成したのは社会のお蔭であるから、余生を社会公共への奉仕にあてたい」と考え、賀川豊彦の助言および住吉村在住の平生釟三郎（当時、東京海上専務、後に文部大臣、甲南学園の創始者）の賛同を得、協同組合を設立することにしたという。灘購買組合は1934年度の剰余金の中から2,000円を「教育及社会事業基金」として積み立てており、日本の生協運動として注目される動きである。

第1次世界大戦後急速に重化学工業化が進み、農村から都市へ移動して教育を受けた市民の中に1920年代になると都市の中産階級が形成され始め、市民層を基礎に消費組合が組織され始め、1920年には全国で67あったといわれる。これらの消費組合は所得の安定した勤労者家庭の地域組合が多く、代表的なものは東京の購買組合共同会、購買組合共栄社、広島の鯉城購買組合である。共同会は官吏を中心に設立され、後に予備役軍人中心の組合や医師団体の購買組合等を統合し規模を拡大した。共栄社は給与生活者中心の組合であるが、1927年に前述の家庭購買組合と合併した。広島の鯉城購買組合は官公吏、会社員主体で昭和初期の代表的組合である。

農村では貯金、販売、購買を骨格とした産業組合が設立され、昭和初期までに全国連合会が設立されるに至った。1943年9月に農業団体法が施行され、一部の産業組合を除き農業会に統合された。

2-6 医療協同組合

1904（明治37）年頃、東京新橋で病院を経営していた加藤時次郎は事業活動と生活改善活動を結び付けるために病院内に消費組合を設立しようとしたことがある。

島根県西部の青原村（現在、日原町）の産業組合が医療費節減のために実費診療所を設立したのが1919（大正8）年である。これが日本で初めての医療協同組合である。このとき診療所は倉庫と同じく生産設備扱いで認可されたといわれる。それが弾みとなり大正デモクラシーの波に乗って、産業組合が設立する診療所は大正末までに20を数えるようになった。

1918（大正8）年には鈴木満州雄らにより、秋田医療利用組合が認可され、秋田医療協同組合病院が開設された。東京では賀川豊彦、黒川泰一、木立義道、新渡戸稲造らが医療組合の設立運動を始めていた。その運動で1932年5月に東京医療利用組合が生まれ、新宿に診療所を設けた。翌33年、中野に移転し、「中野組合病院」となった。

2-7 労働者生協

労働者生協は第1次世界大戦後の1919年に東京で労働組合系の消費組合として友愛会鉄工部京橋連合会の事業として月島購買組合が設立された。1920年には購買組合協働社、大阪でも大阪協働社が設立された。会社や官庁に付属生協が設けられたこともあり、あまり大きな発展は見られなかった。

1925年の治安維持法の公布により労働組合は厳しい弾圧を受け、労働組合系の消費組合も姿を消し、その他の生協も配給統制により、壊滅する。

2-8 森林組合・漁業組合

1907（明治40）年、森林法により森林組合が制度化された。設立は任意であるが、設立されれば関係地域内の森林所有者は強制加入となった。漁業組合は1886（明治19）年に漁業権の管理組合として制度化された。漁業生産は問屋承認の支配下にあって、組合としては未発達であった。漁業組合は集落単位の小規模な組合が多かったが、1930年代に出資組合に代わり、漁獲物の販売と漁船の燃料の購買を主とするようになったのは1948年以降である。

第3節　日本の協同組合の現状

　第2次世界大戦後は、「農業協同組合法」(1947年)、「消費生活協同組合法」(1948年)、「水産業協同組合法」(1947年)、「中小企業等協同組合法」(1949年)、「森林組合法」(1951年)、「信用金庫法」(1951年)、「労働金庫法」(1953年) と分野ごとの種別協同組合法に分離され、戦前と同じく主務官庁の行政監督と指導のもとに置かれた。

　協同組合は消費者協同組合と生産者協同組合に大別される。

3-1　戦後の生活協同組合の動き

　第2次世界大戦終結時に存続していた生活協同組合は、東京を二分していた家庭購買組合と江東消費組合、関西の灘購買組合、神戸消費組合、共益社、福島県の福島消費組合の6組合にすぎなかった。このうち東京の2組合と共益社は戦後数年を経て挫折してしまった。神戸の2組合は1962年に合併し灘神戸生協となり、さらに現在はコープこうべとして巨大な規模に発展している[注7]。

　戦後の混乱の中で隣組や町内会組織が食料品確保や共同購入のために生協づくりを始めた。町内会は1947年5月3日のポツダム政令第15号により解散させられるが、その前後の1947-1948年は戦後の生協設立のピークであった。

　1948年10月に生活協同組合法が成立するが、生協法の成立は相当に難産であった。自由党の支持基盤である小売業者の反対もあって、預貯金貸付などの信用事業が外され、都道府県域を超えた事業活動が禁止され、組合員以外の利用も禁止された。

　生協法により、産業組合法は廃止された。

　生協法の施行により消費生活協同組合は新しい段階に入ったが、戦後数多く設立された組合は経済基盤が弱く、折からのドッジラインによる不況でピーク時の1947年9月に6,503を数えた組合は1948年末から50年にかけて激減し、1950年10月の認可組合数は1,130にすぎなかった。

　1951年に生協法に基づく生協の連合会として日本生活協同組合連合会 (日生協) が発足し、賀川豊彦が会長に選出された。日生協は消費者運動を展開

し生協づくりに取り組んでいった。この流れとは別に1948年には教育労働者による学校生協が、1947年には学生による大学生協が学生運動と連携をもちつつ発展していった。

1960年代の高度成長の中で、流通業界でスーパーマーケットが生まれ、流通革命が始まり、生協運動は停滞期を迎える。このような状況において日生協は生協店舗の大型化を図り、生協の店舗もセルフサービスを取り入れるようになった。その一方で班組織と独自商品の開発が進み、1970年代以降新たな発展期に入った。班は1956年に山形県の鶴岡生協が始めたと言われているが、「班」方式は組合員組織の活性化につながり、全国の生協に普及し、国際的な協同組合の活動において注目され「HAN」という国際語にもなるようになった。

1960年代になると大学生協で活躍した人材が地域の生協づくりを推進し、家庭の主婦層を中心とする市民生協が生まれてくる。例えば1964年に同志社大学生協が洛北生協（のちに京都生協）、1965年に北大生協が札幌市民生協（のちに市民生協）、都内大学生協が所沢生協（のちにコープさいたま）の創立に関わった。

生活協同組合は消費者市場が拡大した1970年代以降飛躍的に発展し、生協の新設が増加し、日生協会員生協数は1970年の507から1980年には658となった。組合員数はこの間に312万人から672万人へと倍増している。日生協会員以外も含めた生協の組合員数は1972年には1,400万人に達した。

3-2 生協の現状

生協（消費生活協同組合）を設立するには20人以上が発起人となり経営をしていくのに適当と思われる人数（通常300人以上）の賛同者があれば、創立総会を経て行政庁の認可を得、設立登記を行って成立する。行政庁とは地域または職域が都道府県の区域を越える組合は厚生労働大臣、その他は都道府県知事である。組合員は一口以上の出資を行う必要がある。一口の金額は通常負担できる金額で均一に定める。利用量に応じて割戻しを行うが、議決権は平等である。

最近の状況は下記のとおりで、生協数は一貫して減少しているが、組合員数は1997年まで急速に増加したのち1998年以降は漸増に転じている。

表 5-1　消費生活協同組合数等の推移　　組合員数単位：百万人

年度	地域生協	職域生協	連合会	計	組合員数
1967	516	658	38	1,212	9
1972	569	632	48	1,249	14
1977	671	623	61	1,355	20
1982	647	597	64	1,308	25
1992	583	566	78	1,277	40
1997	555	555	83	1,193	50
2002	546	517	83	1,146	56
2007	529	482	82	1,093	63
2008	529	428	84	1,036	63
2009	524	398	81	934	59
2010	455	413	79	947	65

（平成25年版厚生労働白書）
資料：厚生労働省社会・援護局「平成23年度消費生活協同組合（連合会）実態調査結果表」

　生協の事業は、供給事業、利用事業、共済事業に大別される。供給は店舗による供給が一般的であるが、生協の古典的な供給方法として家庭係による御用聞き供給がある。利用事業としては医療、住宅、理容、保育等多岐に亘る。供給事業高は1990年代以降3兆円前後で推移しており伸び悩んでいる。

表 5-2　供給事業高の推移　　単位：億円

年　度	組合数	組合員数	総額（百万円）
2006	713	28,789,774	2,913,998
2007	711	30,060,146	3,023,650
2008	671	31,810,041	3,002,288
2009	598	27,889,282	2,700,514
2010	610	33,091,404	2,836,905

（注）　連合会を除く。
（平成25年版厚生労働白書）
資料：厚生労働省社会・援護局「平成23年度消費生活協同組合（連合会）実態調査結果表」

　上記のように生協の中心は地域購買生協であるが、この中には組合員100万を超える巨大なコープこうべもあれば、それと対照的な生活クラブ生協もある。2003年度と2008年度の上位5生協は次のとおりで、最大手のコープこうべが伸び悩んでいる[注8]。
　そのような状況にあって2013年3月に首都圏のさいたまコープ、コープとうきょう、ちばコープの3生協が合併し、「コープみらい」が発足した。コープみらいは組合員数300万人、総事業高3,500億円の巨大生協になる[注9]。

表 5-3　総事業高上位 5 生協　単位：百万円

2003		2008		2011	
コープこうべ	292,084	コープこうべ	277,971	コープさっぽろ	261,860
コープさっぽろ	167,273	コープさっぽろ	238,792	コープこうべ	261,850
コープとうきょう	151,360	コープとうきょう	164,141	コープとうきょう	158,468
コープかながわ	146,802	コープかながわ	147,171	コープかながわ	133,364
さいたまコープ	108,173	さいたまコープ	111,704	さいたまコープ	108,013

表 5-4　組合員数上位 5 生協　単位：千人

2003		2008		2011	
コープこうべ	1,215	コープこうべ	1,383	コープこうべ	1,670
コープかながわ	1,078	コープさっぽろ	1,303	コープさっぽろ	1,391
コープさっぽろ	969	コープかながわ	1,199	コープとうきょう	1,283
コープとうきょう	941	コープとうきょう	1,171	コープかながわ	1,247
さいたまコープ	636	さいたまコープ	793	さいたまコープ	878

日本生活協同組合連合会（2012）『2011 年度生協の統計』日本生活協同組合連合会

3-3　生協の地域活動[注10]

　戦後の日本の生協運動のスローガンは「よりよき生活と平和のために」であった。「よりよき生活」というのは、憲法で保障されている生存の権利、基本的人権を具体的に暮らしの場で実現していこうということにほかならない。[注11]

　そのような理念から、生協は地域住民運動にも参加している。例えば食品添加物規制緩和反対運動、灯油価格値上げに反対する運動、消費税に反対する運動、平和運動、平和行進、子どもと教育、文化・レクリエーションの諸活動、福祉・助け合い運動、居住環境の整備運動など多様なものを見ることができる。北海道の市民生協においては、地域環境整備運動に主婦の組合員たちが取り組み、様々な成果をあげている。この運動の担い手は、店舗ごとの消費者運動委員会であるが、まず地域の居住環境についてのアンケート調査が行われる。このアンケートの結果、信号機の設置、道路舗装の完備、子ども公園づくり、プールの開設、図書館の設置など、様々な要求が出されてくる。それを整備して関係先に要請に行く。その中で具体的な解決を見たものも少なくない。

　こうした地域住民運動は、地方自治体や警察、JR などに公共性をより十分に実現させていく住民自身の働きかけである。この運動は具体的な成果を

生み出すと同時に、公共性実現の主体をつくっていく運動としても大きな意義を持っている。

生協は消費者のための共益組織であるが、1980年代になると環境問題や福祉問題に幅広く取り組み、公益性を強めてくる。灘神戸生協は早くから福祉・助け合いの活動を重視してきたが、1983年に「コープくらしの助け合いの会」を発足させた。サービスを受けたい人とサービスを提供したい人がそれぞれ生協に登録し、生協の事務局でアレンジをする。サービスの内容は、買物、料理、洗濯などの家事である。[注12]

これを契機に全国の生協で助け合いの会の設立が相次いだ。この会自体は組合員同士の助け合いで、共益活動であるが、障害者などを対象とする福祉活動・事業活動も行われるようになった。また日本生活協同組合協会ではユニセフ募金を呼びかけ、生協によるユニセフ募金は年々安定的に広がってきている。

また子どものためのコンサートやミュージカルの提供など子どもの文化活動にもいくつかの生協が取り組んでいる。

3-4 生活クラブ生協[注13]

家庭の主婦の活動から生まれてきた活動に、生活クラブ生協がある。

生活クラブ生協は1964年に200人の主婦による牛乳のまとめ買い（東京の世田谷）を始めたのがきっかけで始められた。1965年6月に「女性の自主的、主体的な力で『社会を発展させ、私たちの生活を豊かにしてゆく場』として」生活クラブが結成された。1968年には生活クラブ生協として法人化された。

現在21単位生協が連携して、共同仕入れや商品開発、物流管理、情報活動などを行っている。関連会社で牛乳、鶏卵、お茶の工場、牧場等を持つ。その後各地で生活クラブ生協が設立されるようになり、1978には生活クラブグループ「連合本部」（連合会の前身）が発足し、1990年に生活クラブ連合会が発足した。現在、連合会加盟の生協は33（32単協1連合会）である。

生活クラブは店舗を持たず共同購入のみである。また組合員1人当たりの出資金が10万円を超え、コープこうべの約3万円弱より遥かに多く、政治・社会運動も積極的に行っている。生活クラブでは組合員はほぼ行政区単位（市や区）の支部に属し、支部の運営は組合員の代表で構成する支部委員会[注14]

で行われる。
生活クラブの5つの理念[補1]
　◎食の自給と生態系の保全
　◎「奪い・奪われない食」と「公正」
　◎「非営利・協同セクター」を軸とする市民自治
　◎女性の自立
　◎情報公開と民主的運営

3-5　農協等

　1945年12月の農地解放指令に続きGHQは「農業協同組合運動を助長し奨励する計画」の策定も指示した。
　第2次世界大戦後、1947年11月に農業協同組合法が公布され、解体する農業会の財産を継承する形で自由・自主の原則と民主主義経営を指導原理とする新しい理念で農協が設立されるようになった。1948年9月までの1年半の間に2万4,579組合、579連合会が設立されたが、実質的には農民の自由意志によるというより「上」から設立されたことになり、組合員意識が希薄で設立間もなく経営不振に陥った。
　そのため1950年に農協法が改正され、行政庁の監督・指導が強化され、1951年の農林漁業組合再建整備法、1953年の農林漁業組合連合会整備促進法により不振組合の救済措置がとられたところから経営発展期を迎えた。
　1961年に農業基本法が制定され、規模の拡大と企業的経営による近代農法の推進がうたわれた。農協はその推進母体となるが、当時は高度成長が始まった時期でもあり、重化学部門へ労働者が流れ離農が進み農業の空洞化を生んだ。そのような状況で「農協栄えて農民栄えず」との批判もなされるようになった。
　農協は信用・購買・販売・利用・共済等多面的な事業が可能で員外利用も5分の1の割合で認められ准組合員（農業者以外の地域住民で利用権はあるが票決権等は制限されている）も認められている日本最大の協同組合経済を形成しているが、現在は曲がり角にたっている。
　水産業協同組合には漁業協同組合（漁協）、漁業生産組合、水産加工業協同組合等があるが、全般に停滞気味である。
　森林組合の組合員の9割は農業者であり、農協にも加盟している。全森林

所有者の森林組合への加入は6割程度である。都市に居住し森林業を営まない森林所有者や森林を相続しても林業を廃業している人が多いからである。森林組合も低迷しているが、新しい動きとして、生協、漁協、森林組合が協同して森を守り水資源を涵養する取り組みが各地で始められている。

3-6 労働者協同組合ワーカーズ・コープ

労働者協同組合はワーカーズ・コープとも呼ばれ、一般的に「従業員が所有し管理する協同組合」のことであるが、「資本が労働を用いるのではなく、労働が資本を用いる」ということが基本原則とされる。この原則に基づいて労働の協同化を図り協同労働を通じて人間の多面的な発達をめざすものである。

第2次世界大戦後のワーカーズ・コープの動きとしては、1946年3月に設立された「日本生産合作社協会」がある。協会の方針に基づいて1948年3月までに全国で350社が設立されたといわれる。業種は小規模な生活関連のものが大多数であったが、1950年頃までに殆どが解散してしまった。生産協同組合の試みは1949年制定の中小企業等協同組合法の中の企業組合として認められた。

日本のワーカーズ・コープ運動は倒産企業での労働者の自主管理、中高年雇用の促進、主婦の経済的自立等の新しい試みがなされているが、日本ではワーカーズ・コープの法人格を規定する法律が制定されていないため、実際には様々な法的形態で運営されている。

現行の協同組合法の中で該当するのは中小企業等協同組合法の企業組合、農協法上の農事組合法人、水産業協同組合法の漁業生産組合、森林組合法の生産森林組合等であるが、有限会社や任意団体で活動しているものも少なくない。

1970年代にはワーカーズ・コープの新しい動きが出てくる。1つは労働者協同組合の動きである。全国自由労働者労働組合（全日自労）は失業対策事業を労働者の自主的就業協同組合で進める方針をとり、1972年に全日自労西宮支部が市役所の仕事の委託を受ける組織として西宮高齢者事業団（現在は、一般社団法人）を組織した。その後この事業団方式が各地に広がり、自治体が事業団に仕事を発注する形で、労働者の自主管理に基づき自治体の公園管理・緑化事業などの事業提携、病院の衛生管理・メンテナンス作業、給

食・売店、保育、資源リサイクル事業等多岐に渡る事業を進めている。その後は生協との提携関係が進み、医療生協などの病院のビルメンテナンスや生協の物流センターでの商品の仕分け、発送などの事業も増えてきている。

1979年に全国36の事業団をもって「中高年雇用者・福祉事業団全国協議会」が結成され、1986年には「中高年雇用者・福祉事業団（労働者協同組合）全国連合会」に組織変更された。

全国連合会は1992年に「日本労働者協同組合連合会」に改めた。同連合会は高齢者協同組合の設立を提唱し、1995年2月に高齢者協同組合第1号が三重県松阪市で発足し、20世紀中に全国で組織化することを目標にしていたが、2013年8月で29都道府県で設立されており、うち23組合が生活協同組合として認可を受けている。

3-7　ワーカーズ・コレクティブ

ワーカーズ・コレクティブもワーカーズ・コープと同じく生産者協同組合として位置付けられるが、日本のワーカーズ・コレクティブはワーカーズ・コープとはまったく異なる発展をしてきた。日本のワーカーズ・コレクティブはレイドロウ報告に刺激されて始められたといわれ、1980年以降生協運動の中で広がっている。レイドロウ報告とは1980年の国際協同組合同盟（International Co-operative Alliance: ICA）のモスクワ大会でアレクサンダー・レイドロウが行った「西暦2000年における協同組合」と題する報告である。詳細は述べないが、次の4つの優先分野を提示し、その後の世界の協同組合運動に大きな影響を与えた。

①世界の飢えを満たす協同組合
②労働者生産協同組合の再生
③反浪費型社会のための消費協同組合
④「都市」のなかに「協同村」の建設を

日本のワーカーズ・コレクティブの出発点は、班別予約共同購入事業を行ってきた生活クラブ生協神奈川が1982年に設立した「ワーカーズ・コレクティブにんじん」である。人人をにんじんと読ませる。ワーカーズ・コレクティブという名称を用いたのは、使い古されたコープと違って新鮮味を出すためであった。これは生活クラブ生協神奈川のデポー（荷捌き場）という新しい形態の店舗を運営する組織として設立したもので、1987年に中小企

業等協同組合法に基づく企業組合として法人格を取得した。

ワーカーズ・コレクティブは1980年代以降、女性と主婦の仕事おこしとして、くらしの自立と社会への労働参加と労働の協同の道として、大都市圏を中心に急速にその数を増大させている。ワーカーズ・コレクティブの組合員の殆どは生協の女性組合員であるところに特色がある。パンやクッキー、お弁当の製造と販売、ビルメンテ、レストラン、料理教室、新聞発行、編集企画、翻訳・通訳、福祉サービス、リフォームなどの各種の事業を資金を持ち寄って協同経営・管理を進めている。

「ワーカーズ・コレクティブにんじん」はメンバーが300名を超え、事業高が5億円を超えているが、これはまったく例外的で、多くのワーカーズ・コレクティブはメンバー数10名前後で、法人格の無いものが殆どである。

1995年に全国の連合組織としてワーカーズ・コレクティブネットワークジャパン（WNJ）が発足した。WNJは各都道府県のワーカーズ・コレクティブの連合組織および、連合組織のない地域の単体のワーカーズ・コレクティブを会員としている。ワーカーズ・コレクティブの連合組織は北海道、東京都、神奈川県、千葉県、埼玉県、大阪府、福岡県、熊本県で組織化されている。WNJは起業支援、事業支援を行うほか、法制化の運動を行っている。[補2]

労働者協同組合系でも立法化を求めて運動を開始している。[注15]

欧米ではワーカーズ・コープを法認するのが常識になっているが、日本では100年間黙殺されてきた。

第4節　社会的企業

4-1　社会的企業とは何か[注16]

最近は社会的企業・社会起業家という用語が用いられるようになった。社会的企業とはビジネス的手法で社会的課題を解決する事業体である。

町田洋次[注17]によると、イギリスの労働党系シンクタンクであるDEMOSのチャールズ・リードベターの著 *The rise of the social entrepreneur*（『社会的起業家の出現』、1997年）が初めらしい。それによると社会起業家とは「社会的な使命を人々に伝え、行動へとかりたてる術にたけた、意欲的で野心的

なリーダーであり、殆どなにも無い所から強力な社会変革の組織や計画をたてていく人」である。

ヨーロッパでは 1970 年代から 1990 年代にかけて長い不況に見舞われ、福祉国家が維持できなくなった。その結果、地方分権、民営化および公的サービスの削減が行われた。その一方で失業が増加したため社会サービスに対する需要が増大することになったが、適切な公共政策が実施されなかった。そのような状況にあって主として第 3 セクターの中から、これらの需要に応える動きが出てきた。社会の底辺にいる人たちの住宅問題、社会経済的状況の変化から生じてきた新しい保育のニーズ、人口の高齢化および家族構成の変化から生じてきた高齢者向けの新しいサービス、都市再生プロジェクト、長期失業者に対する雇用対策等である。

社会的企業は 1980 年代に設立されるようになった。これらの社会的企業はソーシャル・ワーカーや既存の非営利組織の責任者が設立する場合が多いが、雇用の場から排除された人々が自ら設立する場合もある。

組織の形態としては非営利組織（nonprofit association）か協同組合組織が一般的である。スウェーデン、フィンランド、スペインでは非営利組織の収益事業に制約があるので協同組合として設立されている。

社会的企業に先立ってコミュニティ・ビジネスという用語が使われていた。[注18]

社会的企業はコミュニティに限定されずに社会的ニーズに応えるもので、コミュニティビジネスより幅広い概念である。

4-2　外国の社会的企業

(1) EU

EU は社会的企業の促進に大きく貢献してきた。

EU は、ヨーロッパ委員会の第 12 局（DG XⅡ）に社会経済重点調査プログラム（TSER: Targeted Socio-Economic Research）を発足させ、EU15 カ国及び EMES ネットワークの研究者が、1996 年の夏から 1999 年末まで調査研究を行った。この調査により EU 諸国の社会的企業についての概念、制度、実態が明らかになった。この調査研究に基づき EMES ネットワークでは社会的企業について次のような定義を採用した。EMES とは欧州委員会に提出された研究プロジェクトのことで L'Émrgence des Entreprise Sociale

en Europe の略である。
- ◎財の生産またはサービスの販売あるいはその双方を継続して行う活動　伝統的な非営利組織のようなアドボカシー活動は行わない。また助成財団のような資金再配分は行わない。
- ◎高度な自治性を有する　直接的・間接的を問わず行政その他の組織の管理下にはない。また出入り自由な組織である。
- ◎ある程度の経済的リスクを負う
- ◎最低限の有償スタッフを有する
- ◎コミュニティの利益のためと言う明確な目的を有する
- ◎市民のグループによって設立されている
- ◎出資に基づかない意思決定　一人一票。
- ◎活動に影響を受ける人々の参加の性質を持つ　顧客をはじめステークホルダー指向であること。民主的経営。
- ◎利益配分に制約がある　利益優先の経営を避ける。

上記の定義に合う活動も具体的には各国で様々である。

EUでは、社会的経済組織は社会的目的をもち、連帯の力によって社会的評価の高いビジネスを生み出す能力をもっており、市民、生産者、消費者の多様なニーズに多様な仕方で応えることによって新しい市場を開拓し得る、として高く評価しており、他の形態の企業が利用できる援助措置（情報提供、財政援助、職業訓練への援助など）を社会的経済組織にも提供することを勧告している。[注19]

EUはまた社会的企業支援のための財政的援助を各国に行っている。

(2) フランス

社会的経済発祥の地であるフランスでは、1975年に共済・協同組合・アソシエーション全国連絡委員会が結成され、1980年に社会的経済についての憲章を発表した。それによると社会的経済は次のように規定されている。

①社会的経済の企業は民主的に運営される。

②社会的経済のメンバーは、それぞれが選択した活動形態（協同組合、共済組合、アソシエーション）に従って、企業活動に責任をもつ。

③すべてに組合員が生産手段の所有者という資格をもつ社会的経済の企業は、教育・情報活動により、内部に新しい社会関係を創造するように務

④社会的経済の企業は、各企業の機会平等を要求する。また、その活動の自由を重視して発展の権利を認める。
⑤事業の剰余金は企業の発展と組合員へのよりよいサービスにのみ用いられる。
⑥社会的経済の企業は、個人と集団の向上をめざして、社会の調和ある発展に参加するよう務める。
⑦社会的経済の企業は人間への奉仕を目的とする。

フランスでは最近共同利益協同会社（sociétés coopératif d'intérêet collectif）を導入した。

(3) イギリス

イギリスでは通商産業省（DTI: Department of Trade and Industry）に社会的企業局が設けられ、地方開発局（Regional Development Agency）や地方政府と協力して、社会的企業への支援環境の整備を始めた。DTIの定義は「社会的企業は第一義的に社会的目的を持ち、株主や所有者の利益最大化のニーズに応えるのではなく、利益は主として事業に再投資されるかコミュニティに投資される事業（business）」である。

イギリスには社会的企業の法的形態としては、2004年に会社法（company law）に導入されたCIC（Community Interest Company: コミュニティ利益会社）がある。CICは、会社法に規定される保証有限会社（company limited by guarantee）、Company Limited by Share（株式会社）によるが、それらの中で特定の要件に合致したもので ある。また、IPS（Industrial and Provident Society）法に基づいて設立される組合（co-operative）やBenCm（societiesfor the benefit of the community）も、社会的企業の受け皿となり得るし、会社形態を獲得してCICに転換する可能性もある。CICはチャリティ資格を得られないが、チャリティ・コミッションの許可を得てチャリティは資格を捨ててCICになる道もある。また、チャリティ自体がCICを所有することもできる。

イギリスで社会的企業とみなされているものについて中川雄一郎は次のような組織を社会的企業であるとして紹介している。[注20]

◎労働者協同組合

◎従業員所有制企業
◎コミュニティ協同組合
◎コミュニティ・ビジネス
◎コミュニティ・エンタープライズ
◎コミュニティ・アソシエーション
◎住宅協同組合
◎消費者協同組合
◎クレジット・ユニオン
◎ LETS（Local Exchange Trading Systems: 地域通貨の一形態）
◎コミュニティ開発トラスト
◎チャリティ事業体
◎ソーシャル・ファーム（後述）

このように社会的企業に含まれる組織はかなり広い。

イギリスでは社会的企業の連合組織も発足している。1998年にアンドリュー・モーソン達が中心となり発足したイギリスの地域活動ネットワーク（CAN: Community Action Network）がその一例で、CANは「社会的企業の実務を支援すると同時に行政・企業に対し社会再生には社会的企業が重要であることを訴えかけている」。CANは社会的企業の促進を幅広く推進することを目的とし、非営利組織、行政、企業とのアイデアの交換に力を入れている。

(4) スウェーデン・イタリア

最近の動きで興味深いのがスウェーデンの新しい協同組合である。スウェーデンは福祉国家であり、保健・医療、社会サービス、教育は国家の責任とされてきたから、このようなサービス提供型の非営利組織は殆ど発達しておらず、スウェーデンの非営利組織はアドボカシーが中心である。その一方で協同組合の国といわれるほど協同組合が発達しているが、最近は従来の協同組合とは違う形の協同組合が生まれてきているという。大変興味深い動きであり、いくつかを紹介してみたい。[注21]

① 保育協同組合　親を組合員とする「利用者（消費者）協同組合」と保育者を組合員とする「職員（労働者）協同組合」があり、前者が多数を占める。
② 高齢者協同組合　これは、老人ホームの運営、ケア付き住宅の運営など

を行うもので、職員協同組合の形態のもの、利用者協同組合のもの、その混合形態がある。

③**自立生活のための障害者協同組合**　障害者自身が組合員で、組合員は自分の援助担当者を指名し、指名されたものを組合が雇用する形である。援助担当者は家族でも友人でも良い。

④**リハビリテーション・社会復帰の協同組合**　組合員は患者のみで、患者がインストラクターを雇用する形である。

⑤**地域開発協同組合**　コミュニティの維持開発に携る協同組合。その他多種多様な協同組合ができているようで、社会的ニーズに柔軟に対応している。

また地域で新しい仕事を協同組合組織で立ち上げるための支援組織として全国に24の地域協同組合開発機構があり、その中央機関として協同組合開発機構がある。地域協同組合開発機構には約100名の協同組合コンサルタントが雇用されており、情報提供や助言を行い、起業支援を行っている。

またイタリアでは憲法第45条で次のように定めている。「共和国は、相互扶助的性格を有し、私的投機の目的を有しない協働組合の社会的機能を承認する。法律は、最も適切な手段により、その発展を促進かつ援助し、また適正な規則により、その性格と目的を擁護する」[注22]

イタリアでは1991年の法律381で社会的協同組合に関する法律を制定し成功している。イタリアの社会的協同組合には資金提供者が設立するもの、利用者・受益者が設立するもの、ボランティア・メンバーが設立するものがある。

(5) アメリカ

アメリカでも社会的企業という用語が使われるが、アメリカの社会的企業はヨーロッパの概念より幅が広く、企業の社会貢献活動や企業の社会的責任行動も含めて論じられることがある。

表 5-5　アメリカとヨーロッパの社会的企業比較[注23]

	アメリカ	ヨーロッパ
重視する点	収益	社会的利益
一般的な組織形態	nonprofits501（c）（3）	Association/cooperative
重点	すべての非営利活動	対人サービス
社会的企業のタイプ	多数	少数
受益者の参加	限られている	一般的
戦略的展開	財団	政府/EU
大学での研究	経営・社会科学	社会科学
概念	市場経済	社会的経済
法的枠組	無し	低開発もしくは改善されつつある

(6) 韓国

　韓国では 2007 年に「社会的企業育成法」が制定され、国が認証した企業のみが社会的企業を名乗ることができる。社会的企業として認証された企業は原則として 4 年間法人税と所得税が半額免除されるほか人件費の財政支援を受けることができる。[注24]

4-3　日本の社会的企業

　日本でも社会的経済の概念は早くから理解されていたが、最近は社会的企業という用語も多用されるようになってきた。これらの用語は厳密な定義がないままに使用されているのが現状である。

　日本に社会起業家が紹介されたのは前述の町田（2000）が比較的早いものである。

　2004 年 7 月には岩波新書で斎藤槇による『社会起業家』が刊行され、2005 年 8 月にはアメリカ在住の写真家渡邊奈々による『チェンジ・メーカー ―― 社会起業家が世の中を変える』が出版され日本を含む世界の社会起業家を紹介した。渡邊奈々は 2007 年 11 月に『社会起業家という仕事 ―― チェンジメーカーⅡ』を刊行した。[注25]

　2007 年 9 月、経済セミナーが特集「いま社会起業家に注目しよう」を組み、2009 年 4 月には週刊ダイヤモンドが社会起業家の特集を組み、社会起業家という用語が一般的になってきた。

　社会的起業家（ソーシャル・アントレプレナー）は起業家個人に焦点をあてた言い方だが、組織に焦点を当てると社会的企業（ソーシャル・エンタープライズ）[注26]、事業内容に焦点をあてると社会的事業（ソーシャル・ビジネ

ス)[注27]という言い方になる。

　研究者の動きとしては、2001年1月に「CAC: Centre for Active Community 社会的起業家研究ネットワーク」が発足した。これは1996年から98年にかけて総合研究大学院大学で行われたNPOの基盤整備を目的としたSCOPEプロジェクトから生まれたもので、社会的起業家に関する調査研究・ネットワークの構築等を行っている。[補3]

　大阪では2002年4月にイギリスのCANをモデルに日本型CAN設立研究会が発足した。これは炭谷茂前環境庁事務次官を座長に大阪の西成をフィールドにするもので、主として釜ヶ崎のホームレスの就労支援を目的としている。

　また社会的企業を支援する組織として2005年4月に(特)おおさか元気ネットワークが組織されている。地域でコミュニティ・ビジネスを展開している8団体(内、6団体は特定非営利活動法人)がメンバーとなっており、各地で実務家を対象として社会起業家カフェ、社会起業家見本市、コンサルテーション、人材養成などを行っている。

　以下はおおさか元気ネットワークの理事団体である。

● (特) 寝屋川あいの会

　パナソニックOBの三和清明は定年退職後、地元寝屋川で地域活動に従事し2001年に寝屋川市で最初のNPO法人寝屋川あいの会を設立した。活動内容は地域活性化全般であるが、別法人地域通貨ねやがわが発行元になって地域通貨を発行している。なお三和はおおさか元気ネットワークの理事長でもある。

● (特) 友—友 (ゆうゆう)

　1986年に小林房子が吹田市の地区の福祉委員会で始めた独居老人を対象にした昼食会が前身。2001年に法人化した。高齢者や障害者を対象に配食サービスを毎日行っているほか、街かどデイサービス、通所介護サービス、居宅介護支援事業など総合的な福祉サービスを展開している。行政と協働し地域に密着した活動を行っている。

● (特) フェリスモンテ

　1999年に大阪市旭区千林地区で山王丸由紀子が地域高齢者のおしゃべりの場「おたっしゃサロン」を開設した。同年NPO法人化し、ヘルパー派遣、食事サービス、コミュニティ喫茶、高齢者賄いつき下宿等に活動を拡大、地

域に密着した高齢者介護を展開している。

● (特) ワークレッシュ

2000年大阪狭山市の和久貴子が年齢、校区を問わない夜間までの保育所子どものためのコミュニティスペースを開設、2002年にNPO法人化した。保育所のほか子育てひろばの運営、放課後の児童会委託事業などを通じて住民経営によるコミュニティ活動を行っている。

第5節　ソーシャル・ファーム

5-1　ソーシャル・ファームとソーシャル・インクルージョン

社会的企業の類型の1つにソーシャル・ファームがある。ソーシャル・ファームの背景にはSocial Inclusionの問題がある。Social InclusionはSocial Exclusion（社会的排除）をなくすことで、社会的包摂あるいは社会的包含と訳される。[注28] ヨーロッパでは様々な出自の人々が国境を超えて暮らすようになってきたところから社会的に排除される人々の問題が生じてきた。そこでEUでは1992年にヨーロッパ議会で極貧および社会的排除についての提言を採択した。フランスではすでに1988年に同化最低限保障法により、社会的に排除されている人の最低減所得が保障された。イギリスでは1990年のNHS・コミュニティケア法の結果、スラムに住む人々が放置され社会的排除が進行してしまったため、1997年からのブレア政権でソーシャル・インクルージョン政策が推進された。

日本では1990年に厚生省の「社会的な擁護を必要とする人々に対する社会福祉のあり方に関する検討会」報告書でソーシャル・インクルージョンのための社会福祉を模索する必要があるとされたが、ソーシャル・インクルージョンのための総合的施策は行われていない。民間ベースの取り組みとして2000年3月に「日本ソーシャルインクルージョン研究会」が発足し、現在は「日本ソーシャルインクルージョン推進会議」として活動しており、成果が期待されるところである。

日本では、社会的排除という概念自体がまだ一般的になっていない。社会的排除には様々な態様があるけれども、日本は単一民族国家であるというよ

うな発言が受け入れられてしまうように、社会的排除の問題には無神経である。Michael Weiner 編集の Japan's Minorities には日本のマイノリティとして、アイヌ、混血者、部落民、在日韓国・朝鮮人、在日中国人、沖縄出身者、ブラジル出身者などが取り上げられている。これらの人々は多かれ少なかれ社会的に排除されている。この種の社会的排除の場合、ソーシャル・インクルージョンを推し進めると同化政策になってしまう危険がある。ソーシャル・インクルージョンと同時に多様性の確保に留意する必要があると思う。

社会的排除の形態として雇用から排除されている人々に対して就労の場を提供することを目的とするのがソーシャル・ファームである。スコットランドでは「第4セクター・スコットランド」(Fourth Sector Scotland) という組織が精神的健康問題を抱えている人たちの就労支援を始め、第4セクターをソーシャル・ファームと呼ぶようになった。

一般にソーシャル・ファームは、スタッフの4分の1以上が障害者であること、所得の50%以上を市場向けの財とサービスの販売から生み出すことを目標としている。「第4セクター・スコットランド」が手がけている事業には高級ホテル、クリーニング会社などがある。

5-2 日本のソーシャル・ファーム

2008年12月にソーシャル・ファームの全国連絡会組織として「ソーシャルファームジャパン」(理事長炭谷茂前環境庁事務次官) が発足した。炭谷理事長は全国に2,000社のソーシャル・ファームをつくることを目標にしている。炭谷理事長の試算によると、現在、日本には少なくとも2,000万人以上、4,000万人近い就労困難者がいるという。厚生労働省に把握されていない人が少なくなく障害者は1,000万人程度と見られる。65歳以上の高齢者は2,700万人であるがそのうち1,000万人程度は就労を希望しているとみられ、これだけでも2,000万人である。その他に就労から排除されている人たちには難病患者、ニート、ホームレス、刑務所からの出所者などがいる。このような人たちに就労の場を提供したいというのが、「ソーシャルファームジャパン」の理念であり、目的である。今後の活動が期待されるところである。

ここでは日本の社会的企業のうちソーシャル・ファームと呼べる組織をいくつか紹介してみたい。

●有限会社ビッグイッシュー日本[注32]

ビッグイッシュー日本版はイギリスのビッグイッシューとの提携により、まちづくりコンサルタントの佐野章二と水越洋子により、2003年9月に創刊された。定価200円の雑誌をホームレスである販売員が路上の定められた場所で販売し、1冊につき110円が販売員の収入になる仕組みである[注33]。2004年9月からは月2回の発行となり、1回当たりの発行数は約4万冊である。

釜ヶ崎にはいくつかの団体がホームレス支援に活動している。

●釜ヶ崎のまち再生フォーラム

漫画家で外郭団体の（財）西成労働福祉センター職員でもある、ありむら潜が理事・事務局長として活動の中心になっており、1999年秋に創設された。なお、ありむら潜は前述のおおさか元気ネットワークの有力メンバーである。同フォーラムは「個人のゆるやかなネットワーク」で、日雇い労働者や野宿生活者に対する各種支援、啓発、調査活動を行っている。

●有限会社アプリシェイト

西成区でホテルを経営していた山田和秀が2000年6月にマンション転用を決意し日本初の「サポーティブハウス」を開設した。サポーティブハウスは65歳以上を対象に生活保護制度を活用した住居で、「生活保護申請」「生活習慣の復帰」「生活相談」「家族代わり」「医療」「介護」「葬式」「無縁仏に対する納骨」といったサービスを提供する。家賃・共益費・光熱水費で約5万円である。

●（特）こえとことばとこころの部屋（COCOROOM）

詩人の上田假奈代が開設、2004年にNPO法人化した。COCOROOMは7×7メートルの舞台と7×8メートルの客席兼フリースペースがあり、こえ（表現と実践）、ことば（伝達と探求）、こころ（自立と自律）のコンセプトのもとに、各種イベント、ワークショップを行っているほか就労支援を行っている。

紙芝居グループ「むすび」もココルームの支援を受けている。「むすび」のメンバーは平均73歳で、活動による精神的・経済的自立を目指している。

ソーシャル・ファームは障害者雇用の分野では少なくない。著者が訪問調査を行った団体には次のようなものがある[注34]。

●スワンベーカリー十条店

スワンベーカリーはヤマト運輸の小倉昌男社長が障害者が収入を得られる

システムとして考え出した障害者が仕事をするベーカリーで、2001年に旧ヤマト運輸（現ヤマトホールディングス）の特例子会社として（株）スワンが設立された。十条店（東京都北区）は王子養護学校で教えていた小島靖子が卒業生の働く場の設立を検討していた時にスワンベーカリーと出会い、有限会社ヴィ王子（現株式会社ヴィ街中）を設立2009年にスワンベーカリーのチェーン店として開設した。

● 有限会社ココ・ファーム・ワイナリー

障害者施設の社会福祉法人こころみる会の入所者が中心で仕事をしているワイン醸造所である。こころみる会は特殊学級の教員をしていた川田昇が1958年に足利市の山林7.8ヘクタールを購入2年がかりで開墾し、ぶどう畑にした。1969に知的障害者更正施設、こころみ学園を開設、1980年に有限会社ココ・ファーム・ワイナリーを設立ワインづくりを開始した。カリフォルニアから専門家を招聘し品質の高いワインを製造しており、評価が高い。[注35]

● (特) ぱれっと。

東京都渋谷区の「えびす青年教室」で活動していた谷口奈保子が障害者が気楽に集える場として1983年に「たまり場パレット」を開設した。その後1985年にクッキーづくりの作業所「おかし屋ぱれっと」、1991年にはカレーレストラン「スリランカレストランぱれっと」を開設、さらに1993年には障害者のためのグループホーム「えびす・ぱれっとホーム」がオープンした。1999年にはスリランカに「ぱれっとインターナショナル・ジャパン」を設立しスリランカでクッキーを作っている。[注36]

● (社福) 盛岡市民福祉バンク

1974年に馬場勝彦を中心に在宅福祉とリサイクルをドッキングした障害者福祉活動を開始、1979年に財団法人化、現在は社会福祉法人になり、多種類の廃品を回収をし9店舗で販売している。1981年には牧場を開設、農耕型の福祉活動を展開、就労の場を広げている。牧場や各施設は社会福祉法人いきいき牧場が経営。

● (特) 協働学舎

協働学舎は、1974年にひきこもり、非行、不登校、障害など様々な問題をもった少年を自然の中で育てる場として宮嶋真一郎代表により設立された。宮嶋真一郎は自由学園で学び卒業後自由学園で教師を務めた後、50歳で退職、郷里の長野県小谷村で活動を始め、2006年にNPO法人化した。協

働学舎は独立自活を目指す教育社会、福祉集団、農業家族である。
　現在は長野、北海道、東京で約 150 名のメンバーが生活している。
　北海道上川郡新得町の新得協働学舎で作っているナチュラルチーズはフランスから技術指導を受けた絶品である。
　◉ (特) ふわり、(社福) むそう
　1999 年に戸枝陽基が障害をもっていても地域で生活し続ける家族とともにレスパイト事業、余暇支援事業を始め、2000 年に NPO 法人化し、養鶏、牛舎の管理、喫茶などに事業を拡大。2003 年社会福祉法人化し、NPO 法人ふわりはノーマライゼーション実現のため社会起業家を支援するコンサルタント業務に変換した。
　◉ (特) みらいず
　1998 年に代表の河内崇典が学生時代に立ち上げた。2001 年に NPO 法人化。当初は障害者のガイドヘルパー事業から始めたが、現在は余暇支援、就労支援、高齢者支援、まちづくり事業など多岐にわたる。

　それ以外では次が挙げられる。
　◉ (特) ホザナ・ハウス
　刑務所や少年院からの出所・退院者を受け入れ就業・就労へつなげる。3 階建ての寮を併設し、宿泊場所、食事を提供し寄り添いながら社会復帰を実現する。森康彦代表理事は基督教の牧師である。

5-3　社会起業家を支援する仕組み

　社会起業家・社会的企業には様々な形の社会的支援が求められている。
　社会的企業は、金融面でも社会的支援が必要である。一般の企業と同様なファイナンスでは、経営を成り立たせるのは難しい。特に起業時には一般のベンチャー・キャピタルと同じような助成金が求められる。
　まだまだ不十分であるが、資金と経営支援を組み合わせた仕組みも出てきている。

(1) 特色ある組織

●タイズ財団・タイズセンター

1976年にドラモント・パイクによって設立された。一種のコミュニティ財団で広く寄付を集めて社会変革型団体に助成を行う。タイズ・センターは発足間もない小規模の団体に事務所提供と経営指導を行うインキュベーション・オフィスである。

●アショカ財団（Ashoka: Innovators for the Public）

1981年にビル・ドレイトンにより設立された。社会起業家を支援するネットワーク組織で、財団ではない。アショカは世界80カ国以上で活躍する社会起業家をアショカ・フェローとして認定し、生活費の補助、マーケティング、法律等の専門的サービスを提供し、フェロー間のネットワークの形成を行っている。現在、日本のフェローは3名。

2011年に東アジア初のアショカ拠点、アショカ・ジャパンが渡邊奈々により設立された。

●ロビンフッド財団

1988年に貧困問題に取り組むためにヘッジファンドマネージャーであるポール・チューダー・ジョーンズを中心にウォールストリートのビジネス界の人たちによって設立された。助成分野は教育、青少年の育成、幼児の発達、職業訓練、生活支援等である。当財団も一種のコミュニティ財団で、助成金と寄付金で賄われており、管理費は理事からの寄付金を充てている。当財団では助成金を投資と考えており、成果を数字で表すことを重視している。

●ソーシャルベンチャー・パートナーズ

Social Venture Partnersは1997年にアメリカのシアトルで設立された。2001年にSVP Internationalが創設され、2006年にソーシャルベンチャー・パートナーズ東京がアジアで初めてこのネットワークに加盟した。

SVP東京は、パートナーが出資した資金をもとに将来性の高いソーシャル・ベンチャーに対し100万円を限度にスタートアップ資金を提供する。パートナーの所属は民間企業、官公庁、NPOなど多岐にわたる。パートナーはそれぞれの専門性を活かし、投資先に経営サポートを行う。

●ソーシャル・インベストメント・パートナーズ[注37]

日本財団による「日本ベンチャー・フィランソロピー基金」を原資にベンチャー・キャピタル出身の白石智哉を中心に設立された。次世代育成の分野

を中心に社会的事業に2,000万円から3,000万円規模の投資を行う。公募ではなく自ら投資先を発掘する手法をとる。

● CB・CSOアワード

大阪商工会議所では2005年度より、他団体との共催により「おおさかCBアワード」を実施してきた。一方、大阪NPOセンターは2007年よりOSAKA CSOアワードを実施してきた。2008年度から両者を合体しCB・CSOアワードとして社会や地域の課題に解決に向けて取り組む事業活動を表彰している。

日本では行政が関与しているものも少なくない。

● 近畿ソーシャルビジネス・ネットワーキング

ソーシャル・ビジネス（SB）、コミュニティ・ビジネス（CB）の経営資源が限られているため、その育成にはネットワーキングの構築が重要であるとの観点から2005年に近畿経済産業局からの委託により、大阪NPOセンターが事務局となって発足した。

SB/CB事業者、SB/CB事業者に支援を行っている団体および事業者等を参加団体とし、講演・見学・交流などを行っている。

● 大阪府社会起業家育成支援事業

大阪府では2005年度から社会起業家育成支援事業を行っている。この事業は社会起業家ファンド助成事業と社会起業家ファンドフォーラムが主な事業で、助成事業は大阪府福祉基金内に設置された社会起業家ファンドから中間支援組織の推薦をもとにスタート助成とステップアップ助成を実施する。上限100万円。

大阪府福祉基金は大阪府の拠出金のほか広く寄付を募っている。大口の寄付者は大阪府遊技業協同組合である。

社会起業家ファンドフォーラムは年1回開催しており、基調講演、事例報告、起業家見本市、情報交換会からなる。

● KOBEソーシャルビジネスマーク認証制度

神戸市では2003年度から2010年度までソーシャルベンチャーアワード制度を実施し8年間で35団体を表彰してきた。2012年度からはKOBEソーシャルビジネスマーク認証制度に衣替えし、認証マークの使用を通じて行政としてソーシャルビジネスを推進することにしている。この制度は3年経過

した事業を対象とする「スタートアップ事業」とビジネスモデルとして確立されている「モデル事業」があり、スタートアップ事業については上限 20 万円の助成金および専門家の個別相談を受けることができる。

(2) 教育機関
多くの大学・大学院で社会的企業・社会起業家の講座を開設している。
●社会起業大学
社会起業家を育成するビジネススクールとして 2002 年にリソウル（株）により開設されている。
●ソーシャルビジネスネットワーク大学
社会的企業家を育成・支援、ネットワーキングすることを目的とする専門家集団の全国規模のネットワーク組織。北海道、東北、関東、東海・北陸、近畿、中国、四国、九州、沖縄の各キャンパスがある。この事業は国（内閣府）の地域社会雇用創造事業（社会的企業支援基金）の一環で、本部事務局は（株）ソシオエンジン・アソシエイツ。
●慶應義塾大学湘南藤沢キャンパス
社会起業家を多く輩出していることで知られる。

その他にも社会的起業関連のコースを持つ大学が増えてきた。

(3) 資金助成
第 3 章で紹介した助成機関でもソーシャル・ビジネスも助成の対象としているところもある。
●兵庫県コミュニティ・ビジネス離陸応援事業
兵庫県では、1999 年度からコミュニティ・ビジネス離陸応援事業としてコミュニティ・ビジネスの起業に助成金を出してきている。当初は初年度 300 万円、次年度 100 万円の大型助成であったが、現在は単年度 100 万円、補助率は 2 分の 1 以内である。コミュニティ・ビジネス一般と高齢者コミュニティ・ビジネスの 2 本立てで、高齢者コミュニティ・ビジネスは 55 歳以上の者 3 人以上を構成員とし、55 歳以上の者 2 人以上の雇用を創出することが条件になっている。一般は 9 団体程度、高齢者は 30 団体程度を予定している。
コミュニティ・ビジネスの補助金申請には生きがいしごとサポートセン

ターが相談・助言を行うことになっている。

(4) マイクロファイナンス[注39]

小規模な起業家に対して小規模な融資を行い、自立を助けるのがマイクロ・ファイナンスである。

●グラミン・バンク

マイクロ・クレディットの先駆者。バングラデシュの経済学者モハメッド・ユヌスにより 1983 年に設立された。グラミン・バンクは貧困層を対象とした金融サービスで借手の殆どが女性。5 人 1 組のグループ・ローンで、融資を受けたい人は 5 人組をつくり連帯責任で融資を受ける。返済率は 100% 近い。ユヌスは 2006 年にノーベル平和賞を受けた。

●カードバンク（Card）

1989 年にグラミン・バンクをモデルに設立されたフィリピン最大のマイクロ・ファイナンス機関。Card は NGO と銀行から成る。1997 年には Card Rural Bank というフィリピンの NGO として初めて中央銀行認可の正式の金融仲介機関となり、一般の人々に対するサービスも開始した。

(5) 日本での融資の例
●兵庫県 NPO 活動応援貸付[注40]

貸付対象	県内に主たる事務所を置いている NPO 法人
貸付額	50 万円以上 600 万円以下
貸付利率	1.2%
返済期間	7 年以内（うち 6 カ月以内元金据置可）
返済方法	元利均等月賦方式
連帯保証人	貸付希望団体の理事を含む 1 人以上

●金融機関

NPO に対して融資を行う金融機関は多くはないが、近畿ろうきんが早くから取り組んでいる。信用金庫も永和信用金庫、奈良中央信用金庫が早くから取り組んだが、青梅信金、西部信金等多くの信用金庫が NPO 融資を行っている。

日本政策金融公庫（日本金庫）も柔軟である。

●市民バンク・コミュニティバンク

　市民が出資しNPOに融資する市民バンク、コミュニティバンクもある。市民バンク、コミュニティバンクについては第6章のコミュニティ金融と重なるところが多いので第6章を参照頂きたい。

筆者注

注1　社会的経済促進プロジェクト（2003）『社会的経済の促進に向けて』同時代社。
注2　富澤賢治（1999）『社会的経済セクターの分析』岩波書店、19頁。
注3　佐藤慶幸（2002）『NPOと市民社会』有斐閣、103頁。
注4　この節の記述は奥谷松治（1973）『改定増補日本生活協同組合史』民衆社、山本秋（1982）『日本生活協同組合運動史』日本評論社、小塚尚男（1994）『結びつき社会――協同組合　その歴史と理論』第一書林、川口清史・富澤賢治編（1999）『福祉社会と非営利・協同セクター』日本経済評論社、石見尚（2007）『日本型ワーカーズ・コープの社会史』緑風出版、中川雄一郎（2007）『社会的企業とコミュニティ再生　第2版』大月書店、日本生活協同組合連合会（2002）『現代日本生協運動史』日本生活協同組合連合会に負うところが大きい。
注5　1830年代から50年代にかけてイギリスで展開された労働者階級の政治運動。人民憲章（People's Charter）の制定を求めたことからこのように呼ばれる。
注6　グレッグ・マクラウド（中川雄一郎訳）（2000）『協同組合企業とコミュニティ――モンドラゴンから世界へ』日本経済評論社、津田直則（2012）『社会変革の協同組合と連帯システム』晃洋書房参照。
注7　碓井崧編著（1996）『コープこうべ――生活ネットワークの再発見』ミネルヴァ書房参照。
注8　日本生活協同組合連合会（2004）『2003年度生協の経営統計』コープ出版、日本生活協同組合連合会（2009）『2008年度生協の統計』日本生活協同組合連合会。
注9　『農業協同組合新聞』2013年3月22日付、『生協流通新聞』2013年4月5日付。なお、コープみらいウェブページ（http://mirai.coopnet.or.jp/about_us/introduce/state.php　2014年5月確認）によると、総事業高は、3,596億188万円、組合員数は、292万1,060人である。
注10　朝倉美江（2002）『生活福祉と生活協同組合福祉』同時代社は生協の活動を福祉の視点から論じている。
注11　中西啓之（1989）「協働組合と公共性」宮本憲一編著『公共性の政治経済学』自治体研究社。
注12　前掲、中西啓之（1989）。
注13　横田克巳（2002）『愚かな国のしなやかな市民』ほんの木。

注14　組合員1人当たり出資金上位5生協（2008年度）

生活クラブ神奈川	109,638
生活クラブ埼玉	108,955
生活クラブ東京	94,352
生活クラブ千葉	85,275
コープしが	60,904

日本生活協同組合連合会（2012）『2011年度生協の統計』日本生活協同組合連合会

注15　協同総合研究所（1998）『労協法のすすめ』シーアンドシー出版。

注16　生協総合研究所（2005）『社会的企業とは何か』生協総合研究所。服部篤子・武藤清・澁澤健（2010）『ソーシャル・イノベーション』日本経済評論社は幅広い立場から考察がなされている。

注17　町田洋次（2000）『社会起業家』PHP新書。

注18　コミュニティ・ビジネスについては第6章で取り上げる。

注19　富澤賢治（1999）『社会的経済セクターの分析』岩波書店。

注20　中川雄一郎（2007）『社会的企業とコミュニティ再生　第2版』大月書店。

注21　富澤賢治・川口清史編（1997）『非営利・協同セクターの理論と現実』日本経済評論社。

注22　前掲、中西啓之（1989）。

注23　Janlle A. Kedrlin（2006）"Social Enterprise in the United States and Europe: Understanding and Learning from Differences,"*Voluntas* Vol. 17, Number 3, September 2006による。

注24　『alterna no. 33, July 2013』株式会社オルタナ。

注25　斎藤槙（2004）『社会起業家』岩波新書、渡邊奈々（2005）『チェンジ・メーカー――社会起業家が世の中を変える』日経BP社、渡邊奈々（2007）『社会起業家という仕事――チェンジメーカーⅡ』日経BP社。

注26　谷本寛治編著（2006）『ソーシャル・エンタープライズ――社会的企業の台頭』中央経済社。

注27　例えば、大室悦賀・大阪NPOセンター編著（2011）『ソーシャル・ビジネス』中央経済社。

注28　Council of Europe（1994）*IN OR OUT Social Exclusion and Human Dignity: The Right to Self-Respect*, Council of Europe May, 1994、土井保治（2004）「ソーシャル・インクルージョン」『月刊福祉』2004年10月号、全国社会福祉協議会、炭谷茂・大山博・細内信孝編著（2004）『ソーシャルインクルージョンと社会起業の役割』ぎょうせい。

注29　Michael Weiner, editor（2009）*Japan's Minorities: The Illusion of Homogeneity, second edition*, Routledge.

注30　中川雄一郎（2007）『社会的企業とコミュニティ再生　第2版』大月書店。

注31　炭谷茂（2009）「ソーシャルファーム運動の提起するもの」シンポジウム『社会的起業の提起する問題と箕面での取り組みの可能性』講演資料。

注32　稗田和博（2007）『突破する人びと』大月書店、佐野章二（2010）『ビッグイシューの挑戦』講談社、佐野章二（2013）『社会を変える仕事をしよう』日本実業出版。

注33　現在は1冊350円、販売者収入は180円。
注34　炭谷茂・大山博・細内信孝編著（2004）『ソーシャルインクルージョンと社会起業の役割』ぎょうせい、にはソーシャル・ファームと言える組織がいくつか紹介してある。
注35　川田昇（1990）『ぶどう畑の笑顔』大揚社、川田昇（1999）『山の学園はワイナリー』テレビ朝日。
注36　谷口奈保子編著（2005）『福祉に発想の転換を』ぶどう社。
注37　日本フィランソロピー協会（2013）『フィランソロピー　No. 357, 2013. 8』日本フィランソロピー協会。
注38　第4章注39参照。
注39　菅正広（2008）『マイクロファイナンスのすすめ』東洋経済新報社、藤井良広（2007）『金融NPO』岩波新書。
注40　平成25年度で終了。

補訂者注

補1　現在では、8つの理念としてまとめられている（http://www.seikatsuclub.coop/about/philosophy.html　2014年5月確認）。
補2　WNJによれば（http://www.wnj.gr.jp/）、全国で500以上のワーカーズ・コレクティブが事業を行っており、内訳は、安全な手作りの食の提供、介護等サービス、子育て支援、生活文化関連、リサイクル・エコロジーの生活提案、情報発信、生協委託業務など多様である。東京ワーカーズ・コレクティブ協同組合、神奈川ワーカーズ・コレクティブ協同組合等のwebページ（http://www.tokyo-workers.org/: http://www.wco-kanagawa.gr.jp/index.html）で見ると、会員団体は、任意団体の他、法人格としては、企業組合、特定非営利活動法人等がある。介護保険事業所の認定を受けている団体も多い。
補3　このほかに、明治大学では、明治大学特定課題研究ユニット日英社会的企業比較研究センター（http://www.kisc.meiji.ac.jp/~cse/3keika.htm　2014年5月確認）がある。また、藤井敦史・原田晃樹・大高研道編（2013）『闘う社会的企業』勁草書房、は、社会的企業の概念についての問題提起や事例研究を含め最新の研究成果である。

第6章

パブリックとコモンズ　公と共

第1節　パブリックとは何か

1-1　官・公・民・私[注1]

　人は様々なつながりの中で生きており、様々な形で社会と関わっている。資本主義社会では私的な財・サービスを市場で購入する仕組みであり、従来は家族が担ってきた家事サービスや対人サービスまで市場化が進んでいる。ホームヘルプ・サービス、保育、介護等である。また地域社会が担ってきた公共的機能を行政にアウトソーシングしてきた。まちの安全、まちの環境保全等である。

　しかし家事サービスの市場化や公共的機能のアウトソーシング化には問題が多く、1980年代になると政府でも市場でも対応できない公共的サービスを担うものとして市民社会が再確認されるようになってきた。ここでは英語のパブリックとコモンズ、日本語の公、共、私の概念の整理を行う。

　公とは、『新大字典』（講談社、1993年）によると、私に背き平等に分かつという意味で私利の反対、転じて「おかみ」の意味に使われる[注2]。しかし字義は時代と共に変わるし、同時代でも多義的であるから、言葉にこだわるのはあまり意味はない。五条誓文の「広く会議を興し万機公論に決すべし」の公は「おかみ」の意味ではない。

　日本語の公共は行政の意味で用いられることが多いので、「おかみ」と同一視されているようだが、大日本帝国憲法には「公共の安全」とか「公共の安寧秩序」という言葉がある。これはどうみても「おかみ」の意味ではない。「みんなの」安全とか「世の中」の安寧秩序の意味である。

　官という用語もよく用いられる。新大字典によると、官とは百官が君に仕

えるという意味であるというから、もともとは君主主義のもとでの役所を意味する。

第2次世界大戦中まで日本の神社は官社と民社に分けられ、官社には官幣社と国幣社があった。官幣社は宮内省から帛幣を捧げられた神社、国幣社は国庫から帛幣が供進された神社で官幣社の方が国幣社より格が上であった。

このような意味を持つ「官」という言葉は現在の日本では死語になっているはずである。少なくとも筆者のイメージでは官庁とは天皇の役所であり、官吏とは天皇の官吏であり、Public Servant には程遠いイメージである。現在の行政組織については「国家行政組織法」に定められているのであるが、そこには当然ながら官庁という言葉はない。行政機関と言うのが正しいにも関わらず、明治時代からの引き続いている民法では主務「官庁」という言葉をそのまま使っている。日本国憲法には、第73条4に「官吏に関する事務」という用語がある。英語は civil service である。何となくそぐわない日本語である。

とはいえ、官という言葉は「おかみ」を表すには便利な言葉で、現在でも何の抵抗もなく使われている。私見では現代の「官」は権力を持った「公」を意味する。民主主義社会といえども定められたルールに基づいて行政事務を執行するには権力がなければならない。「公」とは平たくいえば「みんなの」という意味であり、「官」は「みんな」のために権力をもって事務を行うのである。現在の「官」は主権在民のもとでの「官」でなければならず、「みんな」のために行政執行を行うのであるから、外交とか一部の国家機密事項やプライバシーに関わる事項を除き、社会に開かれていなければならない。

権力を持たないのが「民」である。「公」はみんなのものであるから、権力を伴うものばかりではない。公衆電話、公衆便所の「公」がそのような意味の「公」で、民有で公のものも少なくない。高層ビルの公開空地がそうであるし、私立の各種施設でも「公」的施設も多い。

権力を持たない「民」でありながら、社会全体の利益の向上を図る活動が民間公益活動である。そのうち特に市民の自発的活動が市民公益活動である。

公に対応する英語は public であろう。public も「みんなの」という意味と考えられるが英語の public にも行政の意味もある。例えばレスター・サラモンの言う public private partnership のような場合の public は行政の意味である。官・民連携である。public にはこのように権力を持った public と

権力を持たない public がある。

　ここで、英文日本国憲法の public が日本語でどうなっているかを見てみよう。

(local) public entity:（地方）公共団体
public expense: 公費
public health: 公衆衛生
public money or other property: 公金その他の公の財産
public official, public officer: 公務員
public order: 公の秩序
public procurator: 検察官
for public use: 公共の用に
public welfare: 公共の福祉
(publicly: 公開して　privately: 公開しないで)

　要は、英語の public も日本の公共も2種類あって、権力を持つ行政的公共あるいは国家的公共と権力を持たない、まさに「みんな」の公共がある。後者はハーバーマスの言う市民的公共性と言ってもよい。

　public に対するのは private であるが、英語の private は民と訳すのがよい場合と私と訳すのがよい場合がある。

　private は基本的には私であろう。「私」は「民」の中でも「みんな」に開かれていないものである。アメリカの税法上のカテゴリーに Private Foundation というのがあり、一般に民間財団と訳されているが、筆者はこれは私的財団と訳すのが正しいと思っている。財団の出捐者が財団を利用して私的利益を図ることを禁ずるための規定であるからである。

1-2　国家的公共から市民的公共へ

　公共性とは「みんな」に関係することと言える。公共性が議論の対象となるのは「みんな」とはどの範囲の人を指すのかということと、そのことを誰が決めるのかということである。[注3]

　民主主義社会では行政は「みんな」のもののためであるから、行政的公共と市民的公共とは対立はしないはずだが、行政の公共は権力を持っているために、日本では対立的に使われる場合が多い。公益は公共の利益だが、公共は「おかみ」であると解釈する人たちからは公益は「おかみ」の利益、国家的

利益であり、市民的公共の利益ではないと主張され、公益という言葉は嫌われている。

なお、法人税法には公共法人と公益法人があり、公共法人は税制上最も優遇されている。また経済学では公共財と準公共財があり、公益財という用語はあまり一般的ではないが塩澤修平は、市場機能を補完する目的でNPOなどによる社会貢献活動として供給されるべき財と定義している。地域を限定した公共財が地方公共財である[注4]。

1980年代後半の東欧革命を契機に世界的に市民的公共性の復権がみられた。

市民が公共領域に参加していくには自由で開かれた社会であることが前提である。

ドイツ生まれの社会学者でのちにイギリスの貴族院議員を務めたラルフ・ダーレンドルフは、1999年3月に日本財団の招きでFORUM Em. Bridge（日本財団主催によるclosedのフォーラム。1996年から3年次にわたり開催）に参加するために来日し、基調講演を行った[注5]。その中でダーレンドルフは、「自由な社会」とは、「政府セクター」「企業セクター」そして「ボランタリーセクター」（ないしは「非営利セクター」）という3領域の存在を基本要件として、それらがいずれも独自の価値観に基づいて社会全体のために重要な貢献をなしている社会を言うとして、全体主義社会ではこの3領域が1つに収束し、権力を一手にした国家が民間の自発性も、市民社会も呑みこんでしまう、と述べている。

ここで市民社会というのは、国家・企業と異なる主体全てを指すのであろうが、著者の言う自立・自律した個人が活動できるのが「自由な社会」である。

そして自由な社会の構成要素であるボランタリーセクターを構成し、社会を活性化するのがNPOの役割である。

ダーレンドルフはイギリスの用語に従ってボランタリーセクターといっているが、日本ではアメリカに倣って非営利セクターという場合が多い。しかし私は以前にも書いたことであるが、非営利は非営利であるがゆえに尊からずであると思う[注6]。非営利セクターの意志決定に市民がボランタリーに参加し、社会変革の要素があることが重要なのである。

自由な社会では堅い秩序は乱れがちになる。ラルフ・ダーレンドルフは、ある程度特異な団体が乱立し、それぞれの団体が公共性を標榜する状況をcreative chaos[注7]と呼び積極的な評価を与えたが、これをプラスと見るかどう

かは見解の分かれるところである。

批判的に見れば、「民間団体の公然たる目標は、多数個人の私的利害を共同の公益へ転化させ、団体の利害を或る普遍的としてもっともらしく代表して顕示することにある。それらはとりわけ『世論』を操作し、しかもみずからは『世論』の監査をうけずにすますことができる[注8]」。

20世紀は国民国家の時代であるから、公共も、国家的公共が重視された[注9]。国家的公共・国家的利益が公益であり国民の利益であると考えられた。日本でも国家的公共性が強く、富国強兵が公益であった。鉄道国有化に端的に見られる。

大正デモクラシーの頃には市民的公共の萌芽が見られた。具体的には民間公益団体の活動とそれを支えるフィランソロピーである。市民的公共の萌芽は国家総動員法に基づく戦時経済体制により摘み取られる。

第2次世界大戦後も官僚組織が温存され、富国強兵の国家的公共性は経済発展に衣替えし継続し、政・官・財の鉄の三角形が公共性を代表し高度成長を実現した。

日本では先進資本主義国家の中では公共領域は官が担うものとの意識が強く、官僚主導の社会が形成され、最も成功した共産主義国家であるとさえ言われてきた。

しかし日本でも官僚主導社会からの脱却が意識されるようになってきた。そのためには市民自身が要求型・依存型体質を改め、市民自身が公共・公益をつくりだす力を持たなければならない。行政に依存しすぎていた、あるいは行政にアウトソーシングしすぎていた部分を民間で責任を持とうということであり、市民が担う公共領域を拡大していこうということである。公共性の外部化から内部化への動きといってもよい。

そのような自覚は1980年代から市民公益活動として実践され始めていたが、1995年の阪神・淡路大震災で市民的公共性が再認識された。権力に基づく公共性から合意と共感に基づく市民的公共性を担うものとして第4章で述べた市民社会組織が形作られ、新しい市民への変化が感じられるようになった。

第2節　新しい公共

2-1　新しい公共の流れ

　2009（平成21）年10月26日第173回国会における鳩山内閣総理大臣所信表明演説に基づき、2009年12月閣議決定の新成長戦略で国民参加と「新しい公共」の支援が取り上げられた。

　新しい公共という言葉は小泉内閣時代の2002年7月29日、中央教育審議会答申「青少年の奉仕活動・体験活動の推進方策について」において使われた。

　個人や団体が地域社会で行うボランティア活動やNPO活動など、互いに支え合う互恵の精神に基づき、利潤追求を目的とせず、社会的課題の解決に貢献する活動が、従来の「官」と「民」という二分法では捉えきれない、新たな「公共」のための活動とも言うべきものとして評価されるようになってきている。本答申では、このような、個人が経験や能力を生かし、個人や団体が支え合う、新たな「公共」を創り出すことに寄与する活動を幅広く「奉仕活動」として捉え、社会全体として推進する必要があると考えた。

　また2003年3月20日、中央教育審議会答申「新しい時代にふさわしい教育基本法と教育振興基本計画の在り方について」第1章、2-4では「新しい『公共』を創造し、21世紀の国家・社会の形成に主体的に参画する日本人の育成」について述べられている。

　同じく小泉内閣時代の2004年度の国民生活白書は「新しい公共への道」を取り上げ、「住民が自分の関心のある経験や能力をいかし、様々な関係者と協力しながら、個人では解決できない地域の様々な課題に自発的に取り組む活動が新しい形の『公共』を創りだす」ことを提唱した。

　地方自体レベルでは2004年度策定の東京都多摩市行財政再構築プランに登場する。[注10]

　これからの自治体経営を考えるとき、その道すじを照らすのが「新しい公共」という概念であると考えられます。我が国において「公共」領域と

は、主に行政が中心となって担うべき「公（＝官）」の領域であるとの考え方が長い間続いてきました。しかし近年では「公共」の概念が再認識されています。

　鳩山内閣の新しい公共について当時の鳩山首相は、「私が目指したいのは、人と人が支えあい、役に立ち合う『新しい公共』の概念です。『新しい公共』とは、人を支える役割を、『官』と言われる人たちだけが担うのではなく、教育や子育て、街づくり、防犯や防災、医療や福祉などに地域でかかわっておられる方々一人ひとりにも参加していただき、それを社会全体で応援しようという新しい価値観です」と述べている。
　小泉内閣と鳩山内閣の新しい公共の概念には、あまり差があるとは思えない。官から民へ、中央から地域へということで方向性としては共感できるものではあるが、いずれも地域のガバナンスについては言及されていない。
　鳩山内閣では新しい公共の考え方や展望を市民、企業、行政などに広く浸透させるとともに、これからの日本社会の目指すべき方向性やそれを実現させる制度・政策のあり方などについて議論を行うことを目的として、「新しい公共」円卓会議が開催された。

2-2 「新しい公共」宣言

　円卓会議では2010年6月に「新しい公共」宣言を発表した。
　宣言では「『新しい公共』と日本の将来ビジョン」の項で次のように述べている。

　「新しい公共」が作り出す社会は「支え合いと活気がある社会」である。すべての人に居場所と出番があり、みなが人に役立つ歓びを大切にする社会であるとともに、その中から、様々な新しいサービス市場が興り、活発な経済活動が展開され、その果実が社会に適正に戻ってくる事で、人々の生活が潤うという、よい循環の中で発展する社会である。
　気候変動の影響が懸念される一方で、少子高齢化が進み、成熟期に入った日本社会では、これまでのように、政府がカネとモノをどんどんつぎ込むことで社会問題を解決することはできないし、われわれも、そのような道を選ばない。これから、「新しい公共」によって「支え合いと活気のあ

る」社会が出現すれば、ソーシャルキャピタルの高い、つまり、相互信頼が高く社会コストが低い、住民の幸せ度が高いコミュニティが形成されるであろう。さらに、つながりの中で新しい発想による社会のイノベーションが起こり、「新しい成長」が可能となるであろう。

宣言の最後に政府に対する提言が次のように述べられている。

　「新しい公共」を実現するためには、公共への「政府」の関わり方、「政府」と「国民」の関係のあり方を大胆に見直すことが必要である。政府は、国民や企業から、「公共」の核になる部分を委任されているという自覚を新たにするとともに、新しい時代、新しい社会に相応しい役割を発揮するために、そのあり方を一新すべく以下の取り組みを行うべきである。公務員制度改革により、官民や省庁の垣根を越えて、社会全体からもっとも専門性が高く勤勉かつ有為な人材を登用して、行政の質の向上を図るべきである。税金の無駄遣いを根絶するとともに、事業仕分けなどの新たな予算編成手法も活用して、財源の適切な配分につとめなければならない。政と官が協力して、これまでよりもっと大胆に、情報公開、規制改革、地域主権等の推進を断行することを強く要望したい。同時に、政府は、国民一人ひとり、そして、各種の市民セクターや企業など、社会の様々な構成員が、それぞれの立場で「公共」を担っていることを認識し、それらの公共の担い手の間で、どのような協力関係をもつべきか、委託・受託の関係はいかにあるべきかを考えていただきたい。その上で、対等の立場で対話と協働を進めていくべきだと考える。そうした対話の場も活用し、さらに、思い切った制度改革や運用方法の見直しなどを通じて、これまで政府が独占してきた領域を「新しい公共」に開き、そのことで国民の選択肢を増やすことが必要である。国民がその意思を持つとともに、政府が「国民が決める社会」の構築に向けて具体的な方策をとることを望む。

2-3　「新しい公共」の施策

「新しい公共」宣言では、新しい公共の実現に向けて様々な提案を行っている。このうち特定非営利活動法人に対する税額控除の導入、認定特定非営

利活動法人の「仮認定」と PST（パブリック・サポート・テスト。第 3 章参照）基準の見直し、みなし寄付金限度額の引き上げ等を可能にする税制改革が実現した。

その他「特区」などを活用して社会イノベーションを促進し、地域コミュニティのソーシャルキャピタルを高める体制と仕組みを、関係各省庁の壁を乗り越えて、政府一体となって整備・推進することや、政府、企業、NPO等が協働で社会的活動を担う人材育成と教育の充実を進めることや、国や自治体等の業務実施にかかわる市民セクター等との関係の再編成について、依存型の補助金や下請け型の業務委託ではなく、新しい発想による民間提案型の業務委託、市民参加型の公共事業等についての新しい仕組みを創設することを進めることが提言されていた。

国は新しい公共の具体化に向けて 98 億円を用意し、都道府県に基金を設置し NPO や社会的企業、コミュニティ・ビジネス等を支援する施策が発表された。

2-4　「新しい公共」の問題点

新しい公共の理念・ビジョンはコミュニタリアニズムの思想に通ずるものであり、大いに共感できる。しかし、このビジョンのあとに様々な事例が脈絡無く羅列されていて、哲学のある戦略とグランドデザインに乏しい。

「新しい公共」と銘打って既存のシステムを変更するには大変なエネルギーが要る。数年をかけて国民運動として展開して欲しかった。具体的には憲法（特に第 89 条）をはじめ教育基本法、地方自治法、社会福祉法、学校教育法、私立学校法、医療法、都市計画法等々多数の法律を根気よく変えていくことが求められる。

都道府県に基金を設けて都道府県にその運用を委ねる方法は古い公共の手法そのものであり、カネの無駄遣いと言わざるを得ない。カネを出せば政策が実現するというのが官僚の発想で、予算を付けることが仕事だと考えているようであるが、いきなり予算を付けるというのではなく、自らの足で情報を集めて時間をかけて戦略を作り上げるプロセスが欲しかった。

この宣言の最大の問題点は、地域コミュニティのソーシャルキャピタルを高める体制と仕組みを、と謳いながら、地縁組織・住民組織への施策が全く示されていない。現在の日本では地方の疲弊が憂慮されているにもかかわら

ず、コミュニティ施策については無策であり、地域自治組織、地域委員会等のローカル・ガバナンスについて言及されていない。

第3節　共への回帰

3-1　公と共

　公共領域という場合に公と共を区別して論じられることもある。福祉の分野では公助、共助、自助という言い方をする。共は公よりも地理的にも人間関係的にも狭い「みんなの」であると言ってもよい。

　政治学者の斉藤純一は、現代的な「公共性」の意味内容を次の3つに整理しており分かりやすい[注11]。

　即ち、第1は「国家に関係する公的な（official）もの」という意味。国家が法や政策などを通じて国民に対して行う活動。公共事業、公的資金、公教育、公安。強制、権力、義務と結びつく。筆者の言う官である。

　第2は「特定の誰かにではなく、すべての人々に関係する共通のもの（common）」という意味。共通の利益、財産、共通に妥当すべき規範。共通の関心事。公共の福祉、公益、公共の秩序、公共心。

　第3は「誰に対しても開かれている（open）という意味。誰もがアクセスすることを拒まない空間や情報。公然、情報公開、公園。←→秘密、プライバシー。水道、木陰、ベンチ、公衆トイレ。

　このような公共性概念との関係で、公、共、それぞれの位置付けが考えられるべきであろう。公共私の三分論の場合、公をこの第1の意味に限定することになるのであれば、問題が多い。公を第2や第3の意味でとれば、限定的な領域において共をこの文脈で位置付けることができるであろう。

3-2　コモンズ

　最近は「共」がよく用いられようになったが、コミュニティに近い概念だと思う。共はコモンズに通じる。

　阪神・淡路大震災以降、コミュニティの重要性が再認識され、コミュニティ回帰が起こっている。都市の無名性を保ちつつコミュニティとしての一

体感をつくりだしていくのがこれからのコミュニティの大きな課題である。公的な問題の処理をもっぱら行政主体に委ねるというあり方は、そのこと自体によって共同体における連帯性を崩してしまう。連帯性が衰弱していくと、地域社会は単なる抽象的な「個人」の集合体となり、受益と受苦が共有される共同体に代わって個々人が剥き出しの利害を突きつけあう市場システムがその場を占めていくことになる。

例えば「神戸市震災総括・検証、生活再建分野報告書」[注12]では都市のコモンズについて次のように述べている。

> 今まで多くの場合、公共的なもの、個人的なものという2つの形で考えていたが、今回の整理で3つめの形として出てくるのが、我々が「都市のコモンズ」と呼ぶことにした、中間の部分である。具体的にはまちの中にある「緑」、「公園」などのオープン・パブリックスペース、まち全体がかもし出す「まちの風情」といった、捉えどころがなかったり、どちらも積極的に主体にはなってこなかった部分というのが、「まち」という観点からみると、「まち」の格を決めていたり、「まち」のあり様を非常に強く規定しているものとして、もっと積極的に価値付けていかなければならないのではないかというのが我々の議論の結果である

コモンズとは、もともとイギリスにおける囲い込み運動以前に、主として家畜の放牧地として利用されていた土地のことで、共有地と訳される。

個々の農家は、共有地の牧草能力を考慮することなく、自らの私的な費用のみを考慮して家畜を放牧したため、全体として再生能力を超える過剰な利用がなされ、結果として土地は疲弊し、家畜の放牧が不可能となってしまった。このような現象を、生物学者のガレット・ハーディン（G. Hardin）が1968年にScienceに発表した論文"The Tragedy of Commons"にならい「共有地の悲劇」と呼ぶ。悲劇とはいったん始まってしまうと止めることのできない災いの連鎖のことである。[注13]

Roger A. Lohmannは、ノンプロフィットという概念とボランタリーという概念を統合する概念としてコモンズ（commons）という概念を提示している。即ち、クラブや会員組織、社会運動、政党、宗教団体、芸術団体、科学団体、運動競技団体、支援団体、ネットワーク、ボランティア協議会、その

他のいくつかの形態の非営利目的あるいは自発的な社会組織とみなされるものをコモンズと呼んでいる。[注14]

ローマンはコモンズの概念は古代ギリシャの koinonia の概念に含まれているとして、次の5つの必要条件を挙げている。

① 参加は自由で非強制的なものでなければならない
② 参加者は、その重要性に関係なく、またその期間に関係なく common な目的を共有しなければならない
③ 参加者は、共同保有の資源や貴重な物のコレクションや共同行為のレパートリーのような共同で使える物を共有しなければならない
④ 参加には philia（相互性という意味であるが、不適切に友情とよく翻訳されている）が伴う
⑤ 社会関係は dikaion（公正さ）を特徴としなければならない

ローマンはコモンズと市場、国家を次のように比較して整理しており、ローマンのコモンズは本書での市民社会にかなり近い概念である。

表6-1　ローマンのコモンズの概念

	コモンズ	市場	国家
参　加	非強制的	非強制的	強制的
目　的	共有 (common goods)	極大化 (私的財)	権威的 (公共財)
資　源	common	私的	公的
互酬性	相互性	報酬	公平さ
社会関係	公正さ	買手リスク負担	法律

伊藤裕夫は、NPO とはまさに現代のコモンズ—松岡の言葉でいうなら、「オープン性や組織的ダイナミズム」をもって自発的に形成される「ボランタリー・コモンズ」たるものであり、この議論しあうと同時に自ら実行する行動原理の中から、現代の公共圏（市民社会）が形成されていくと考えたいと述べているが、ローマンや伊藤のようなコモンズの用法はあまり一般的でないように思う。[注15]

3-3　社会的共通資本

宇沢弘文は、社会的共通資本という概念を次のように提示している。即ち、社会的共通資本とは「人間が人間らしく生きていくための、社会にとっ

て共通する財産」のことで、次の3つの資本からなる。①自然資本（大気、森林といった自然環境）、②社会資本（道路、公共交通機関、上下水道、電力などの社会的インフラ）、③制度資本（学校教育、医療、金融、司法、行政などの制度）。そして、これらの社会的共通資本を管理運営していく形態として、「コモンズ」という伝統的な共同体のもつ仕組みに注目する必要がある。コモンズとは、例えば日本の村々にあった入会地や灌漑用のため池のようなもので、国（支配者）の所有地でも個人の所有地でもない、共同体の成員全員が利用できる共有地で、その機能を永年にわたって維持していくために独特の「掟（ルール）」と管理組織がある、というものである。[注16]

　入会林野とは、一定の地域に住む人々が共同で利用し管理し、共同して収益——主として雑草、秣草、薪炭用雑木等の採取——を得る慣習上の権利を有している林野（山林原野）のことである。入会山、部落有林、区有林、村山、部落山、萱場、共有林、など地方によって呼び名は様々であった。

　地域住民が入会林野を共同で管理し利用する権利は、入会権と呼ばれる。入会権は「総有」[注17]に相当するが、民法では入会権については、共有の性質を有するもの（263条）「共有の性質を有する入会権については、各地方の習慣に従うほか、この節（共有）の規定を適用する」と、共有の性質を有しないもの（294条）「共有の性質を有しない入会権については、各地方の習慣に従うほか、この章（地役権）の規定を適用する」の2種類があるとし、前者は「共有の性質を有する入会権」として共有の規定を適用し、入会権者である地域住民が共同で入会林野の土地を所有し林野を管理する権利である。後者は「共有の性質を有せさる入会権」で、「地役入会権」として地役権の規定を準用する。これは入会権者である地域住民が入会林野を共同で管理利用するだけの権利であり、土地所有権を含まない。

　しかし、入会権の内容は各地方の慣習に従うとされており、権利の性格を明らかにしていない。

　入会権は自然経済の基礎となっていたものであるが、入会権は、その土地の管理を怠らせ収益の絶対量を減少させる傾向がある、入会は土地の荒廃を招き、水源地を溢れさせて洪水の災害を増すおそれがある、入会権の存在は、土地の開発を妨げ、その交換価値を減少させるおそれがある、等々の問題点が指摘され、入会権の整理が進められてきた。

　コモンズは共同所有・共同管理・共同利用であり、供給者と需要者が市場

で出会うことを前提とする経済学の域外にある。法的にも近代的所有権は入会権を消滅させ、入会山を国有林に編入、入会地を町村有に転化させた。[補1]

第4節　住民組織・地縁団体

4-1　自治会・町内会[注18]

　コモンズを管理するのは住民組織・地縁団体である。
　日本の住民組織である自治会・町内会は、所帯を構成単位とするというきわめて特有の(殆ど日本独自の)組織原理をもち、地域の「親睦」を目的としつつ、町内の祭り等の自主的行事を行い、また自治体行政から委託される様々な業務をこなす地域組織である。この点において、「自治会」と称するか「町内会」と称するかはまったく非本質的である。多くの場合事実上半強制加入であることもあって、会員の参加意欲は低調である。したがって、組織運営や活動スタイルにおいて非民主的な面がある。[注19]
　自治会・町内会は地域によって呼称が異なるが、全国に約30万の組織がある。

表6-2　自治会・町内会等の呼称と数

自　治　会	122,916
町　内　会	66,905
町　　　会	17,634
部　落　会	6,903
区　　　会	3,980
区	38,880
そ　の　他	37,141
合　　　計	294,359

総務省自治行政局行政課 2008年4月1日現在　[注20]

　歴史的には近世の五人組制度につながる面もあるが、現在の町内会・自治会は1889年(明治21年)の市制、町村制以降の市町村合併でなくなっていった地方公共団体を前身とするものが多い。
　戦時体制下の1940年に内務省訓令第17号「部落会町内会整備要項」が発せられ、全国的に町内会組織が整備され、市町村の補助的下部組織となり、

上部団体として市町村レベルでの連合組織、下部団体として隣組組織（いわゆる隣組）が置かれることとなった。

1942年に大政翼賛会の下部組織として位置付けられ、1943年の「市制町村制法」改正により、町内会・部落会が市町村長の事務補助機関として位置付けられ、市町村の業務の一部を分担することになり財産保有が可能になった。

第2次世界大戦中の町内会が戦争協力組織であるということで、1947年5月3日、ポツダム政令第15号「町内会部落会又はその連合会等に関する解散、就職禁止その他の行為の制限に関する件」により解散させられたのであるが、解散後3カ月以内に8割近くが名目を変えて復活した。多くの地域では行政の末端的な役割をもつようになったが、住民の自主的な組織としては形骸化している。

中田実[注21]によると町内会の基本的特徴は次の5点である。①一定の地域的区画をもち、その区画が相互に重なり合わない　②所帯を単位として構成される　③原則として全所帯（戸）加入の考え方に立つ　④地域の諸問題に包括的に関与する　⑤それらの結果として、行政や外部の第三者に対して地域を代表する。

自治体行政などが、特定の事業を地域で展開しようとする場合は、まず町内会（特に町内会長）に相談するし、何らかの住民参加を組織しようとする場合は、必ずといってよいほどこの組織の基礎となる住民側の受け皿として町内会を想定している。

4-2　財産区

市町村の一部の区域の山林、用水池・沼地、墓地原野、宅地等の財産を有する財産区がある場合がある。財産区の沿革はまちまちであるが、市町村合併の際にそれまで住民が利用していた旧町村の一部を統合しないで住民が財産又は公の施設の管理・処分が行うことができるようにしたものである。財産区は地方自治法で認められた特別地方公共団体であり、任意に設立できるものではない。財産区には固有の議会や総会が置かれる場合もあるが、一般的には財産区の存在する市町村の議会、行政が権能を行使する。

4-3　認可地縁団体

1991年に地方自治法が改正（第260条の2）され、「町又は字の区域その他市町村内の一定の区域に住所を有する者の地縁に基づいて形成された団体（地縁による団体）」は、地域的な共同活動のための不動産又は不動産に関する権利等を保有するため市長村長の認可を得たときは、その規約に定める目的の範囲内において、権利を有し義務を負う」という条文が追加された。認可要件のなかに「その区域に住所を有するすべての個人は、構成員となることができるものとし、その相当数のものが現に構成員となっていること」があり、認可申請に際して「構成員名簿」を提出しなければならない。従来から町内会・自治会の名簿は所帯単位であるので、家族個人の構成員資格を確かめる必要があるが、個人会員制を無理に貫こうとすると問題があろう。[注22]

表6-3　年度別認可地縁団体総数[注23]

年　度	1999年度	2000年度	2001年度	2002年度	2008年度
団体数	16,348	18,500	20,727	22,050	35,654

総務省自治行政局行政課 [注24]

第5節　コミュニティ

5-1　日本社会とコミュニティ

日本語としてのコミュニティがいつごろから使われるようになったよく分からない。

戦前の日本社会学ではドイツ社会学の影響を受け、社会を捉えるのに、テンニースのゲマインシャフトという概念が極めて適合的であると考えられた。「ゲマインシャフト」は有機的感情融和の社会で一般に「共同社会」と訳された。ゲマインシャフトに対比されるのがゲゼルシャフトで、ゲゼルシャフトは「利益社会」と訳される。

日本でコミュニティの問題に比較的早く取り組んだのは第一生命が1963年に設立した地域社会研究所で、1964年以降機関誌『コミュニティ』を発行[注25]してきている。1975年にマッキーヴァーの『コミュニティ』の翻訳が出版さ

れ、コミュニティがアソシエーションと対比して使われるようになった。[注26]
1980年前後に社会学の分野でコミュニティの研究が進んできた。[注27]

5-2 コミュニティ政策

1969年に、国民生活審議会が「コミュニティ——生活の場における人間性の回復」という中間報告書を提出し、コミュニティという言葉が使われ始めた。そこでは、コミュニティとは「生活の場において、市民としての自主性と責任を自覚した個人および家庭を構成主体として地域性と各種の共通目標を持った開放的でしかも構成員相互に信頼感のある集団」と定義されている。

このころから審議会や行政官庁、政党の運動方針にコミュニティという言葉が登場してきている。地域コミュニティの広がりは、そこで取り組まれるテーマによって様々であるが、一般的に近隣コミュニティと考えられているのは、小学校区空間的範囲で、第1次生活圏とみなし得る定住人口6,000人から1万人程度と想定されている。これが拡大すると街区、市町村、県、国、国際社会となっていくわけである。

1970年代には、京都市南区唐橋学区のように、自治連合会と社会福祉協議会が連携し地域福祉活動を実践していった例も見られる。

地域福祉との関連では、中央社会福祉審議会が「社会福祉向上の総合方策」について厚生大臣の諮問を受け、これを新しいコミュニティ形成の観点から検討するため、「コミュニティ問題専門分科会」を設け検討を行い、1971年12月に「コミュニティと社会福祉」と題する答申を提出した。ここでは1960年代の経済優先の開発から、70年代は生活優先の原則を貫徹すべきであるとし、コミュニティを人々が「生きること」「豊かに生きること」「人間的に生き続けること」のすべてにわたる生活福祉が確保されるための基本的な拠点として捉えている。共同地域社会の解体が進む中でのコミュニティ形成が不可欠であることが論ぜられ、地域組織活動等の必要性が述べられ、地域福祉への期待が出始めた。

1977年11月策定の第3次総合計画は1973年の石油危機以降の低成長経済への移行を背景に「心のかよう市民のまち」をスローガンに、国土政策としても定住圏構想を打ち出したことがコミュニティ政策に拍車をかけた面もある。

国民生活審議会の報告書を契機に自治省が 1971 年に「コミュニティ（近隣社会）に関する対策要項」を発表、71 年にまず 40 地区が指定され、72 年 (13)、73 年 (30) と全国 83 地区でモデル・コミュニティ事業を推進し調査研究を行った。このうち都市地域が 46、農村地域が 37 である。モデル・コミュニティ地区は、都道府県知事と市町村長が協議して選定することとされ、自治省の関与は控えられた。その後自治省は 1983 年から 1985 年にかけて 147 のコミュニティ推進地区、1990 年から 1992 年にかけて 141 のコミュニティ活動活性化地区を設定し、延べ 370 余の地区が指定された。この政策は高度成長の結果、生活様式の都市化が進み伝統的な地域社会が崩壊し「人間性の喪失」が問題になってきた社会状況に対応したものである。この施策におけるコミュニティとは当初は「おおむね小学校の通学区域程度」とされていたが、その後自治的に進められるべきものとして、「例えば小学校の通学区域程度」と表現が改められた。

　しかし国のコミュニティ施策は旧来の町内会・自治会と無関係に進められたため、定着したとはいえない。

　日本でその当時コミュニティが定着しなかったことについて、社会学者の福武直は次のように述べている。

　このことと、戦後の経済成長を支えた会社主義と無縁ではない。日本では職場にこそ、戦前の日本社会を特徴づけたファミリズムが生き残っていったのである。そのファミリズムが、高度成長の一ファクターになったと思うのであるが、逆に言えば、コミュニティのリバイバルを痛感している他の諸国以上に、居住地への関心を日本人を喪失させたともいえるのである。今後の問題としては、その居住している地域を再び重視し、それに関心を向けなければならない局面にはいってくるのではないか。

5-3　コミュニティ論の展開

　1998 年に愛知学泉大学で日本初のコミュニティ政策学部が発足し、2002 年に同大学に事務局を置くコミュニティ政策学会が発足した。同学会は研究者のみならず自治体職員、市民団体、企業なども会員となり、理論と実践の協働が図られており、まちづくりと関連してコミュニティという用語が使わ

れている。

　1998年12月に特定非営利活動促進法（NPO法）が施行され、地域活動やまちづくりに取り組む特定非営利活動法人も出てきたところから、改めてコミュニティとアソシエーションの組織、機能について議論が行われ、町内会・自治会とNPOの連携も模索されるようになった。また地域分権が進んできたところから住民自治組織のあり方も新しい課題となってきた。

　広井良典は21世紀におけるコミュニティのあり方やその再生について広く論じ問題提起を行っている。広井はコミュニティを農村型コミュニティと都市型コミュニティにタイプ分けして次のように整理しており、分かりやすい。

表6-4　コミュニティの形成原理の2つのタイプ[注33]

	(A) 農村型コミュニティ	(B) 都市型コミュニティ
特　質	同心円を広げてつながる	独立した個人としてつながる
内　容	共同体的な一体意識	個人をベースとする公共意識
性　格	情緒的（&非言語的）	規範的（&言語的）
関連事項	文化	文明
	共同性	公共性
	母性原理	父性原理
ソーシャル・キャピタル	結合型（bonding） 集団の内部における同質的な結びつき	橋渡し型（bridging） 異なる集団間の人の結びつき

第6節　都市計画とまちづくり

6-1　官主導の都市計画

　1888（明治21）年、東京市区改正条例が制定され、国家主導の都市計画がスタートするが、この段階では帝都建設であり、首都以外の都市は対象とされていなかった。1919年に旧都市計画法が制定されるが、これは街路中心のハードの思想である。東京府知事芳川顕正の「道路、橋架及び河川は本なり、水道、家屋、下水は末なり」という本末論はよく知られている。

　近代的な都市計画で実績をあげたのは大阪市長の関一である。1914年に東京高等商業学校教授から大阪市高等助役に迎えられ、1923年から1935年

まで大阪市長を務めた。関は都市計画の目的は「住み心地よき都市」をつくることだとし、公設市場、簡易食堂、託児所、児童相談所、職業紹介所、市営住宅、共同宿泊所などの公的福祉施設を全国にさきがけて設置充実していった。本末論の逆である。[注34]

民間の動きとしては、イギリスの田園都市[注35]に感銘を受けた澁澤榮一の構想に基づき三男澁澤秀雄が新しい都市居住の場として田園調布を開いた。1918（大正7）年に田園都市（株）が設立され1922年に土地分譲が始められた。

6-2 戦後の都市計画とまちづくり

第2次世界大戦後も戦前の都市計画法は生き続けるが、48年後の1968年になってようやく都市計画法が全面改正された。新都市計画法では、駅前再開発や公園・街路などのミニ都市計画は市町村の行政となった。市街化「線引き」や用途地域色分けなどの大規模都市計画は都道府県知事に機関委任された国の行政のままであったが、公聴会や意見書の提出という市民参加の制度が整備された。

1973年の石油ショック以後、住民主導によるまちづくり運動が急速に全国に広まってきた。活動目的に共鳴する地域内外の人々による自発的・自主的な活動として始まり、イベントを重視した試行錯誤的な実践活動を繰り返しながら運動を展開していった。

6-3 まちづくり条例・まちづくり協議会[注36]

1980年の都市計画法と建築基準法の改正で「地区街区」制度が設けられ、各街区でミニ乱開発を防ぐとともに建物の用途・高さ・デザインや公園の配置等を住民参加で調整し条例化していけるまちづくり自治の仕組みが法定された。

このような流れの中で、1981年に神戸市でまちづくり条例、1982年に世田谷区で街づくり条例が制定され、その後住民参加型のまちづくりが制度化されるようになってきた。1990年の湯布院町「潤いのあるまちづくり条例」、1991年の「掛川市生涯学習まちづくり土地条例」、1993年の「真鶴町まちづくり条例」はいずれも自治体レベルで開発規制をかけたものとして注目をあびた。[注37]

1992年の都市計画法では「市区町村マスタープラン」（都市計画基本方針）

の住民参加的作成が義務付けられた。

1992年に策定された豊中市まちづくり条例による豊中市のまちづくり協議会は、地域の問題や課題の解決に向けて身近な仲間・有志が集まりつくられるところに特徴がある。まちづくり協議会として市から認定を受けると活動費の一部の助成を受けることができる。

地方分権推進法に基づく1999年の都市計画法改正で、市区町村計画については地元市区町村の都市計画審議会が最終決定権を持つようになってから、地方自治体のまちづくり条例の制定が加速された。

2002年4月にまちづくり条例を施行した宝塚市は、1993年にコミュニティ課を設置し、行政サイドから市民主体のまちづくり協議会の創設を訴えかけてきた。宝塚市はボランティア活動が活発であったこともあり、自治会（平均200から300所帯）、小学校区単位のまちづくり協議会、3から4のまちづくり協議会を1つの単位とした7つのブロック連絡会議という3層のネットワークによるまちづくりを推進している。

滋賀県は自治の五重奏と称し、①自治会、②小学校区、③市町村、④県、⑤NPOをまちづくりの担い手として位置付けている。

2002年の都市計画法の一部改正で、2003年1月から特定非営利活動法人が都市計画の決定又は変更の提案ができるようになった。

6-4 住民主体のまちづくり

これからのまちづくりは行政主導方式から公民連携方式へ、公民連携方式から、さらに公・民・共の各セクターの連携方式への転換をはかることが求められている。[38]

特定非営利活動促進法では、NPOの活動分野の1つに「まちづくりの推進を図る活動」が含まれており、定款に「まちづくり」を掲げている特定非営利活動法人も少なくない。NPOのまちづくり活動は具体的には区々であるが、特定のテーマに絞った専門性をもった活動を地域で展開しているところが多い。[39] そこで地域の課題に包括的に取り組む町内会・自治会とNPOの連携・協働がまちづくりの場で求められるようになった。

例えば神戸市須磨区の月見山連合自治会は福祉部会を独立させ、高齢者ケアを行う「西須磨だんらん」を立ち上げ、2000年に特定非営利活動法人化し、協働で福祉のまちづくりに取り組んでいる。

このようなまちづくりNPOや特定のテーマの解決を図る機能型NPOあるいはテーマ・コミュニティと、従来型の自治会等の地縁組織との連携はとれていない場合が多い。場合によってはコンサルと呼ばれる専門家が中に入るが、概してコンサルはテーマ型に近い思考パターンであり、地縁型と衝突しがちであるが、第三者として協働を進める役割が期待される。

6-5 まちづくりのアクター

市民主体のまちづくりには自治会・町内会、まちづくり協議会、まちづくりNPO、まちづくり会社などの組織が担い手になる。

社会福祉協議会は、社会福祉分野に特化した地縁組織である。福祉分野での専門性をもった知縁組織の性格もある。市区町村社会福祉協議会は、住民組織、公私の社会福祉事業関係者および関連分野の関係者を構成員としており、福祉のまちづくりの担い手になり得る。新しいNPOとの連携は必ずしも機能していないが、兵庫県のNPO支援センターである兵庫ボランタリープラザは兵庫県社会福祉協議会が受託している。

人的・資金的支援を行うコーディネート機関が必要であるし、地域の課題解決に向けて専門的に調査・研究を行い、対応策を提示する調査研究機関・コミュニティシンクタンク、さらには地域の知の資源としての大学の活動が期待される。コミュニティシンクタンクの構想は（特）NPO政策研究所が提唱したものだが、まだ本格的なものは登場していない。[注40]

さらに地方政治に直接参加しコミュニティを変えて行く動きも出てきている。

生活クラブ生協神奈川は、生活クラブの理念を実現するために組合員から「代理人」を地方議会に送り込んできており、1984年に市民政治活動を進めていくための地域政党として「神奈川ネットワーク運動（NET）」が発足した。NETは市民が自分で考え自分でやることによって、自分の手に負える範囲で政治参加をすることを目指し、あくまでもローカル・パーティにこだわっている。

1985年、東京・生活者ネットワークは、都議会選挙で池田敦子を初めて都議会に「代理人[補2]」として送りこんだ。1999年の統一地方選挙では、世田谷区で都議補欠、31自治体の区議会・市議会で候補者45人を全員当選させた。国立市の上原公子元市長はかつてはネットの「代理人」の国立市議である。

最近は地域経営という用語が用いられる。地域に根ざしたまちづくり団体が総合的な連絡調整を図りながら地域の問題の解決にあたる。従来のまちづくり協議会よりは、扱う範囲が広く参加者も多様な地域経営協議体ができていくことが期待される。

◉ (公社) 奈良まちづくりセンター

　まちづくり市民活動の草分けである。古都奈良の町並みが破壊されていくのに危機感をもった木原勝彬を中心とする有志が1979年11月に設立した奈良地域社会研究会が前身で、1984年に社団法人の許可を得て組織が固まり、調査研究と実践活動を着実に拡充させてきている。

　市内の伝統的旧市街地である「奈良町」の伝統的建造物や街並保全についての研究を始め、具体的方策を検討しているときに、1981年10月には（公財）トヨタ財団から「歴史的街区における都市計画道路のあり方と住民による町並協定推進に関する研究」に対する助成が得られ、活動にはずみがついた。助成財団が大きな役割を果たした例である。

　1995年には伝統的町家を再生して「奈良町物語館」が開館した。この再生には竹筒募金を展開し市民や観光客の協力も仰いだ。事務局をここに置き活動拠点としているほか、展示館として利用されたり、国内外の観光客の休憩の場ともなっており多くの機能を持っている。

◉由布院の自然を守る会

　地方でのまちづくり組織として著名である。日本列島改造ブームの中で、湿原植物で有名な地区である猪の瀬戸（区域的には別府市に属する）でのゴルフ場建設反対運動を機に結成された。単なる反対運動にとどまらず、美しい高原の草原保全のためには、牧場が経営的に成り立たたなければならないことから、都会に住む人に資金的に牧場経営に参加してもらうという「牛一頭牧場主」運動が考えられた。まちの景観を守るために醜い看板を撤去し、地鶏を飼育して湯布院らしい料理も考案した。1976年には有名な「湯布院映画祭」が開かれるようになった。市民によるまちづくりの結果、今日でも湯布院は九州の温泉地として、一種のブランド的な価値を維持できているといえよう。

◉真野地区まちづくり検討会議

　神戸市長田区南部に位置する真野地区は住宅と町工場が混在する地域であった。1965年7月に、神戸市社会福祉協議会が真野地区内の「東尻池8-

10丁目地区」を小地域福祉推進地区に指定したのを契機に、まちづくり運動組織への発展が始まる。社会福祉協議会が役割を果たした例である。

1978年には地域住民組織の役員、事業主、専門家、行政を交えた「真野地区まちづくり検討会議」が結成された。1980年には「真野まちづくり構想——20年後を目指す将来像の提案」を打ち出した。1981年の神戸市まちづくり条例制定により、真野地区のまちづくりは制度的裏付けを得て全国的にも注目されるようになった。このような取り組みの結果、真野地区は「災害に強いまち」になると同時に緊密な人間関係を築いていくことができた。それが、阪神・淡路大震災時の救出活動や消火活動などに結び付いた。

● (株)黒壁

黒壁の由来は長浜市のシンボル的建物で、黒壁銀行として親しまれていた第百三十銀行である。戦後はカトリック教会として使用されていたこの建物が不動産業者に売却されることになり、その保存運動をきっかけとして設立されたのが株式会社黒壁である。

黒壁は市内の実業家と長浜市の出資による第3セクター方式により資本金1億3,000万円で1988年に設立、黒壁銀行をガラス工芸館として利用することにより、まちの再生に成功した。

● (株)神戸ながたティー・エム・オー

大型店の郊外進出等による地方都市中心部の疲弊に対処するため、1998年5月に中心市街地活性化法（中心市街地における市街地の整備及び商業等の活性化の一体的推進に関する法律）が制定された。市町村が中心居住の促進、駐車場整備の整備、中心商店街の強化、歩道・小公園の整備などのメニューの中から選び基本的な方針を策定し、事業実施は商工会・商工会議所を中心に第3セクターのまちづくり会社がTMO（Town Management Organization）となって行う。

商業者主体のTMOとしてアイデアと実行力で効果的な活動をしているのが「(株)神戸ながたティー・エム・オー」である。同社は阪神・淡路大震災で激甚な被害を被ったJR新長田駅周辺地域113ヘクタールの活性化を目指し2001年6月に設立された。長田はケミカルシューズのまちとして栄えていたが、中国やアジア諸国にシフトするようになり、産業再生が求められていた時期に震災に遭遇し、人口が激減、神戸でも有数の賑わいをみせていた大正筋商店街でも約90店舗が10店舗に減少してしまった。そのような状況

にあって6つの商店街が共同で活性化を図ることになり2000年に任意団体で「アスタきらめき会」が結成された。アスタはUS、明日に通じtownのタとあわせたもの。その後神戸市からTMOをつくってはどうかとの働きかけがあり、「アスタきらめき会」を母体としてTMOが設立された。同TMOは商店街から代表取締役が2名、その他取締役5名を含めて全員が非常勤で、神戸市から局長級が役員に入ることになっている。実際の運営は再開発ビルの管理会社である「新長田まちづくり会社」が少額で受託している。

　各種イベントや修学旅行の受け入れを行っているほか、震災のまちから食のまちへの変身を目指している。2002年5月に食品会社と提携して開発した「ぼっかけ」食品が2002年度地場産業大賞で日本商工会議所会頭賞を受賞した。

第7節　循環型社会

7-1　成長の限界

　これからのまちづくりは持続可能なまちづくりでなければならない。そのための大きな前提が循環型社会である。

　1973年に発表されたシューマッハの"Small is beautiful"が大きな反響を呼び、日本でも1986年に翻訳が出版された。[注41] この本は様々な問題を扱っているのであるが、1つは化石燃料の枯渇を警告したことである。身の丈技術のころは自然自律的な調整によって、永続性が保証されていたとして物質至上主義と巨大技術信仰から脱却し、地方的ニーズを満たすための地方的資源による生産を提唱した。

　1970年にローマ・クラブがスイス法人として設立され、「人類の危機に関するプロジェクト」が始められた。ローマ・クラブの第1回レポートとして1972年に発表されたのが『成長の限界』である。[注42] このレポートについては様々な批判もあるのであるが、地球環境問題に警鐘を鳴らしたものとして大きな反響を呼んだ。

　『成長の限界』の発表から40年後の2012年、著者の1人のヨルゲン・ランタースは今後40年後の予測を発表した。この予測によると世界の人口は

2040年に81億人で頭打ちになり2052年には現在の水準にまで下がる。しかし資源枯渇、環境汚染、気候変動、生態系の破壊は続く。これらの問題に対処するためには予防措置への投資を増やす必要があるが民主主義、資本主義の体制では政治家も企業も短期の利益を優先するので、そのような予防措置は実施されない。その点、独裁国家である中国は適応が早いと期待しているが、もちろんこれは政治リーダーが十分に賢明であればの話だろう。[注43]

1972年には国連人間環境会議が開催され、それに基づき"Our Common Future"が発表され、この頃から地球環境問題が議論されるようになった。

1987年には国連のブルントラント委員会（環境と開発に関する世界委員会）の報告、『地球の未来を守るために』[注44]以後、持続可能な社会が論じられるようになる。ブルントラント委員会による持続可能な開発のコンセプトは「将来世代が彼等自身のニーズを満たす能力を損なうことなしに、現世代が現代のニーズを満たすような開発」である。[注45]

日本で地球環境問題が広く認識されるようになったのは、1992年の地球サミットと呼ばれた国連環境会議である。この会議で持続可能な開発のためのアジェンダ21が採択されて、そのためにはグローバル・パートナーシップが必要であるとして、持続可能な開発委員会（Commission on Sustainable Development: CSD）が設けられ、実行に移されつつある。

1997年に京都で開催されたCOP3もその一環である。COPとはConference of Partiesの略で、締約国会議を意味する。地球温暖化の場合は国連気候変動枠組条約の締約国会議を指す。京都のCOP3（第3回締約国会議）において、そのルールとして京都議定書が成立した。2004年11月にロシアが批准して発効した。2013年のCOP19まで開催されているが、先進国と途上国との対立が続いている。

日本では1992年の地球サミットを受けて、1993年には公害対策基本法に代えて、新しく環境基本法が制定された。さらに2000年には循環型社会形成推進基本法が制定された。

企業についても地球環境問題への対応が厳しく求められるようになり、法的には1999年に容器包装リサイクル法、2001年に家電リサイクル法、食品リサイクル法、2002年に建設資材リサイクル法、2005年に自動車リサイクル法が施行されている。

環境省は2001年から循環型社会白書を発行しており、2002年度版では

Reduce, Reuse, Recycle の「リ・スタイル」を提唱している。もっとも3つのReは、外国や日本でも一部の企業ではかなり早くから唱えられており、国としての取り組みは遅い。

　地球環境問題や循環型社会については、日本を始めとするアジア的アニミズムが有効である。日本人には仏教の「一切衆生悉有仏心」、即ち生命のあるものはすべて成仏するという思想やさらに、「草木国土悉皆成仏」のように生命のない自然すべてを同等に扱う思想がある。日本人の宗教心はアニミズムであり日本人の心の遺伝子には自然との共生、sustainability が刷り込まれている。キリスト教では人間は自然とは別物であり自然は征服の対象であるのと大きく異なっている。このような自然との共生の思想は日本だけではなく広くアジア、太平洋島嶼国にも見られるものであり、21世紀にはアジアの思想、知恵が重要になってくる。

　このように見てくると循環型社会は、日本の伝統文化、生活様式への回帰であるとも言えるのであり、決して西欧の模倣や輸入ではないのである。[注46]

7-2　コンパクトシティ

　まちづくりのビジョンは持続可能な地域循環型都市である。

　日本では良好な住環境の保全・形成を願う地域社会・地域行政に対して開発優先の企業が法律を楯に開発を強行してきた。企業にとって最も重要な地域社会を破壊してきたのが企業である。また愚かな法律、指導がまた地域社会を破壊してきた。リゾート法しかり、工場と学校の都心からの追い出ししかり、いずれも地域住民も短期的な観点からしか考えることができなかった。市民社会の未成熟である。

　しかし最近は行政のまちづくり計画でも従来のような成長拡大路線ではなく、持続可能性を謳うようになってきている。

　兵庫県では1999年にまちづくり基本条例を制定し、「人間サイズのまちづくり」を推進しており、21世紀初頭の兵庫の基本方針の1つとして「循環優先社会」を掲げ、持続可能な循環型社会の構築を提唱している。

　神戸市でも生活圏を単位とするコンパクトタウン構想を打ち出した。コンパクトタウンをつないだものがコンパクトシティである。[注47] コンパクトシティは成長管理政策により都市の容量とゆとりを持ち続けるように配慮しながら、良好な都市環境を維持・発展させる都市であるとされており、公共交通

を中心とする交通輸送ネットワークを重視している。

7-3 サステイナブル・コミュニティ[注48]

　サステイナブル・コミュニティは「自律・持続する地域開発（サステイナブル・ディベラプメント）の実践行動により形成されるサステイナビリティ（持続性）を持つコミュニティ」である。サステイナブル・コミュニティという用語を使ったのはピーター・カールソープである。

　ピーター・カールソープら6名の建築家は、1991年にカリフォルニア州ヨセミテ国立公園内のホテル、アワニーで開催された地方自治体の会議で、今後の都市計画プランに取り入れていくべき原則を発表し、理解を求めた。これがアワニー原則といわれるもので、自動車への依存を減らし、生態系に配慮し、なによりも人々が自分が住むコミュニティに強いアイデンティティ（自己同一感）が持てるような町の創造を提案したものである。アワニー原則では、このような町の実現のために遵守すべき事項を、①コミュニティの原則、②コミュニティより大きな区域であるリージョン（地域）の原則、③これらの原則を実際に適用するための原則、に分けて記している。

　アワニー原則を起草したのは次の6名である。
　◎ピーター・カールソップ　（Peter Calthorpe）
　◎マイケル・コルベット　（Michael Corbett）
　◎アンドレス・ドゥアーニ　（Andres Duany）
　◎エリザベス・プラター・ザイバーク　（Elizabeth Plater-Zyberk）
　◎ステファノス・ポリゾイデス　（Stefanos Polyzoides）
　◎エリザベス・モール　（Elizabeth Moule）

　川村健一・小門裕幸（1995）はサステイナブル・コミュニティのチェック・ポイントとして次のような提案を行っている。
　①アイデンティティ　そこに住んでいることが誇りになるようなコミュニティ
　②自然との共生
　③自動車の利用削減のための交通計画
　④ミックスト・ユース　生活するうえでの様々な活動拠点を持っているか
　⑤オープンスペース
　⑥画一的でなく、いろいろな意味で工夫された個性的なハウジング

⑦省エネ・省資源

7-4　環境首都コンテスト

　（特）環境市民は各地の環境 NGO8 団体とネットワークを組み、「日本のフライブルグをつくる」を合言葉に、日本全体のエコロジー化を進める目的で 2001 年度から「持続可能な地域社会をつくる　日本の環境首都コンテスト」を 10 年間実施してきた。この間このコンテストに参加した自治体は 218 自治体で 2008 年 10 月現在の全自治体数 1,786 の 12% が参加したことになる。

　コンテストは独自の採点基準による得点により表彰するもので、第 10 回目で初めて熊本県水俣市が環境首都のすべての条件を満たした。最終回の 2010 年度には例年の表彰に加えて全 10 回皆勤参加賞、全回トップテン入り表彰を行った。

　第 1 回の総合順位、第 10 回の総合順位および全 10 回皆勤賞は次のとおりで、全 10 回トップテン入りの自治体は尼崎市であった。

　なおコンテストの終了に伴い環境首都コンテスト全国ネットワークを改組し、今後の活動母体として環境首都創造 NGO 全国ネットワークが発足している。

表 6-5　環境首都総合順位

第 1 回総合順位		第 10 回総合順位	
順位	自治体	順位	自治体
1	愛知県名古屋市	1	熊本県水俣市
2	福岡県福岡市	2	長野県飯田市
3	宮城県仙台市	3	愛知県安城市
4	福岡県北九州市	4	愛知県岡崎市
5	熊本県熊本市	5	兵庫県尼崎市
6	兵庫県尼崎市	6	愛知県新城市
7	東京都板橋区	7	熊本県熊本市
8	岐阜県多治見市	8	静岡県掛川市
9	山口県宇部市	9	山口県宇部市
9	神奈川県藤沢市	10	東京都板橋区

表6-6　全10回皆勤賞

熊本県水俣市	第2群
神奈川県綾瀬市	第3群
愛知県新城市	
愛知県日進市	
京都府福知山市	
京都府長岡京市	
長野県飯田市	第4群
岐阜県多治見市	
東京都板橋区	第5群
兵庫県尼崎市	
熊本県熊本市	

第8節　コミュニティ経済

8-1　コミュニティ・ビジネス[注49][注50]

　循環型社会では、くらしと地域の一体化が実現する。そのためにはコミュニティ・ビジネスや事業型NPO等を自ら起業していくことも必要で、歩いて行ける範囲に働く場があることは、高齢者、障害者、女性にとって重要な要素である。

　神戸の市民グループが阪神・淡路大震災の検証を行い『市民社会をつくる』を刊行しているが[注51]、その中で、高度成長期以降の社会では、くらしと地域が分断され、人々の関心が地域から離れてしまっている、との認識から「地域自前主義」という言葉を用いて、くらしと地域の一体化を提唱している。そのためにコミュニティ・ビジネスの推進やNPOと地域の人々との協働による地域福祉コミュニティの形成を呼びかけている。地域自前主義は地域循環型社会であり、エネルギー多消費型社会からの脱却を可能にする。

　地域経済開発の戦略としてイギリスで発達してきているのがコミュニティ・ビジネスである。これはまたヒューマンスケールのサステイナブル・コミュニティにも通じる。『市民社会をつくる』でも、コミュニティ・ビジネスに対する支援と基盤整備を提言している。

　1999年11月にタイのバンコクで開催された第1回アジアNPO学会（First Asian Third Sector Research Conference）でも協同組合とコミュニティ・

ビジネスのセッションが持たれ、アジアの他の国でもコミュニティ・ビジネスの動きがあることを知った。

コミュニティ・ビジネスは、1980年代にイギリスのスコットランドで失業対策事業として始められた「地域コミュニティによりコントロールされ、所有される事業」のことであるが、日本では1994年に英国の用語とはまったく関係なく、(株)ヒューマン・ルネッサンス研究所が造語として使い始めた。[注52]最近は多くの調査・研究・提言が行われているが、コミュニティ・ビジネスの定義は様々である。自らコミュニティ・ビジネスを実践している組織でも、コミュニティ・ビジネスの捉え方は一定していない。厳密に定義する意味も必要もないが、筆者自身は、コミュニティ・ビジネスとはコミュニティに基盤を置き社会的ニーズに応える事業体であると考えている。この場合のコミュニティとは、原則として地域コミュニティを指すが、テーマ・コミュニティあるいは機能コミュニティと呼ばれるような、志を同じくする、あるいは活動内容を同じくする地域を超えたつながりも含めて考えたい。

社会的ニーズについては、行政に求められるニーズよりは私的なもので、一般の利益追求型営利企業に求められるニーズよりも公的なニーズを考えている。

イギリスではコミュニティ企業(Community Enterprise)とコミュニティ・ビジネス(Community Business)の概念を区別しており、コミュニティ・ビジネスとはコミュニティ企業のうち事業収益のみで経営が成り立ち、運営費について外部からの支援を必要とせずに経営を継続させ得る組織を指す。[注53]筆者のコミュニティ・ビジネスの定義はイギリスのコミュニティ企業に近い。

イギリスのコミュニティ・ビジネスでは、得られた利益はコミュニティに帰属し出資者には帰属しないものとされているが、筆者は出資者に適切な利益配当を行ってもよいのではないかと考えている。

現在日本においてコミュニティ・ビジネスが注目されているのはなぜであろうか。

まず所得水準が向上してくると個人の価値観が多様化し多様なニーズが発生してくる。それに対して大規模生産システムでは顧客満足の実現が困難になってくる。また行政による画一的サービスもまた多様な社会的ニーズには応えられない。そのような言わば隙間(ニッチ)を埋めるものとしてコミュニティ・ビジネスが有効である。このニッチには高齢者、障害者、あるいは

特定の疾患に苦しんでいる人たち、子育て中の母親たち、健康食品にこだわる人たち等々が含まれる。また日本で生活している外国籍の人たちのニーズもある。多文化共生社会実現のニーズである。

　労働経済の観点からも、大企業のリストラによって雇用吸収力が大幅に減退している現状から、新しい雇用創出が求められ、その一方で労働観が多様化し、大企業での安定した雇用よりは自己実現が可能な職場を求める人たち、あるいは自ら起業することを望む人達が増えてきている。あるいは年金生活者や主婦層で若干の所得を得ながら社会参加を求める人達も居る。そのような人たちの働く場としてコミュニティ・ビジネスは最適なのである。

　またコミュニティ・ビジネスは当然、小規模地域密着型の職場となるから、遠距離通勤のために余計な物的・肉体的なエネルギーを費やすこともなく、資源・エネルギー多消費型経済からの脱却につながる。

　職・住分離および大企業の転勤、社宅制度等はコミュニティの崩壊をもたらした。コミュニティ・ビジネスによる地域経済の活性化は、地域の教育力・福祉力・防災力を回復し、現在の日本社会に求められている新しいコミュニティの創造につながっていく可能性がある。

　しかしながらコミュニティ・ビジネスを経営していくには様々な課題がある。

　まず法的形態である。コミュニティ・ビジネスは殆どが小規模で、企業で言えば零細企業である。しかし基本的には利益追求型ではなく社会的ニーズに応えるのが目的であるから、営利企業の形態はとりたくないという人たちが多い。そのため殆どが任意団体で、ごく少数が株式会社や有限会社の形態をとっている。特定非営利活動法人（NPO法人）の制度ができ、公益法人制度改革が行われたので、これからは特定非営利活動法人や一般・公益社団・財団が増えてくるものと思われる。しかしこれには該当しないコミュニティ・ビジネスもある。

　コミュニティ・ビジネスではワーカーズ・コレクティブの形をとっているものも少なくない。ワーカーズ・コレクティブとは全員が出資し、全員が働き、全員で意志決定をする組織で、交換の経済と協働の経済、場合によっては贈与の経済を組み合わせた組織であるが、このような組織に相応しい法人格はない。[注54]

　イギリスではコミュニティ・ビジネスへの投融資、あるいは経営相談と

いった支援のための様々なシステムがつくられている。日本では中小企業支援策はある程度整っているが、コミュニティ・ビジネスのように、必ずしも営利を目的とせず社会的ニーズに応える組織を支援する体制はこれからである。

コミュニティ・ビジネスはまた事業収益だけで経営を成り立たせるのが難しいところが多い。そのためにボランティアあるいは低賃金で経営がなんとか成り立っている。社会的ニーズに応えていることを評価し、場合によっては公的助成や行政による第三者支払の制度があってもよい。

そのような状況にあって、震災の打撃を受けた兵庫県では、コミュニティ・ビジネス振興のための施策を打ち出しており、自治体の施策としては先駆的であり、大いに評価される。

8-2 コミュニティ金融

コミュニティ・ビジネスを定着させるには、生活者の視点からコミュニティ金融が必要とされる。そのようなコミュニティ金融としてはバングラデシュのグラミンバンクに代表されるマイクロ・クレジットがよく知られている[注55]。日本では永代信用組合の市民バンクが先駆的な事業に融資を行い実績を積んでいたが、同組合は2002年に金融庁により強制的に経営破綻させられた。経営に問題があったようだが、地域に根ざした組合金融機関をグローバルなメガバンクと同列に扱うのは疑問なしとしない。

元来、信用組合はコミュニティの経済を支える非営利金融機関であるはずであるが、経済成長の過程で営利追求型の金融機関と変わらなくなってきてしまっている。コミュニティ・ビジネスや非営利活動を通じて地域を活性化するには、一律に金融商品取引法を適用するのではなく、新しい形の金融システムの整備が不可欠である。

コミュニティ・ビジネスの事業展開には融資を必要とする場合もあるが、既存の金融機関では融資を受けにくいところから、コミュニティ金融のスキームが試行されている。その多くは後述のように貸金業として営業したり、事業組合を活用したり工夫をこらしたスキームをとらざるを得ないのが実情である。

●市民バンク[注56]

1989年に発足した先駆けとなった組織。永代信用組合とプレス・オール

タナティブ（創始者片岡勝）が提携して発足した。自治体・地元金融機関と連携し、融資先を仲介する。

●未来バンク

1994年設立。未来バンクは出資金を集める未来バンク事業組合と融資を行う貸金業者の未来舎で構成されている。どちらも民法上の組合（第667条〜688）、いわゆる任意組合である。

●アーティストパワーバンク（一般社団法人apバンク）

2003年設立。坂本龍一、桜井和寿、小林武史のアーティスト3名の出資により中間法人として設立。貸金業者。

●女性・市民コミュニティバンク（WCA）

1998年設立。神奈川のワーカーズ・コレクティブ活動を育ててきた向田映子は、女性・市民による事業を支援する金融機関をゼロから立ち上げようとして、神奈川ワーカーズコレクティブ連合会の会員を中心に、信用組合を設立しようとしたが、金融不祥事が続き信用組合の経営実態が悪くなってきたところから、金融機関としての認可が難航したため、2010年から特定非営利金融法人として会員制の貸金業を運営している。[注57]

●北海道NPOバンク

札幌市。2002年設立。北海道NPOバンクのスキームは、まず「NPOバンク事業組合」（民法上の組合）が出資金を集め、その出資金を全額「(特)北海道NPOバンク」に融資した上で、「北海道NPOバンク」が融資を行うもの。

融資利用条件は以下の通り。

 融資対象者 次の全てに該当していることが必要。
 ① NPOバンク事業組合員であること。（1万円以上出資すれば、誰でも組合員になれる）
 ② NPO団体またはワーカーズコレクティブであること。（法人格の有無は問わない）
 ③ 事業目的に社会性があること。
 期　　間 1カ月単位で1年以内。
ただし、事業状況等を確認のうえ、1年間の延長をすることができる。
 金　　利 2%固定。
 融　資　額 200万円を限度。

ただし、2期以上の事業実績がある団体の融資額はNPOバンク事業組合への出資額の100倍とするが、それ以外の場合は出資額の10倍を限度とする。
資 金 使 途　運転資金を中心にするが、開業資金、設備資金も可能。
保　　　証　団体代表者を含めて連帯保証人2名が必要。
返 済 方 法　元利一括返済または元利均等毎月返済。繰り上げ返済はいつでも可能。

その後もコミュニティバンクは着々と増えてきているが、主なものに次のようなものがある。

◉東京コミュニティパワーバンク
東京都。2003年設立。生活クラブ生協、ワーカーズコレクティブ関係者が中心。貸金業登録をした任意組合。
◉NPO夢バンク
2003年、設立。長野市。出資を受ける「NPO夢バンク事業組合」と融資を行う特定非営利活動法人NPO夢バンクから構成されている。北海道と同じスキーム。
◉コミュニティ・ユース・バンクmomo
2005年、名古屋の20〜30年代の若者が設立。貸金業登録を受けた任意組合。

8-3　コミュニティ通貨[注58]

生活者レベルの取引手段として、世界的に実験が行われているのがコミュニティ通貨である。地域通貨と訳されているこの仕組みは生活者レベルの作業をコミュニティ内の独自の通貨により交換するものである。

1999年5月にNHKで放映された「エンデの遺言」[注59]は現代の通貨と金融を問い直す番組で大きな反響を呼んだ。そのテーマの1つが地域通貨である。

地域通貨の試みは第1次世界大戦後のハイパー・インフレーションへの対策として考案され実施されたことがあるが、20世紀末になって地域開発を主眼に始められた。

カナダで始められたLETS（Local Exchange Trading Scheme）は口座で

決済する方式でイギリスやドイツに広がった。

　アメリカ、ニューヨーク州イサカ市の「アワー」は紙幣を発行する方式であるが、このイサカアワーをモデルにしたのが、滋賀県の草津コミュニティ支援センターが1999年に始めた「おうみ」である。「1おうみ」は100円の価値があるものとし、「1おうみ」、「5おうみ」、「10おうみ」のクーポン券を発行している。このクーポン券はセンターの利用料金の支払に使えるほか、会員相互に流通させ、将来は、市民活動やボランティア活動の促進、グリーンコンシューマーなどの環境まちづくりへの活用、地域経済活性化等に資することを期待している（2014年5月現在、発行流通を休止中）。

　日本では、このほかにも多くの地域通貨が発行されているが、その効果についてはまだ限られているようである。地域通貨については通貨としてどう取り扱われるか、消費税、法人税等の課税問題など広く認知を得るには解決すべき課題が多い。

　世界的にはイギリスのLETS、スイスのWIRが普及し成果をあげている。スイスのWIRは協同組合として設立され、1936年にスイス銀行法に基づくWIR銀行となった。一般の通貨に最も近いといえる。

　地域の助け合いから生まれたもう1つの流れはアメリカのフロリダから始まったボランティア活動の時間預託制、タイムダラーである。日本での時間預託の考え方は1973年に開設されたボランティア労力銀行で実践され、1981年に東京のくらしのお手伝い協会、1982年に神戸ライフケア協会で始められたのが、初期の段階である。その後時間預託の試みは全国的に広がってきているが、ここでは「さわやか愛知」の試みを紹介したい。

　（特）福祉サポートセンターさわやか愛知は、1994年に愛知県大府市で川上里美代表が次の理念を掲げて始めた時間預託型の団体（任意団体として設立、99年に法人格取得）である。団体として、次のような理念的特徴を持っているという。

①**市民参加**　誰でも、いつでも、どこでも、気楽に助け合える年齢層の厚い会員参加。

②**相互扶助**　一方通行のお世話ではなく、助けたり、助けられたりすること。

③**素人集団**　お手伝いするときは全員が素人。資格・特殊技能をもっていても謝礼は同じ。

④小さなお手伝いから　困りごとは人によって様々なので、どんな小さなことでもお手伝いを。
⑤時間預託の活用　世代間の交替に是非必要。

　2014年現在の会員は600名強であるが、この理念のとおり年齢は18歳の高校生から90歳以上の高齢者まで、職業も会社員、OL、主婦、美容師、看護婦、学生と幅が広い。また一般の時間預託型団体は高齢者向けの家事・介護サービスであるが、さわやか愛知の場合はサービスの内容も家事援助、介護、食事、入浴の他、移送、付添い、育児と多岐にわたり、中には犬の散歩というのもある。またサービス提供時間をクーポン券化し流通させており、一般に見られる時間預託型団体の枠から大きく踏み出している。

　NALC（(特)ニッポン・アクティブライフ・クラブ）の時間預託は大規模なもので、2012年度は17万1,326時間にのぼっている。[注60]（公財）さわやか福祉財団は時間預託・地域通貨を「ふれあい切符」と名付け各地での普及に努めている。

筆者注

注1　今田忠「官・公・民・私 ── 日本のNPOの来し方、行く末」(2000) 塩澤修平・山内直人編『NPO研究の課題と展望2000』日本評論社。
注2　公という言葉については、入江幸男 (2000)「ボランティアと公共性」『ボランティア学研究1号』国際ボランティア学会に詳しい。また日本語と中国語の公私という用語については、溝口雄三 (1996)『公私』三省堂、参照。
注3　山口定・佐藤春吉・中島茂樹・小関素明編 (2003)『新しい公共性』有斐閣は公共性の問題を幅広く論じている。
注4　塩澤修平 (1996)『経済学・入門』有斐閣、第1章参照。
注5　ラルフ・ダーレンドルフ (2000)「非営利セクターをどう生かすか　日本社会に創造的カオスを」林雄二郎・加藤秀俊編著『フィランソロピーの橋』TBSブリタニカ。
注6　今田忠 (1999)「NPO異見 Quality of Life を座標軸に（コラム）」『NPOが拓く新世紀』清文社。
注7　ダーレンドルフ、前掲書。
注8　ユルゲン・ハーバーマス（細谷貞雄・山田正行訳）(1994)『第2版公共性の構造転換』未来社、268-269頁。
注9　後述3-1の official。
注10　コミュニィ・エンパワーメント東大阪 (2010)『ふれあいらんど　Vol. 42』

コミュニィ・エンパワーメント東大阪による。

注11　斉藤純一（2000）『思考のフロンティア　公共性』岩波書店、はじめに。

注12　震災復興総括・検証研究会（2000）『神戸市震災総括・検証、生活再建分野報告書』神戸市震災復興本部総括局総合計画課、23頁。

注13　アラン・アトキンソン（枝廣淳子訳）（2003）『カサンドラのジレンマ』PHP研究所参照。

注14　R・A・ローマン（溝端剛訳）（2001）『コモンズ――人類の共同行為』西日本法規出版発行、星雲社発行（その後、ふくろう出版）。田尾雅夫（1999）『ボランタリー組織の経営管理』有斐閣、も第1章でローマンを紹介しコモンズを論じている。

注15　伊藤裕夫（2000）「情報化ネットワークとNPO、NGO」端信行・高島博編著『ボランタリー経済とコミュニティ』白桃書房。

注16　宇沢弘文・茂木愛一郎編（1994）『社会的共通資本――コモンズと都市』東京大学出版会。

注17　総有とは法律用語で、共同所有の一形態を指す。ある物の所有権が団体の総構成員に帰属する状態。総有の概念はローマ法（近代的土地所有権の原型）の体系にはなく、ゲルマン法（生存権を保証する社会的土地所有権の原型）の体系に含まれていた。井上真・宮内泰介編（2001）『コモンズの社会学』新曜社、25頁。

注18　岩崎信彦他編（1998）『町内会の研究』御茶の水書房、辻中豊、ロバート・ペッカネン、山本英弘（2009）『現代市民社会叢書1：現代日本の自治会・町内会――第1回全国調査にみる自治力・ネットワーク・ガバナンス』木鐸社、に詳しい論考と現状分析がある。

注19　名和田是彦（1998）『コミュニティの法理論』創文社、93頁。

注20　大内田鶴子（2006）『コミュニティ・ガバナンス』きょうせい。

注21　中田実（2007）『地域分権時代の町内会・自治会』自治体研究社。

注21　兼子仁（1999）『新地方自治法』岩波新書。

注23　前掲、大内（2006）。

注24　同上。

注25　現在は一般財団法人第一生命財団の一分野になっている。

注26　邦訳は、R・M・マッキーヴァー（中久郎・松本通晴監訳）（1975）『コミュニティ』ミネルヴァ書房。

注27　松原治郎（1978）『コミュニティの社会学』東京大学出版会、奥田道大（1982）『都市コミュニティの理論』東京大学出版会、磯村英一編著（1983）『コミュニティの理論と政策』東海大学出版会など。

注28　自治省のモデル・コミュニティについてはコミュニティ政策学会編（2007）『コミュニティ政策5』東信堂が特集で取り上げている。

注29　福武直（前掲、磯村英一編著、2-12頁）。

注30　2010年には淑徳大学でコミュニティ政策学部が発足した。

注31　筆者は第1期の会計監査を務めた。

注32　わが国では、地域社会において日常生活を共に過ごす人たちの組織的なまとまりを「コミュニティ」と呼んでいる。特にコミュニティを形成しようと

いったときは、そこに単に近隣生活の組織づくりという意味だけではなく、気持のうえでの仲間意識の醸成も期待しているところがある。もう１つのアソシエーションという用語は専門の社会学者以外では使われることは比較的少ない（鳥越浩之（2000）『環境ボランティア・NPOの社会学』新曜社、20頁）。

注33　広井良典（2009）『コミュニティを問いなおす』ちくま新書、106頁。

注34　今田忠（1987）「関西の経済界と社会文化事業」川添登・山岡義典編『日本の企業家と社会文化事業』東洋経済新報社。

注35　イギリスのエベネーザ・ハワードの構想による都市づくりのコンセプトで、都市と農村の良いところを結合させた人口３万2,000人以内の小都市をいくつもつくり、相互に鉄道で結ぶというもので、その最初の都市がレッチワース・ガーデンシティである。日本で田園都市の思想に注目したのは社会事業家の生江孝之で、生江は神戸市の外事係長であった1908（明治41）年に最初の田園都市であるレッチワース・ガーデンシティを訪問し、感銘を受けているが実現には至らなかった。

注36　山崎丈夫（2000）『まちづくり政策論入門』自治体研究社、参照。

注37　渡辺俊一（1999）『市民参加のまちづくり』学芸出版社、158頁。

注38　大久保昌一（2002）『都市論の脱構築』学芸出版社、106頁。

注39　澤村明（2004）『まちづくりNPOの理論と課題』渓水社、参照。

注40　第７章第４節、参照。

注41　シューマッハ（小島慶三・酒井懋訳）（1986）『スモール イズ ビューティフル』講談社。

注42　D・H・メドウズ他（大来佐武郎監訳）（1979）『成長の限界』ダイヤモンド社。

注43　ヨルゲン・ランタース（野中香方子訳）（2013）『2052　今後40年のグローバル予測』日経BP社。

注44　環境と開発に関する世界委員会、大来佐武郎監修（1987）『地球の未来を守るために』福武書店。

注45　持続可能な開発のコンセプトについては、前掲、大久保（2002）、377-391頁。

注46　17世紀、西欧で起こった科学技術革命以降、世界は西欧諸国の主導型で運営されてきた。西欧諸国の文化、文明の基盤はキリスト教である。キリスト教的自然観は、人間も自然もすべて神によってつくられたものであるが、人間は人間以外のすべてのものとはまったく異なった次元の被造物者としてつくられている。人間は被造物でありながら他の生物や存在物を自由に治めたり、食べたりすることを神から許されている。自然に対しても、人間は自然の頂点に立つものであり、人間以外の生きものも、自然も、人間が生きるために存在を許されているという思想である。仏教的思惟では、人間に仏性があるが、他の動植物には仏性がないということはできない。人間の生きかた次第で、人間といえども仏性と無縁になるし、草木もみな成仏する。朝倉孝吉（1995）「南北の自然観と世界の環境」功刀達朗編著『国際協力　国連新時代と日本の役割』サイマル出版会、155-156頁。

注47　コンパクトシティのコンセプトは、オランダが国土計画の中で1985年にいち早く導入した。前掲、大久保（2002）、33頁。

注48　川村健一・小門裕幸（1995）『サステイナブル・コミュニティ』学芸出版社、

大田清澄（2002）「自律・持続可能な地域開発とこれを担う『共』の形態」未知普請研究会編『公共事業は誰のものか』中央公論新社、参照。

注49 筆者は兵庫県のコミュニティ・ビジネス参画支援事業のための調査の委員長を務めた。市民活動センター神戸（2000）『コミュニティ・ビジネス調査報告書』市民活動センター神戸。
注50 コミュニティ・ビジネスの議論は、第4章の社会的企業、ソーシャル・ファーム、と重なるところが多い。
注51 市民検証研究会編（2001）『市民社会をつくる』市民社会推進機構。
注52 細内信孝（1999）『コミュニティ・ビジネス』中央大学出版会。その後の発展及び事例については、細内信孝（2010）『コミュニティ・ビジネス』学芸出版社。
注53 今田忠（2001）「英国のコミュニティ開発組織」『コミュニティ政策研究 第3号』愛知学泉大学コミュニティ政策研究所。
注54 第5章第3節、参照。
注55 グラミンバンクその他のマイクロファイナンスについては、菅正広（2008）『マイクロファイナンスのすすめ』東洋経済新報社、に詳しい。
注56 田淵節也監修・笹川平和財団・コーポレート・シチズンシップ研究会（1990）『コーポレート・シチズンシップ』講談社、に紹介してある。
注57 2010年の改正貸金業法による制度。指定信用情報機関への信用情報提供が免除され、総量規制の適用が除外される。
注58 地域通貨全般については、西部忠（2013）『地域通貨』ミネルヴァ書房が内容豊富である。嵯峨生馬（2004）『地域通貨』NHK出版、はコンパクトで分かりやすい。地域活性化センター（2004）『地域通貨に依るコミュニティの再生について』地域活性化センター、もよくまとまっている。
注59 河邑厚徳＋グループ現代（2000）『エンデの遺言』NHK出版。
注60 『ナルク　182号』2013年7月10日付。

補訂者注

補1 入会地については、現在でも少数ながら維持されているという実証研究もある。例えば、牧洋一郎「『入会権の現在』論序説」『Law and practice』(6) 145-167頁、2012年4月、早稲田大学大学院法務研究科臨床法学研究会、など参照。
補2 「代理人」とは、生活クラブ生活協同組合が始めた社会運動において、3つのルール、1. 議員はローテーション、2. 議員報酬は市民の活動資金に、3. 選挙はすべて手作りで、のもとに活動する議員のこと。生活クラブ生協とグリーンコープの地域を基盤に、100人以上の「代理人」たる地方議会議員が全国市民政治ネットワークを形成している。〈http://www.local-party.net/〉2014年5月確認。

第7章
市民社会と政府

第1節　公益の多様性

1-1　国家公益・民間公益・市民公益

　第1章で述べたように、市場の失敗、政府の失敗に対応するものとして市民社会が存在する。第4章で述べたように市民社会組織（CSO）には様々な機能があるが、重要な機能が民間公益サービスの提供である。

　日本では従来、公益とは政府が担当すべきものであり、民間公益あるいは非権力の公益活動という思想に乏しかった。これは従来の公益法人等を設立するには主務官庁の許認可が必要で、また設立後も事業実施について主務官庁の監督に服さなければならないことにも表れている。これは何が公益であるかを決めるのは国家である、との考え方で「公益国家独占主義」と呼ばれた。

　しかし公益は必ずしも国家・政府のみが判断するものではなく、民間独自の公益、市民の立場から公益を判断する市民公益もある。もちろん民主主義国家にあっては政府の意思は国民の意思であるはずであるが、権力をもつ政府が行う公益活動と権力を持たない市民が行う市民公益にはおのずから違いがある。

　民間公益活動や市民公益活動に対しては、政府がインフラ整備を行い、多様性を確保するために内容には介入しないのが望ましい。

　民間公益活動のインフラ整備とは具体的には法律・税制や行政措置で民間公益活動を促進する施策をとることであるが、オウム真理教の問題に端を発した宗教法人法の議論のように実際問題としてはなかなか難しい。

　このことは市民の自発的活動をどこまで認めるかという観点と公益性をどこまで認めるかとの2段階の問題がある。前者の点は結社の自由の問題であ

るから、日本では基本的には自由である。公益法人許可主義であることについて、日本には結社の自由がないと論じられたこともあったが、法人格は結社の自由とは別の問題である。日本で結社の自由が問題になるのは破壊活動防止法のみである。

公益性の問題は税制優遇の問題と関連してくるものであるが、まだ充分に議論がなされていないように思う。税制上の優遇措置は優遇措置を受けない納税者に不利益を与える可能性があるものであるから、税制上の優遇を与えるには規制が伴って当然である。税制については第3章で取り上げたので、ここでは詳述しない。

行政の目的も民間公益組織の目的も公益に資することである。

行政と民間公益組織は準公共財の性格を持つサービスの提供という点では競合関係にあるともいえる。民間公益組織の多くは法定の公益サービスを提供する。制度化された公益活動ともいわれる。しかし特に1980年代になると社会の変化に対応して市民主導の新しい形の公益活動が行われるようになってきた。第4章に述べたように、このような活動は1994年3月に発表されたNIRAの委託研究により「市民公益活動」と名付けられ、以後「市民公益活動」という呼び名が一般化してきた。[注1] 民間公益活動の中でも市民公益活動を担うのが本書でいうCSOである。市民公益活動は、特定の主張をすることに重きを置いた住民運動や市民運動とは概念的に区別される。

社会的ニーズに応える公共サービスの提供と負担についての正式な意思決定と行動の仕組みは、市民→（選挙）→議会→（意思決定）→行政→（執行）である。市民は、この仕組みによって決められた税を支払い、この仕組みによって決められた行政サービスを受ける。

しかし、この正式な仕組みは新しい課題に迅速に対処するのは苦手である。また一部の人たちだけに関わる問題に対しては対応できない場合がある。外国籍の人たち、障害をもった人たち、高齢の人たち、子育て中の親たち、働く女性たち等例をあげれば切りがない。一部の人たちだけの問題であっても当事者にとっては大問題である場合がある。

このような問題に対処するのが専門性をもったCSOである。CSOは議会による正式な意思決定を待たずに新しい課題に積極的に取り組み、自ら問題を解決する。[注2]

1-2　民間公益の意義

　民間公益組織の本来の機能は、まさに「民間」公益にある。即ち、事業の性質上、政府がなすべきでないもの、あるいは政府にできないもので、公益に資するものである。

　民間公益組織のより重要な機能は、間接民主主義により一元化される価値観とは別に、多様な価値観を容認し多元的な社会を実現することにある。Nancy L. Rosenblum の言うように CSO の意義は多様性（pluralism）と個別性（particularism）にある[注3]。公益の多様性という場合、公の秩序とのバランスが問題になる。これも社会の文化によって規定されるところであるが、ラルフ・ダーレンドルフが言うように、「民間公益セクターというものは、創意豊かで、ある程度特異な団体が乱立するような creative chaos（創造的混沌）の状況になければならない。民間公益セクターにもルールが必要であるが、同時に自由市場を上回る多様性を守っていくことが必要である[注4]」。

　公益サービスのうち、どの部分を民間の非営利組織が担当するかは、社会の合意により、一般解はない。アメリカでは、ファイラー委員会報告に述べられているように、「政府がすべてを解決すべきではない」という思想が定着している[注5]。

　アメリカでは日本の政府主導の社会とは根本的に異なる多元主義社会の理念が定着している。

　第3章第4節でも述べたように、民間公益組織については設立目的における公益性と受益者の範囲における公益性の問題がある。日本では設立目的における公益性は特定非営利活動促進法では20の活動が、また、公益認定法では23の事業が列挙されている。

　受益者の範囲における公益性は日本では「不特定かつ多数の者の利益の増進」と定義され、その判断は所轄庁（特定非営利活動促進法人）や公益認定等委員会（公益法人）に委ねられることになっている。

　「不特定多数の利益」という文言は旧公益法人の許可にあたっての事務で用いられていたが言語明瞭・意味不明の言葉で、具体的にはさっぱり分からない。事実旧公益法人は許可された時期あるいは許可した官庁によってかなりの差があった。公益とは何かについては歴史的に変化するものであるし、諸外国を見てもかなりの差がある。

第3章4-2(2)②で紹介したイギリスの「市民フォーラム」の判断基準のように「行政では十分カバーできない、真の社会的ニーズの解決に対応しているか」という基準が望ましい。

日本でも政府としては民間で行えるものは民間にまかせて、本来の政府・行政の役割を強化していかなければならない。外交・国防・治安と並んで政府の役割とみなされているのは社会資本の充実である。最近は公共事業の見直しが進められているが、社会資本ももっとソフトなものにシフトしていかなければならない。即ち、諸制度の整備や人的資本への投資である。情報化へ対応した制度の整備、先端医療の研究、教育制度の整備等である。教育についても国公立の学校が直接行うのか、奨学金を充実して実際の教育は民間の学校に任せるのがよいのか議論すべき論点は多い。

また公益的なサービスを営利企業に担当させることもあり得る。非営利組織は営利企業と政府との相対的関係により位置付けられるもので、絶対的な基準はない。またこの3つのセクターがいずれも同種のサービスを提供している場合も少なくない。例えば医療の分野では国公立病院と非営利組織である私立病院が併存している。また営利企業直営の病院もある。アメリカでは病院の機能が日本とは異なるけれども、アメリカでは営利企業の形態をとる病院が増加しており非営利病院は減少してきている。

老人ホームの場合は社会福祉法に基づくものは公営もしくは非営利組織である社会福祉法人の経営であるが、有料老人ホームは非営利組織のものもあるが、営利企業の形態をとるものが多い。介護保険法の実施により、在宅介護サービスには営利企業も参入することができるようになった。[注6]

どのような財・サービスをどのセクターが担当すべきかは既得権益もからんで政治問題化する。最近の例では郵便事業の例がある。同じ郵政関係では郵便貯金や簡易保険が民業圧迫として長い間議論されてきている。

第2節　政府とCSOの関係

2-1　Endangered SectorからEmerging Sectorへ

第1章で述べたように、1994年にレスター・サラモンによる非営利セク

ターについての国際比較プロジェクト"The Emerging Sector"が発表された。

その15年前の1979年にワルデマー・A・ニールセンによる"The Endangered Sector"が刊行された。この本の第1章のタイトルは、The Sector Nobody Knowsである。アメリカ社会でNPOが重要な役割を果たしているのに、その実体が知られていないところから、その実体をできるだけ数値に基づいて明らかにしようとしたのである。なおこの本ではNPOという用語はあまり使われていないで、ニールセンはNonprofit Institutionsと呼んでいる。アメリカでもこの頃はNPOという用語は一般的ではなかったのである。

アメリカでは1950年代、1960年代にNPOが発展したのであるが、1970年代になると財政的に苦しくなってくる。これには様々な要因があるが、NPOに対する寄付が減少してきたことも影響している。寄付税制の取り扱いが変ったこともその1つの理由で、寄付金控除を受けるのに個別に寄付先を申告（itemizeと言う）しないで概算（non itemize）でもよい手続きが導入されたことも影響したようである。その一方で従来NPOが活動していた分野、福祉、医療、教育などで政府の支出が増加してきて、NPOが行政の下請けになるような状況も出てきた。そのような状況を、ニールセンはEndangered（危機に瀕している）と言ったのである。

行政とNPOの関係、NPOの自立性ということは、アメリカやイギリスのようなNPO先進国でも歴史の中で何度も変ってきている。

著者のニールセンは、この本に先立って1972年に、"The Big Foundations"という本を出版し、アメリカの代表的な助成財団について紹介している。この本はトヨタ財団が設立10周年記念に『アメリカの大型財団――企業と社会』として翻訳出版しており、アメリカの助成財団やNPOの研究者の必読書ともいえる。

2-2 民間公益サービスと政府のサービス

公益サービスにおける行政とCSOの関係にはいくつかのパターンがある。
①補完型
行政補完という言葉がしばしば行政代行の意味に使われ、行政補完型と言われると心外であるというCSOがあるが、行政補完というのは行政で行うことか不可能なことを民間が行うという意味であり、社会的ニーズに迅速に

対応することが求められている先駆的・実験的事業は行政が実施するよりもCSOのほうが向いている。また政策課題が複雑化し民間のほうが情報量が多くノウハウを持っている課題もあるから、このような問題に対処するのが専門性をもったCSOである。CSOは議会による正式な意思決定を待たずに新しい課題に積極的に取り組み、自ら問題を解決する。

CSOがなければ、社会的に必要でありながらそのニーズに応えるところがなくなり、ぽっかりと穴が空いてしまうのである。フリースクール、DV対応などのようにCSOが先行的に実施し、その後行政の施策に取り入れられたものも多い。

②行政代替・代行型

代替・代行とは行政が本来やるべきことを民間公益組織が代わって行うことである。民間化公益組織は一般的には、行政より効率性（コストが安い）・柔軟性（きめの細かい対応）・多様性（オーダーメイド）が勝っており、この場合には民間公益組織が従来の行政サービスを代行するのが望ましい。社会福祉法人が行政代行・行政代替型サービスの典型であるが、CSOのサービスも政府の肥大化・硬直化への対応策として有効であり、行政からも期待されている。

③補充型

これは基本的には行政と同じサービスであるが、それをさらに補い拡充するものである。

④独立型

政府にできないもので、公益に資するもの。民間公益組織は政府とは別の価値観で行動し、Social Inclusion（社会的包摂）の実現のために個別に対応することにこそ存在意義があるというべきだろう。

事業の性質上、公益に資するものであるが政府がなすべきでないもの、例えば民間の国際協力・国際交流（特に国交ない国との間）、多様な芸術・文化の創造といった活動であり、また政府ができないこととは、経済・社会のグローバル化に伴う地球環境、人権・平和の問題といった個別の国家では対応できない諸問題への対応や、政府の政策に対する対案の提出や政府のあり方に関する研究である。このような事業については公的資金に依存することは好ましくないし、政府としても公的資金は支出できない。

このような活動は補完というよりも独立性が強い。

第3節　PPP: Public Private Partnership[注10]

3-1　CSOと行政の提携

　市民の福利の向上を効果的・効率的に実現するためには、公平を旨とする行政サービスと多様性・機動性の原理で行動するCSOとの協働が不可欠である。
　CSOは行政と提携しながら公益サービスを提供する。
　レスター・サラモンはNPOが提供する公益サービスの大きな部分が公的資金により支えられていることを指摘し、これを政府とNPOのパートナーシップ（Public Private Partnership）と呼び現在の公益サービス提供の重要な形態と位置付けた。
　日本の社会福祉法人は民間法人に公的資金を流す仕組みであるが、社会福祉法人の場合は政府の政策の執行機関になってしまっている。最近、日本では行政とNPOの協働が大流行であるが、この場合は特定非営利活動法人と地方行政との関連で論じられることが多い。
　パートナーシップは、行政とCSOがそれぞれの有する資源（ヒト、カネ、モノ、情報）を出し合って単独では提供し難いサービスを提供することである。事業実施のノウハウ、機動性、効率性、ヒトと情報のネットワーク等はCSOのほうが優れている場合が多い。
　特定非営利活動促進法の施行以来、行政とCSOのパートナーシップが取り上げられることが多くなった。特に地方行政の現場で行政の側から働きかけるケースが多いようだ。行政としても従来とは違った考え方が必要になってきたところから、求められているテーマであろう。
　CSOは活動内容によっては行政とは厳然と一線を画さなければ組織のミッションを達成できないが、活動内容によっては、行政とパートナーシップを組むことによって双方に利益がある場合がある。
　最近はパートナーシップより協働という言葉が使われる。パートナーシップは恒常的な関係をいうのに対し、協働—コラボレーションはプロジェクトごとの関係といわれるが、厳密な定義はない。
　リンデンはコラボレーション一般について「コラボレーションとは異なっ

た組織（同一組織内の異なった部局の場合もある）の人々が共に努力し資源を出し合い、共同で意思決定を行い最終的な成果物あるいは提供するサービスについての権利と責任を共有すること」と定義している。[注11]

行政に関連した協働の定義としては荒木昭次郎による「地域住民と自治体職員が、心を合わせ、力を合わせ、助け合って、地域住民の福祉の向上に有用であると自治体政府が住民の意思に基づいて判断した公共的性質をもつ財やサービスを生産し、供給していく活動の体系である」との定義があるが、[注12] 1999年4月から特定非営利活動法人の認証が始まって以来、組織としての自治体と組織としてのNPOとの協働に重点が移ってきている。荒木はインディアナ大学の政治学者ヴィンセント・オストロムによるコプロダクション（co-production）の概念「地域住民と自治体職員が協働して自治体政府の役割を果たしていくこと」を援用して議論を展開している。荒木も指摘しているように、その当時の日本ではNPOが未発達であった。

行政とNPOの協働について新川達郎監修（2003）では「公共活動の共通目標を達成するために、パートナーを尊重した対等の関係で共同活動を行い、活動の成果を相乗効果的に創出させる戦略的・実践的行為」と定義している。[注13]

3-2　協働の方法

一般的に協働の方法として、補助・助成、共催、委託、人の派遣、公の財産の使用、後援、情報交換・コーディネート等があげられる。このうち補助・助成および委託は公金の支出を伴い、地方自治法の規定に基づき公金支出を行わなければならない。また施設の管理委託は条例によらなければならない。

補助・助成と委託はいずれも公金の支出を伴うものであり、次のような違いがあるが、実際にはあまり違いがない。

即ち、補助金は一般的には、特定の事業、研究等を育成、助長するために、公益上必要があると認めた場合に支出するものであり、委託料とは、地方公共団体がその権限に属する事務・事業等を直接実施せず、他の機関又は特定のものに委託して行わせる場合にその反対給付として支払われる経費であり、目的、成果物、内容、方法等について、発注者側が主体的に取り組み、発注時に十分つめて、民間活力の源泉である競争原理を働かせて、仕様書、契約書等にまとめなければならない。

表 7-1　事業補助と事業委託の性格

項目	事業補助の性格	事業委託の性格
事業主体と責任の所在	・NPO が事業主体となる ・事業実施についての責任は NPO が負う	・行政が事業主体 ・委託先選定、事業効果、結果責任等すべて行政の責任 ・NPO は契約書等に基づき、その債務を履行する義務を負う ・NPO は、その責めに帰する理由により、行政に対し損害を与えたときは、その損害を賠償しなければならない
自主性	・NPO の自主性に基づき事業を実施	・行政との契約に基づき、NPO は委託業務を履行する
求められる条件	・行政の求める公益的な活動であること ・行政施策として誘導するだけの合理性があること（先駆性、開拓性、補完性など）	・専門性、効率性などの点で行政を上回る能力が要求される ・確実に履行できるだけの事業遂行能力が要求される
資金管理	・規則・要綱等に基づき補助事業の効果及び補助金の使途等について行政の検査が行われる ・補助事業により取得した財産の処分については制限を受ける	・契約書等に基づき履行内容等について行政の検査が行われる ・原則として、成果、目的の達成を重視し、受託者側の経費使途については制約がない

大阪府資料

　施設の管理については、2003 年 6 月の地方自治法改正（2003 年 9 月施行）で指定管理者制度が導入され、従来は外郭団体や「公共的団体」[補1]に限られていた公の施設の管理を法人その他の団体に行わせることができるようになった。

　地方自治法は第 232 条の 2 で「普通地方公共団体は、その公益上必要がある場合においては、寄付または補助をすることができる」、第 234 条に「①売買、貸借、請負その他の契約は、一般競争入札、指名競争入札、随意契約又はせり売りの方法により締結するものとする」と定めており、これに基づき業者と契約する。また第 244 条の 2 ③は「普通地方公共団体は、公の施設の設置の目的を効果的に達成するため必要があると認めるときは、条例の定めるところにより、その管理を普通地方公共団体が出資している法人で政令で定めるもの又は公共団体若しくは公共的団体に委託することができる」と定めていた。2003 年 6 月の改正でこれが次のように改正された。第 244 条の 2 ③（改正後）「普通地方公共団体は、公の施設の設置の目的を効果的に達

成するため必要があると認めるときは、条例の定めるところにより、法人その他の団体であって当該普通地方公共団体が指定するもの（以下本条及び第244条の4において「指定管理者」という）に当該公の施設の管理を行わせることができる」。

この改正を多くのNPOがビジネスチャンスと捉え、施設管理に進出したが、施設管理は基本的には不動産管理業であり、営利企業が指定されている場合か多い。NPOが指定されるのはNPOセンターや福祉・教育に関連する施設が多いが、NPOには不動産管理のノウハウがなくしばしば専門業者に再委託している。

3-3　Co-production, Co-management, Co-governance

上述のように最近は行政とNPOの協働（パブリック・プライベート・パートナーシップ）が推進されるようになったが、ペシュトフは近著において主要各国において、国家、市場、市民社会（ペシュトフの用語では第3セクター）の境界が重なり合いつつ公共サービスが提供されている状況を分析し、協力（Co-operation）の方法としてCo-production, Co-management, Co-governanceについて言及している。

Co-governanceは公共サービスの企画および提供に関し行政と第3セクター間で取り決めを行うこと、Co-managementは第3セクターが行政と協働（collaboration）して公共サービスの提供を行うことを取り決めること、Co-productionは部分的にであれ、市民が自らサービスを産み出していくこと、である。

このうち、Co-productionは個人レベルでの話であり、組織としての市民社会組織と政府・行政の関係ではない。前述の荒木の定義に近い。Co-managementとCo-governanceは市民社会組織と政府・行政の関係である。Co-managementは公共サービスの提供段階での協働であり、Co-governanceは政策形成段階での協働である。

日本ではCo-managementはかなり進んできているもののCo-governanceは殆ど進んでいないが、「あいち協働ルールブック」は、Plan → Do → Check・Actionの各段階の協働のルールを定めたものとして注目される。

愛知県では2003年6月に「NPOと行政の協働のあり方検討会議」を発足させ、タウンミーティング、テーマ別NPOの意見交換会を経て、2004年5

月に『協働ルールブック 2004』を発行、NPO に賛同を呼びかけた。

2004 年 6 月に NPO 代表者有志が「あいち協働ルールブック NPO 委員会」を発足させ、8 月 3 日に「NPO と愛知県の協働推進に向けた共同声明」署名式を開催するに至った。8 月 3 日現在で県内約 1,700 団体のうち 473 団体が署名している（法人に限らない）。2014 年 1 月末現在では、867 団体が賛同している（https://www.aichi-npo.jp/5_NPO_shien/1_aichiken/1_rulebook_2004/rulebook_index.html）。

このルールブックは英国のコンパクトをモデルに進めてきたものであるが、これからどのように実施していくのか、議会や地縁組織や企業との関係をどのように考えていくのか等課題も多い。ローカル・ガバナンスとしては包括的なものではないが、先駆的な動きとして評価したい。

『あいち協働ルールブック 2004』の骨子は次の通りである。

Ⅰ．NPO と行政の協働の意義および原則
 1. 協働を進める社会的意義
 2. 協働の意義
 3. 協働の原則
 4. 継続的な検証と改善
Ⅱ．NPO と行政の協働についての基本姿勢
 1. 企画立案（Plan）（1）情報交換、意見交換（2）施策・事業の企画立案
 2. 実施（Do）（1）委託（2）補助（3）事業共催（4）後援（5）事業協力
 3. 評価・改善（Check・Action）

3-4　協働の施策

地方自治体で協働に関連する条例や指針が制定され、協働の施策が行われている。

条例化が早かったのは 1999 年 10 月施行の「箕面市非営利公益市民活動促進条例」、2000 年 7 月施行の「横浜市市民活動推進条例」、2001 年 7 月施行の「横須賀市市民協働推進条例」である。

大阪狭山市では市民公益活動促進条例を定めていたが、2003 年に「ボランティア、NPO など市民との協働によるまちづくり」を掲げた吉田友好市長

になってから一層市民との協働が推進されている。2003年7月に市民の代表委員による審議会が「補助金制度及び支援基金のあり方」を答申し、これに基づき具体策が進められている。

市と市民の協働の具体的な柱は次のように、かなり幅広く捉えられている。①政策提言・企画立案、②委託契約、③補助金交付、④催しなどの共催、⑤事業への協力、⑥実行委員会・協議会の運営、⑦後援、⑧情報の提供・交換。

具体的事例としては、市民公民館パソコン講座の運営、市立図書館の市史・蔵書整理等があるが、拡大されてきており、2014年度では166事業、事業費概算で2億6,719万9,000円が実施予定とされている（http://www.city.osakasayama.osaka.jp/resources/content/125/H26yotei.pdf）。

3-5　パートナーシップの課題

(1) パートナーシップと公金支出禁止規定

従来日本では行政は上位にあるというお上意識があったから、パートナーシップという対等の関係を結ぶのに慣れていない。市民が自ら「公共性」を担うという市民意識が成熟していなければパートナーシップは難しい。

最近は地方自治体ベースでパートナーシップが進みつつあるが、国の規制による制約がある。地方主権の確立を主張し続けなければならない。また最近の協働の論議はNPO支援の観点から進められているが、協働が求められるのは市民のためであるということが忘れられている。協働を議論する場合に市民の利益というのを念頭に置いておかなければならない。さらに市民参加の促進の枠組みを考えておかなければ市民の賛同は得られまい。

最近NPOに対する助成や委託契約について公開コンペで決めることが行われ始めており、好ましい傾向であるが、行政とNPOが公開の場で議論をするという文化はまだ育っていない。政治に限らず文化でも論争や批評は人格的非難・中傷ととられがちである。debateとcritiqueの文化の醸成が待たれるところである。

根回しの文化、和の文化それ自体悪いことではないが、密室協議になりがちである。公開の場で相互に議論をしながら最善もしくは次善のものを選択するプロセスを確立しなければならない。双方が特色を生かして能力を発揮していくためには、パートナーシップを組む場合のルールを明らかにし、実

態が市民の目に見えるようにすることが大切である。

　行政とNPOの協働の多くの場合は公金支出や公の財産の使用を伴う。そのような場合は憲法第89条の公金支出禁止規定を厳密に考えると、NPO側が独立性を保つのはなかなか難しい。NPOの人達は「行政は金を出しても口は出すな」と言うことがあるが、これは行政としては憲法違反だからである。

　憲法第89条の規定は、「公金その他の公の財産は、宗教上の組織若しくは団体の使用、便益若しくは維持のため、又は公の支配に属しない慈善、教育若しくは博愛の事業に対し、これを支出し、又はその利用に供してはならない」である。この条文違反を回避するために、公の支配に属する団体として社会福祉法人が考え出されたし、私学助成金やNGOに対するODAの支出が問題とされている。憲法第89条も歴史的意味があったが、現実には民間のみで成り立ち得るNPOは少ない。私見ではこの条文は削除すべきである。

　その点、神奈川県の「かながわボランタリー活動推進基金21」における負担金の考え方は、「公の支配」をできるだけ薄め対等な協働により事業を実施しようという試みとして評価できる。その1つの例が、特定非営利活動法人の「楠の木学園」とともに行った「引きこもりの実態調査」を1つの核とした「引きこもり青少年支援の協働ネットワーク事業」である。この調査研究会には学園スタッフ、県職員、学識経験者が参加し、県が負担金という形で経費を負担した。まさに行政とNPOが双方の資源を出し合って実施する協働事業である。その後この事業から2005年には（特）リロードが設立され、この団体が神奈川県から「ひきこもり等青少年自立支援モデル事業」の委託を受ける形で事業が継続されている。

(2) 横浜コード

　横浜市では協働を推進するにあたり横浜市市民活動推進検討委員会で検討を行い、公金支出等を伴う市民活動と行政との協働する際の基本的あり方として、次の3つの要件が満たされた場合、憲法第89条後段との整合も図られたものとなると結論づけることとした。

　即ち、公金支出等を伴う市民活動と行政との協働する際の基本的あり方として

　①　公金支出等の対象となる市民活動が社会的公共性をもつこと

②　公金の支出及び公の財産の利用に供された事業に関する報告・検査など「公費濫用の防止」のための措置が講じられていること
③　①②を担保するものとして、市民活動及び行政に関する情報が公開され、市民が誰でもその情報に接して内容を確認することができるようにすること

という3つの要件が満たされた場合、憲法第89条後段との整合も図られたものとなると結論づけることとした。

そこで、横浜市では1998年9月に次のような協働の原則を含む「横浜コード」(「横浜市における市民活動との協働に関する基本方針」)を定めた。[補2]

1. **対等の原則**　協働で問題を解決するためには、双方が対等の関係であることが重要となる。上下ではなく横の関係にあることをお互いに常に認識し、各々の自由な意思に基づき協働することが第一歩となる。
2. **自主性尊重の原則**　協働にあたっては、公共的課題に対して弾力的に対応できる等、市民活動の長所を十分生かすことが大切であり、市民活動の自主性を尊重することが重要な視点となる。
3. **自立化の原則**　公共的課題を協働して解決するパートナーにふさわしく、自立して独自の事業を展開できる市民活動団体が数多く育って行くことが、今後の地域社会にとって重要である。依存や癒着関係に陥ることなく、双方が常に自立した存在として進められてこそ協働は意義のあるものとなる。
4. **相互理解の原則**　相手の本質を十分認識し、理解し、尊重することは、よりよい協働関係構築のために重要なことである。長所や短所も含めてお互いをよく理解してこそ、それぞれの役割を確実に果たすことができる。
5. **目的共有の原則**　協働による公共的課題の解決は、不特定多数の第三者の利益をその目的とするものである。まず、協働の目的が何であるかを双方が共通理解し、確認しておかなければならない。
6. **公開の原則**　協働関係を結ぶ両者の関係が、外からよく見える、開かれた状態であることが必要である。そのため両者についての基本的事項が情報公開されるとともに、一定の要件を満たせば誰もがそこに参入できることが、公共的課題解決に関する協働には欠かせない条件である。

(3) 神戸市財務会計マニュアル

神戸市では内部の財務会計マニュアルで委託契約の取り扱いを定めている。即ち、委託契約も公金支出を伴うものであり、「憲法上の制約」に従う必要があるため、公共公益チェックについては「委託事務の執行の適正化に関する要綱（S56.1.14）」を設置し、局室区ごとの委託審査委員会にかけている。

この要綱の骨子は次のようなものである。

[一般的基準]
1) 法令に適合していること
2) 公共性が損なわれないものであること
3) 行政責任が確保できること
4) 市民サービスが確保できること
5) 経済性が期待できるものであること

上記の一般的基準も満たしたうえで事務の内容に応じて次の3つの類型に分け、基準と留意点を定めている。

第1類型　（専門的情報・知識・技術を活用するもの…調査・研究）
第2類型　（規模の利益が期待され、かつ専門的技能活用…電算処理、施設管理）
第3類型　（市民ニーズへのきめ細かな対応、市民意識の高揚…文化・スポーツ、地域福祉活動など）

3-6　協働契約書の試み

行政とNPOの協働は、協働とは言いながら委託契約の形をとる場合は主体は行政でありNPOは下請けであり、事業なり研究の成果は委託者である行政に帰属する。それでは行政・非営利組織がそれぞれの有する資源（ヒト、カネ、モノ、情報）を出し合って単独では提供し難いサービスを提供するとは言えない。そこで（特）市民活動情報センター（代表理事今瀬政司）では、行政とNPOが対等で事業が実施できるような協働契約書の雛形を発表し

た。この契約では行政とNPOの双方を事業主体としていること、権利の帰属など条項全般で両者を対等としていること、プライバシーに係わるものを除き情報公開を原則としている。

同センターでは、この雛形を各地の行政・NPOにアンケートを行い、その検証を行ったが、総じて評価する声が少なくなく、新たな契約システムを求めるニーズは高いとしている。注15補3

第4節　インターミディアリとコミュニティ・シンクタンク

NPOの本質は非営利性とともに非政府性にある。非政府性を確保するには自主財源が確保されなければならないが、現在、日本では自主財源を確保することが極めて困難な状況にあり、政策への参加を難しくしている。

これらの諸団体や市民の間をつなぎネットワーク化していくのが、インターミディアリとか基盤組織と呼ばれるものである。中間支援組織や社会福祉協議会（これも広義のNPOである）がインターミディアリの例である。様々な行動主体の間に多様な機能をもったインターミディアリが存在しなければならないし、もっと強化していかなければならない。

最近は地域経営という用語が用いられる。地域に根ざしたまちづくり団体が総合的な連絡調整を図りながら地域の問題の解決にあたる。従来のまちづくり協議会よりは、扱う範囲が広く参加者も多様な地域経営協議体ができていくことが期待される。

民間で政策立案に携わるのがシンクタンクであるが、日本では企業や行政と関係が深いシンクタンクが多く、必ずしも市民の立場に立っているとは言えない。

地方レベルでの行政の評価、政策の策定、政策の評価を行うには、コミュニティ・シンクタンクが重要な役割を果たす。コミュニティ・シンクタンクは（特）NPO政策研究所が1998年5月に研究部会を立ち上げて提唱したもので、比較的新しい概念である。1998年8月に中間報告『コミュニティ・シンクタンクをつくろう』、2000年8月に報告書『地域の問題解決力をサポートするために —— コミュニティ・シンクタンクのすすめ』が発表された。コミュニティ・シンクタンクとは同報告書によると「市民活動やNPOが政策

提言を行うに際して求められる先駆性、問題発見性、変革性、実現性などの専門的な視点を支援する『しかけ』である。コミュニティ・シンクタンクの意義は、活動を通じて地域の問題発見・解決能力を高め支援し高めることにあり、主なクライアント（顧客）は地域の住民である」。

コミュニティ・シンクタンクは新しく提唱された概念であるからまだそれほど実績があるわけではない。同報告書では萌芽的なものとして次の5組織を取り上げている。

- NPO政策研究所　サステイナブル・コミュニティづくりを主眼に、NPO活動と連動しながらコミュニティ公共政策の研究を行う。
- アリスセンター　正式名称は「まちづくり情報センターかながわ」である。市民自治型の地域社会を目指し、市民がまちづくりの主体となるための手法やシステムの開発、社会環境整備に関する提案を行うとともに、地域における市民の活動やまちづくりのための実践、政策提案を支援する。
- あおぞら財団　正式名称は「財団法人公害地域センター」。大阪市西淀川公害訴訟の和解金の一部を被害者が拠出して設立された。行政やかつては被告人であった企業ともパートナーシップを組み、幅広い専門家や協力者の支援も得て「西淀川地域再生マスタープラン」のための研究を実施。
- コミュニテイ・エンパワーメント東大阪　従来から開催していたコミュニティサロンの実績をもとに特定非営利活動法人として設立。まちづくりには市民ひとりひとりが主体的な存在としてエンパワーメントすることが重要であるとの理念から、あらゆるNPOの中間支援組織として地域のまちづくりと課題解決のための役割を担う。[注16]
- 明石まちづくり研究所　市民の、市民による、市民のためのシンクタンクを名乗っている。まちづくりに取り組むグループや団体をサポートしたり、地域のまちづくり計画策定や調査、提言のニーズに地元で応えられるシンクタンクを目指している。

その後各地でコミュニティ・シンクタンクの動きが広まっており、（特）コミュニティ・シンクタンク『評価みえ』もコミュニティ・シンクタンクを標榜している（1999年1月評価みえ：市民による事業評価検討グループ—三重、1999年12月コミュニティ・シンクタンク「評価みえ」、2000年4月特

定非営利活動法人格取得）。

しかしいずれも規模は小さく、専任の研究員がいないところもあり、経営基盤は弱い。もっともコミュニテイ・シンクタンクはコミュニティの知的資源をネットワークしていくことにより、成果をあげることができるのであり、コーディネート機能が重要である。

NPO政策研究所では、政策過程とCSOあるいは市民の参画手法を次のように整理している。

表7-2　政策過程と参画手法[注17]

政策課題	① 課題発見（設定）	② 原案発議	③ 政策決定	④ 事業決定	⑤ 行政評価
主な内容	課題状況 ニーズ把握 争点整理	複数案設定 優先順位づけ 原案選定	合意形成 制度確認 （予算・法） 制度決定	執行手法 執行手続 進行管理	行政評価 （事中・事後評価） 改善・改革
担い手	市民、NPO、企業 自治体 政党・議員 自治会等	首長 市民 議員	首長 議会	首長 NPO	首長 議会 市民、NPO
参画 その手法	問題把握、集約、分析 自治体への提言 議員への提言 自治会等への団体提言	請願、直接請求 住民投票 審議会等への参画 （政策の事前評価）	議会への意見、提案 議会傍聴	手続等についての提案 協働手法の提案、具体化 問題状況の報告	市民、NPO評価 オンブズパーソン

第5節　市民参加の試み

5-1　市民参加の原則と段階

ガバナンスに市民が参加し、自立した市民が主体的に意志決定を行うためには、市民自らの行動が求められるわけであるが、それと同時に、市民自治が制度として保障されなければならない。

ここでは市民参加の原則と段階を紹介しておく。これはイギリス農村部のデボン・コミュニティのフィールド・オフィサーのハナ・レイノルズによるものであるが、極めて実践的で参考になる。[注18]

市民参加の原則
1. すべての人に参加の機会を ―― 女性、障害者、青少年、子ども等従来疎外されていた人も
2. 障害者の参加しやすい場所
3. 理解しやすい文章
4. 民主的意思決定

市民参加の段階としてよく引用されるのがアメリカの社会学者シェリー・アースタインの参加のはしごで、次の8段階に整理している。[注19]

8-6. 住民権力（degrees of citizen power）の段階
    8. 自主管理（degree of tokenism）（citizen control）
    7. 権限委譲（delegated power）（nonparticipation）
    6. 協力共同（partnership）
5-3. 名目参加の段階
    5. 宥　和（placation）
    4. 協　議（consultation）
    3. 情報提供（information）
2-1. 非参加の段階
    2. 治　療（therapy）
    1. 操　作（manipulation）

5-2　地方自治体政策への市民参加

政治・行政には国政レベルと地方自治体レベルがある。最近は国政レベルでの政治改革、行政改革が遅々として進まない中で、地方自治体レベルでの新しい動きが出てきている。

(1) 基本構想への市民参加

三鷹市では1997年9月から3年をかけて基本構想策定作業に取り組んだ。そこでは策定主体は自治体であるが、市民（客観性の確保）と科学（科学性の確保）が協力主体として参加する3主体構造論を大前提とした。

科学とは、市内にある ICU（国際基督教大学）等の協力を得て作成した各種の科学的調査研究、現状分析、将来予測などの策定資料としての科学的データである。このデータを基礎に「基本構想試案」を策定し、市議・市民代表・学識経験者により構成された基本構想審議会の討論を経て「基本構想素案」を策定した。ここでは市民参加を計画策定段階における市民参加とフィードバックのための市民参加の2段階に分けており、現実的で説得力がある。

計画策定段階ではアンケート調査（市外からの通勤者も対象）、まちづくり市民の会（一般公募30人、基本選挙人名簿から無作為抽出20人、自治会・市民団体および政党支部代表者など25人の計75人）、懸賞論文募集（17人）、ちびっこ会議（市内小学生代表12人による理想都市論議）。フィードバックのための市民参加は、構想素案の段階で実施され、市民の意見を聞く会（3回延べ100人）、課題別説明会（4回延べ41人）、地区別集会（19回延べ359人）、意見書の提出（23通）、基本構想審議会（市議7人、市民代表11人、学識経験者6人、38回開催）。[注20]

1999年10月に市長の呼びかけで市民参加による「みたか市民プラン21会議」が発足、自治体の基本計画が進められた。三鷹市で特徴的なのは次の諸点である。第1に、自治体の基本構想・基本計画への住民参加であること。第2に、参加メンバーは限定されず住民であれば完全自由参加できること。第3は住民と行政のパートナーシップ協定を公式の文書で結んでいること。第4に行政評価システムとリンクする段階まで進んでいること、である。

「みたか市民プラン21会議」には次の分科会があり、市民が参加している。[注21]

　①都市基盤の整備
　②安全なくらし
　③人づくり
　④安心できる生活
　⑤都市の活性化
　⑥平和人権
　⑦市民参加の在り方・NPO支援
　⑧情報政策
　⑨自治体経営

⑩地域のまちづくり

「みたか市民プラン21会議」は、2000年10月に市への提言として「みたか市民プラン21」をまとめ、その提言を受けて、市から提示された基本構想と基本計画の素案に対して意見表明を行い、基本計画が確定した2001年11月に解散した。[補4]

(2) まちづくり基本条例・自治基本条例・市民参加条例・環境基本条例

日本の地方自治体は、憲法第92条「地方公共団体の組織及び運営に関する事項は、地方自治の本旨に基づいて、法律でこれを定める」、第94条「地方公共団体は、その財産を管理し、事務を処理し、及び行政を執行する権能を有し、法律の範囲内で条例を制定することができる」との規定に基づきミニ国家として位置付けられている。

最近は国の憲法にあたるものとして自治基本条例を制定する自治体が出てきている。

北海道ニセコ町まちづくり基本条例（2001年）が最初のものである。まちづくり条例という名称であるが、まちづくりは「自治」が基本であるとし、自治の実現のための基本原則として「情報共有」を掲げている。この種の条例としては住民自治を徹底させたもので実質「住民自治基本条例」であるとして注目された。

松下啓一は「自治基本条例が必要なのは少子高齢化社会の到来による税収の減少である。こうした難局を乗り越える1つの方法は増税であるが、これでは根本的な解決にならない。自治基本条例は、行政、議員、市民（町内会、NPO、福祉団体）それぞれが役割を果たすためのルールである。したがってルール自体を市民が主体になってつくるべきである。しかし市民代表は首長や議員と違い市民の信託を受けているわけではない。そこで米子市や流山市では多くの市民の意見を聞いて回る方式をとった」。[注22]

ニセコ町に続き、東京都杉並区自治基本条例（2003年）、東京都多摩市自治基本条例（2004年）、三重県伊賀市自治基本条例（2004年）、神奈川県大和市自治基本条例（2005年）などが策定された。

● ニセコ町

北海道ニセコ町では2000年12月22日に「ニセコ町まちづくり基本条例」を制定し、2001年4月1日に施行した。

まちづくりに参加する権利が条例で保証されているが、注目すべきなのは「満20歳未満の青少年及び子どもは、それぞれの年齢にふさわしいまちづくりに参加する権利を有する」との条文である。また「コミュニティ」の章を設け、コミュニティにおける町民の役割を規定しているのも特徴的である。評価については具体的には「常にもっともふさわしい方法で行うよう検討し、継続してこれを改善しなければならない」と定めている。

現在は予算への住民参画として住民税1%分（2005年度100万円）の予算について住民による事業提案を募集し、全員公募の予算検討委員会による審議、町長による予算案の策定、議会の議決を経て予算化される仕組みができている。

またニセコ町では2002年には住民参画で環境基本計画を策定、また寄付者が寄付金の使い道を指定できる「ニセコ町ふるさとづくり基金」の設定を条例化し、全国から寄付が寄せられている[注23]。

● 大和市

2004年12月7日公布、2005年4月1日に施行された神奈川県大和市の自治基本条例は、徹底的な市民参加と市民たちのPublic Involvementによる制定過程に大きな特徴がある。2002年4月に自治基本条例制定の方向が示され、「大和市自治基本条例をつくる会」が10月に発足した。「つくる会」は公募による35名の市民メンバーが中心となり、学識経験者1名、市職員5名のメンバーが条例案の策定にあたった。2度の市民対象のフォーラムを経て2004年5月30日に素案を町長に提出した。行政による実施手続き上の検討、議会との協議を経て9月8日に市議会に上程され、10月4日に修正可決された。

大和市の条例はPublic Involvementの手法と共に住民投票の請求権と投票権を16歳以上としたことが注目された[注24]。

なお、この条例は土屋侯保市長時代に制定されたものであるが、2007年に市長に就任した大木哲市長は、公共を担う主体は行政であるとして市民参加について否定的な見解を表明し、注目された[注25]。

自治基本条例まではいかないが、市民参加条例は各地で制定されている。

● 箕面市

市レベルでは1997年4月に施行された箕面市市民参加条例が先駆的である。箕面市は橋本卓市長が就任後、「福祉のまちづくり総合条例」「まちづく

り理念条例」「市民参加条例」「まちづくり推進条例」「都市景観条例」「文化財保護条例」「非営利公益市民活動条例」「子ども条約」を相次いで成立させ、独自の市政を展開してきた。なかでも市民参加条例と箕面版NPO条例といわれる非営利公益市民活動条例は全国的にも注目された。市民参加条例で特徴的なのは、会議公開の原則、市民委員公募制度の創設、および、住民投票の制度化である。この条例は、首長、議員はオールマイティではないとの考えに立っており議会制民主主義の形骸化に挑戦したものである。

　自体政策の一部である環境基本条例案を一般市民の参加を得て策定した例に北海道伊達市、京都府城陽市がある。

◉城陽市

　城陽市では2000年9月に環境基本条例に着手したが、市はこの条例を一般市民の参加による市民参加型により策定することとした。そのための組織として「城陽市環境市民懇話会」を設置した。懇話会のメンバーは一般公募市民10名、事業者代表6名、各種組織代表4名の20名である。会議のコーディネータとして環境NPOの「気候ネットワーク」が市の委託により議論の進行管理にあたった。気候ネットワークは地球温暖化防止京都会議（COP3）の際に結成された「気候フォーラム」を前身とする。

　懇話会の提言書は2001年4月に提出されたが、提言書に盛り込まれた「市民参加」「パートナーシップ」等について行政側から難色が示され紛糾するが、結局、懇話会と行政が条例の各文言に至るまで協議する形で条例案が策定され、2004年4月に「城陽市環境基本条例」が施行された。市民参加については、あらゆる政策段階における、並びに市民参加型の推進体制が、明記された。その後も懇話会と行政の協働により環境基本計画が策定された。[注26補5]

5-3　地方自治体の行政経営

◉東京都足立区

　足立区では2003年度から包括予算制度を導入して成果を挙げている。目標に対して有効な事務事業であるかどうかを検証したうえで予算を配分する方法であり、達成度によっては予算を増額する場合もあり、単なるシーリングではない。

◉愛知県愛西市

　愛西市では市の総合計画と行政改革大綱の体系的な連携を重視している。

総務省は地方自治体に対し2005年度を起点とし2009年度までの集中改革プランの策定を求めているが、愛西市では10年後の目標数値を設定した集中改革プランを策定し、これに基づき各年度の目標を設定する手法をとっている。目標達成にあたっては市民と行政との協働による市民本位の行政経営を目指している。[注27]

● 池田市

大阪府池田市は2007年6月の定例市議会で「池田市地域分権推進に関する条例」を制定し、日本初の地域分権システムの構築に着手した。このシステムは当面、個人市民税の1%程度、金額にして7,000万円程度の範囲内で11の小学校区に600万円から700万円程度の範囲で予算提案を行うことができるというものである。池田市は自治会の組織率が20%程度のところもあるところから小学校区単位としたもので、各校区ごとに「地域コミュニティ推進協議会」を設け、市職員5名から7名を「地域分権・サポーター職員」として配置し相談に乗ることにしている。なおサポーターは公募による自主的なかかわりである。

5-4　行政評価

● 青森県

青森県では県民が自主的に実施する「政策研究・提言・アドボカシー活動」を対象に「あおもり県民政策研究」助成を行っており、助成の審査は「あおもり県民政策ネットワーク」が担当している。また政策評価については、マーケティングなどの専門家と市民・県民からなる第三者組織である「政策マーケティング委員会」を設置し、顧客主義に立った政策評価の手法開発を委ねた。政策マーケティング委員会では政策評価の基準値として66の「めざそう値」を明らかにしたが、この評価指標の選定や「評価基準値」の設定を徹底した県民起点のアプローチで行っている。

● 三重県

市民参加の評価で注目されているのは三重県である。三重県は北川正恭知事による行政改革が有名であるが、1998年の春に県NPO室が新設され、ここを拠点に500人に上る市民が活動を始めている。このメンバーの中から「グループみえ」が誕生し、市民による行政事業の評価が始められた。（現在はコミュニティ・シンクタンク「評価みえ」）。

●横須賀市

「市民協働による行政評価」を標榜している横須賀市は、庁内の評価結果を第三者委員会である「まちづくり評価委員会」が外部評価している。

第6節　英国のコントラクトとコンパクト

　英国では医療提供について国家責任を定めたNHS（National Health Service Act: 国民保健サービス法。医療提供について国家責任を定めた）が1990年に改正され、国民保健サービス・コミュニティケア法となり、在宅医療・在宅福祉が重視されるようになった。それと同時に保健・医療関連の権限と財源が地方政府に移管され、地方政府とボランタリー組織が契約を結ぶようになってきた。これがContract Cultureと呼ばれるもので、ボランタリー組織間あるいはボランタリー組織と企業との間で競争入札が行われるようになった。これは社会福祉サービスのみならず、環境、文化芸術活動にも適用された。コントラクトは民間団体としての自立性をいかに保つかという問題と、民間団体の二極分化をもたらすという問題がある。

　1997年5月に18年ぶりにブレアの労働党政権となり、ボランタリー・セクターに対する施策に大きな転換が行われた。

　保守党政権のボランタリー組織に対するパラダイムは公的サービスの代行提供者としての位置付けであったのに対し、労働党政権の方向は公的サービスについて契約（contract）を通じて支配するという構造を取り払ったのみではなく、ボランタリー・セクターをコミュニティ統治（Community Governance）という非常に異なるコンテクストの中に置いた。

　コミュニティ統治の中心的な要素は次のようなものである。

①行動的市民（active citizen）の概念　これは地域コミュニティに積極的に関与し、ボトムアップ型の政策形成に貢献する市民である。コミュニティ統治の概念に対応して、内務省のボランタリー活動・コミュニティ活動室が行動的コミュニティ室（Active Community Unit）へ変更された。

②総合的課題に対する政府側の総合的対応　別個の繋がりのない施策ではなくコミュニティに根ざした一元的対応である。

③地方政府の近代化　これは地方政府の組織を近代化し、成果管理に対する新しい方法を開発しようというものである。また政府の施策、例えばSingle Regeneration Budget（SRB）の企画および実行へのコミュニティ参加を促進し民主的手続きそれ自体を刷新しようとしている。これは従来のような共同社会主義的な共同自治体制（communitarian approach）から脱し、民主的意思決定およびアカウンタビリティの多様な源泉を開発しようとするもので、その1つの方法が地域のボランタリー組織やコミュニティ組織（Voluntary and Community Organization, VCO）を重視していこうというものである。

④社会統合政策（Social Inclusion Agenda）および持続的発展（Sustainable Development）の推進を部門を超えて政府の政策の中心に置く　内閣府（Cabinet Office）内の社会的排除対策室（Social Exclusion Unit）が社会的排除撲滅に取り組んでおり、政府は英国における地域コミュニティの持続的発展に向けて革新的アプローチを積極的に促進している。

このような一連の施策の中心的概念が政府とコミュニティとのパートナーシップである。

このように労働党のブレア政権ではボランタリー組織が社会における1つの主要なセクターとして位置付けられるようになり、政府とボランタリー・セクターとの間でコンパクト、協約（compact）が結ばれた。もっとも、このコンパクトはブレア政権が新たに打ち出した施策ではなく、保守党政権時代に提出されたディーキン報告に基づいたものである。

コンパクトはイングランドについては1998年11月にCompact on Relations between Government and the Voluntary and Community Sector in Englandとして発表され、ブレア首相のメッセージに続き、政府側は内務大臣（Home Secretary）のJack Straw、ボランタリー・セクター側はボランタリー・コミュニティ・セクター政府関係検討委員会（English Voluntary and Community Sector's Working Group on Government Relations. 事務局はNCVO[注28]である）委員長のKenneth Stoveが署名している。

コンパクトは全17条、付属文書8条からなり、政府とボランタリー・コミュニティ・セクターとの基本的関係を文書化したものである。

ブレア首相のメッセージによると、コンパクトの基本的考えは、公共政策・公共サービスの策定・実行に関し、政府とボランタリー・コミュニティ・

セクターは相互補完の関係にあり、政府は国民生活のあらゆる分野においてボランタリー・コミュニティ活動を推進する役割がある、というものである。
本文の章の見出しだけ紹介すると、次のようになっている。

コンパクトの地位
共有するビジョン
共有する原則
政府の行うべきこと
ボランタリー・コミュニティ・セクターが行うべきこと
コミュニティ・グループ、黒人・少数民族組織に関する問題
不一致点の解決
コンパクトの前進

スコットランドについてはイングランドより早く1998年10月にコンパクトが発表されている。
地方自治体レベルでも順次コンパクトに類する文書が発表されており、例えばグラスゴー市では実施基準 (Code of Practice on the Joint Working of Glasgow City Council and the Voluntary Sector) が、デボン州ではパートナーシップ合意書 (Partnership Agreement) の形で明かにされている。[注29]

筆者注

注1 総合研究開発機構 (1994)『NIRA研究報告書——市民公益活動基盤整備に関する調査研究』総合研究開発機構。

注2 民間非営利セクターである第3セクターの役割に着眼することによって、市民を公共性の担い手とした新しい理論モデルを提示することができるのである。第3セクターにおいて市民が担う公共性とは、医療、福祉、災害救助などにみられるように、いわば隣人愛に基づいたものであり、いわば高度の公共善と呼ぶにふさわしいものなのである。共同体主義および公民的共和主義が実現を目標としている公共善も、基本的にはこの第3セクターにおける公共性に該当するといえよう。旗手信彦 (2001)「市民的リベラリズムと現代日本の市民社会」今井弘道編『新・市民社会論』風行社、159-160頁。

注3 Nancy L. Rosenblum & Robert C. Post eds. (2002) *Civil Society and Government*, Princeton University Press.

注4 ラルフ・ダーレンドルフ（2000）「非営利セクターをどう生かすか　日本社会に創造的カオスを」林雄二郎・加藤秀俊編著『フィランソロピーの橋』TBS ブリタニカ。
注5 第3章第4節、参照。
注6 山内直人編（1999）『NPO データブック』有斐閣、13頁、参照。
注7 Waldemar A. Nielsen (1979) *The Endangered Sector*, Colombia University Press.
注8 ワルデマー・ニールセン（林雄二郎訳）（1984）『アメリカの大型財団』河出書房新社。
注9 E・T・ボリス、C・E・スターリー編著（上野真城子・山内直人訳）（2007）『NPO と政府』ミネルヴァ書房、は本章のテーマについてのアメリカの状況についての有益な文献である。
注10 今瀬政司（2011）『地域主権時代の新しい公共』学芸出版社、金谷信子（2007）『福祉のパブリック・プライベート・パートナーシップ』日本評論社、参照。
注11 Collaboration occurs when people from different organizations (or units within one organization) produce something together through joint effort, resources, and decision making, and share ownership of the final product or service. Russell M. Linden (2002) *Working across boundaries: Making Collaboration work in Government and Nonprofit Organizations*, Jossey-Bass.
注12 荒木昭次郎（1990）『参加と協働　新しい市民＝行政関係の創造』ぎょうせい。
注13 新川達郎監修（2003）『NPO と行政の協働の手引き』大阪ボランティア協会。
注14 Victor A. Pestoff & Taco Brandsen, eds. (2008) *Co-production: The Third Sector and the Delivery of Public Service*, Routledge.
注15 今瀬政司（2007）『市民主権・地域主権に基づく「市民優位の協働政策」に関する研究報告書』。
注16 2011 年 4 月に解散した。
注17 NPO 政策研究所（2000）『地域の問題解決力をサポートするために —— コミュニティ・シンクタンクのすすめ』NPO 政策研究所。
注18 ハナ・レイノルズ講演記録『民間ボランタリー・セクターの役割と課題 —— 日英比較』笹川平和財団。
注19 Eight Rungs on the Ladder of Citizen's Participation, Sherry Arnstein (1969) *A Ladder of Citizen Participation*, Journal of the American Planning Association.
注20 土岐寛（1993）「自治体計画の策定と市民参加」西尾勝編集『コミュニティと住民活動』ぎょうせい。
注21 清原慶子（2000）『三鷹が創る自治体新時代』ぎょうせい。
注22 松下啓一（2010）「自治基本条例 —— なぜつくるのか、どうつくるのか」大阪 NPO センター『むすび　Vol. 82』。
注23 『環境市民　No. 171』。
注24 牛山久仁彦監修（2005）『市民がつくったまちの憲法 —— 大和市自治基本条例ができるまで』ぎょうせい。
注25 この件については下記のように神奈川新聞に報道された。

大和市の大木哲市長は八日までに、市独自の地域自治システム「市民自治区」制度を中止する方針を決めた。同制度をやめる代わりに、地域防犯活動推進事業を増額するなどの一般会計補正予算を発表している。市民自治区のモデル事業として昨年十月から活動してきた渋谷西市民自治区の住民から「水を差された」「継続したい」などの不満の声が上がっていた。

　前市長が打ち出した市民自治区は、市内を十地区に分けた上で地域のことは地域で決め、将来的にはそれぞれが予算を持ち、豊かな地域づくりを進める制度。「市民ニーズの多様化に対応するために始めた」（同市）。

　渋谷西地区は周辺の十三自治会や学校PTAなどで構成され、千本桜商店街の空き店舗を事務所として活用。モデル地区の前段階の「はじめの一歩事業」で防犯パトロールを実施してきたほか、市民自治区単独事業として、大規模防災訓練や就学前児童を対象にした防犯教室、自治会長を対象にした自動体外式除細動器（AED）の講習会などを行ってきた。

　しかし、五月に就任した大木市長が「広く市民の理解を得ているとは思えない」として中止する意向を明らかにすると、「市長は選挙で市民自治区について言及していなかった。いきなり閉鎖はおかしい」「せっかく始めた事業を全部白紙に戻すのはもったいない」など不満が続出。

　市のホームページ（HP）上に載せていた市民自治区のページを突然閉鎖されたことで、「公のHPに載せたものを削除する前にパブリックコメントを行うなど、きちんとした手続きを取って説明する責任があるはずだ」などと反発が強まった。

　今回の補正予算案では、地域防犯活動推進事業として百八十五万円を計上。迷惑行為防止看板の設置や自主防犯活動用貸与物品整備などのための増額といい、防犯活動などの継続を求めてきたモデル地区の住民らの意見を踏まえた形だ。

　市側は「市民自治区は中止するが、これまで行ってきた活動は財産。今後もぜひ継続してほしい」とし、深まった溝を埋めたい考えだ。

注26　平岡俊一（2007）「市民参加型環境政策形成におけるコーディネーターとしての環境NGO——京都府城陽市の事例から」『ノンプロフィット・レビュー』June 2007、日本NPO学会。

注27　『市民フォーラム21』ニューズレター Vol. 35. 2007. 6.

注28　第1次世界大戦後に、新たに生じてきた社会的ニーズに対応する必要が生じてきたこともあって、1919年に全国レベルの組織として全国社会サービス協議会、NCSS（National Council for Social Services）が設立された。NCSSは1980年に全国ボランタリー組織協議会（National Council for Voluntary Organizations: NCVO）に名称変更され、現在に至っている。

注29　コンパクトについては、川口清史（1999）『ヨーロッパの福祉ミックスと非営利・協同組織』大月書店、今田忠（2001）「英国のコミュニティ開発組織」『コミュニティ政策研究第3号』愛知学泉大学コミュニティ政策研究所、および市民参加型日英交流プログラム（1999）『日英市民参加型NPO（VNPO）』市民参加型日英交流プログラム、を参照。イングランドのコンパクトの原文および訳文は、市民参加型日英交流プログラム（1999）『日英市民参加型NPO

（VNPO）』市民参加型日英交流プログラム、スコットランドおよびデボン州については、市民参加型日英交流プログラム（2000）『英国の VNPO と行政のパートナーシップ』市民参加型日英交流プログラム、参照。

補訂者注

補1 「公共的団体等」とは、地方自治法 96 条 1 項 14、157 条などの規定にある団体で、「農業協同組合、森林組合、漁業会、林業会、生活協同組合、商工会議所等の産業経済団体、養老院、育児院、赤十字社、司法保護法等の厚生社会事業団体、青年団、婦人会、教育会、体育会等の文化教育事業団体等いやしくも公共的な活動を営むものはすべてこれに含まれ」「法人であるか否かを問わない」（昭和 24 年 1 月 13 日　昭和 34 年 12 月 1 日　行政実例）とされている。

補2 優れた協働の規範を定めた「横浜コード」は、1. 目的、2. 市民活動の定義、3. 協働の原則、4. 協働の方法、5. 公金の支出や公の財産の使用における必要要件、6. 協働の担保、から成る。横浜市市民活動推進検討委員会報告（平成 11 年 3 月）による（http://www.city.yokohama.lg.jp/shimin/tishin/jourei/kentouiinkai/）。なお、この委員会の委員長は、堀田力、副委員長に山岡義典、委員には雨宮孝子（2014 年現在内閣府公益認定等委員会の委員長代理）が入っていた。

補3 協働において NPO が安い価格での下請業者にならないための「フルコスト回収」については、後房雄編（2011）『フルコスト・リカバリー（総費用の回収）：サードセクターが公共サービスを担うために』公益社団法人・日本サードセクター経営者協会、2011 年 9 月、が詳しい。

補4 その後、2006 年からしばしば「まちづくりディスカッション」を行っている。ドイツの「プラヌンクスツェレ」を参考にして、無作為抽出した市民による市民討議会であり、新しい民主主義手法として注目されているディリバレイティブ・デモクラシー（熟議民主主義）の実践例の 1 つである。

補5 自治基本条例は、全国ですでに 300 近い自治体が制定している。〈http://www16.plala.or.jp/koukyou-seisaku/policy3.html〉、〈http://joreimaster.leh.kagoshima-u.ac.jp/jiti.htm〉などでその一覧を見ることができる。しかし、2011 年に自民党がプロジェクトチームをつくり、多くの自治基本条例について批判的な提言をまとめたことから、その制定をめぐって政治的対立が高まってきている。

第8章

市民社会と企業

第1節　資本主義と倫理

　21世紀になるとCSRという言葉が登場し、大手企業を中心にCSR室といった組織が設けられるようになった。CSRがブームのような様相さえ呈し始めている。CSRはCorporate Social Responsibilityの略で企業の社会的責任を意味するが、企業の社会的責任論は突如出てきたものではない。

　近年、一部の金融資本の行動が強欲資本主義などと呼ばれ非難されているが、資本主義経済の理論として古典経済学を打ち立てたアダム・スミスは正直、信頼、善意などの市民的倫理を守らなければ、自由競争は必ず行き詰まると考えていた。

　古典経済学は非常に多くの前提から成り立っている。基本的前提はホモ・エコノミクス（経済人）の前提である。利己心に基づき合理的に行動し、また企業も利潤最大化を目標にして行動するという前提である。しかし人間は利己心だけで動くものではない。

　アダム・スミスはもともとグラスゴー大学の倫理学の教授であった。

　スミスは人間行為の妥当性の基準を「公平な観察者」の「同感」に求めた。「同感」とは、頭の中で自分の立場を他人の立場に置き替え、ある行為が受け入れ難いものか受入れられるものかを判断する能力である。スミスは、誰もがこの能力を備えており、これによって社会の秩序が形成されると考えた。また、人は「慈恵の徳」と「正義の徳」を持つとされた。慈恵とは相手が喜ぶことをやってあげること、正義とは相手が望まないことをやらないことである。スミスは、同感を通して人はこの両者をわきまえることができると考えたのである。

　ただし「慈恵の徳」は各人に任せておいても、社会に益を与えることはあっ

ても害をもたらすことはないが、「正義の徳」は各人の主体性だけに任せておくわけにはいかない。正義の徳を守らない者が出てくれば、秩序を乱すからである。そこで、スミスは『グラスゴー講義』において、正義の実現をより確実にする目的で、法体系とその法を執行するための警察権力の必要性を主張する。

ところが、彼は、法体系の厳格なフランスと、あまり法整備の進んでいないイギリスとを比較し、後者のほうが犯罪率が低いことに注目する。そして、フランスでは、法律が細かく規定されているにもかかわらず、なぜ犯罪率が高いのかを問う。そして、スミスは、その答がイギリスの経済的な豊さにあるとした。豊かであれば、盗みなど正義に反することはしない、よって、経済を豊かにすることが社会の秩序を実現する最良の方法だと考えたのである。ここに、社会秩序の形成と経済発展という2つの現象が結び付くのである。

スミスの理論が、社会秩序の形成、同感による行為の検討、社会的正義の実現というような倫理的側面を含んでいることを確認しておきたい[注1][注2]。

もっともアダム・スミスが想定していたのは個人商人、個人事業主であった。最近の巨大法人企業では個人の市民的倫理とは異なる企業としての倫理の問題がある。

近年の企業の不祥事は企業倫理が全く失われてしまったことを知らしめた。

第2節　日本企業の社会貢献

2-1　日本の初期の資本主義と社会

日本で資本主義経済が始まったのは江戸時代の末期であるが、江戸時代も17世紀末になると、町人が財力を持つようになってきた。これらの豪商は公共の利益のためにその私財を投じた。大坂（当時はこのように表記した）の道頓堀、心斎橋、淀屋橋、末吉橋等は大坂の町人の私財によって建立された。

大坂町人が担った公共活動は上記のようなハードだけではなく、教育や福祉にも及んでおり、その場合は現在の財団法人のような仕組みがつくられ

た。平野郷の6名の町人が発起人となって設立された含翠堂、大坂の5人の有力町人の出資によって設立された懐徳堂が代表的なものである。

このような町人による公共事業は大坂に限ったものではない。

東北の庄内地方酒田の本間家は「本間様には及びもないが、せめてなりたや殿様に」とまで言われた大地主・大富豪であるが、その富を公共事業に投じた。なかでも第3代の本間光丘は自費で防砂林や最上川の護岸工事を行った。[注3]

ラフカディオ・ハーンの作品「稲むらの火」で津波発生時に自ら「稲むら」に火を付け危急を知らせたとされる主人公濱口五兵衛は、和歌山と銚子で醬油業を営んだ濱口悟陵のことであるが、濱口は私財を投じて防潮堤を築いたほか、医療関係の寄付を行ったり、書生に奨学金を支給したりしている。濱口家では江戸時代の文武の道場耐久舎を近代的な教育機関である耐久中学、耐久高校に発展させている。

三河の古橋家の祖である中津川の匠古橋義元は中津川町に灌漑用水を引き、中津川中村八幡宮に顕彰碑がある。三河古橋家も代々地域社会に貢献しているが天保飢饉の際にも救済活動を行っている。[注4]

日本初の民営の窮民・孤児救済機関である秋田感恩講は、コミュニティ財団の原型である。秋田感恩講は民法に財団法人の規定が設けられると、不動産を基本財産とする形で財団法人化（現在は社会福祉法人）した。

日本の商人の経営思想は近江商人の「店よし、客よし、世間よし」に典型的に見られるように、いまの用語でいえばCSR経営であった。[注5]

明治期の資本主義経済のリーダーであった澁澤榮一（1840-1931）の経営思想は論語と算盤は一致すべきものとの「論語・算盤説」であり、企業経営と社会貢献を矛盾無く同時に推進した。

戦前期の資本主義の推進者であった財閥もまた社会的ニーズに応えた活動を行った。

主なものは三井が1906年に設立した財団法人三井慈善病院である。その後、和泉橋慈善病院、三井厚生病院と名前を変え現在は社会福祉法人三井記念病院となっている。三井はまた1934年に大型の助成財団三井報恩会（戦前期の最大の助成財団）を設立した。

三菱は1924年に東洋文庫、1934年に旭硝子工業奨励会（現在の旭硝子財団）を設立、静嘉堂文庫（1949年）も三菱による。

住友は1900年に大阪府立図書館、1916年に私立住友職工養成所を設立し、1921年には大阪市立美術館用地を寄付した。

安田は1921年に安田修徳会、1922年に市政会館と市政調査会、1939年に東大安田講堂を寄付した。

大倉は教育に熱心で、1900年に大倉商業学校（→大倉高等商業学校→東京経済大学）、1908年に大阪大倉商業学校、善隣商業学校（在韓国）を設立した他大倉集古館（1917年）も設けた。

財閥以外の企業・企業家による社会貢献活動も行われ、戦前期の福祉・教育は企業フィランソロピーによって支えられていた。

ニューヨークに支店を置いて貿易事業を展開した森村市左衛門は、日本初の助成財団である森村豊明会を設立した。森村市左衛門は早くから女子教育に理解があり、銀座のモリムラ・テーラー内に女子教育塾の森村女紅場を開設していた。森村豊明会設立後は日本女子大や早稲田大学、東京農業大学、日本医学専門学校など教育機関に多額の助成を行った。

関西では弘世助太郎（日本生命）、平生釟三郎（東京海上専務取締役、のちに文部大臣）が設立した甲南学園、13代辰馬吉左衛門が設立した財団法人辰馬学院の支援による甲陽中学校、酒造家の嘉納治兵衛らの灘育英会により開設された灘中学校などがある。

山口玄洞による山口厚生病院（のちに大阪大学病院）、壽屋（現在のサントリー）による（社福）邦壽会、日本生命による日生病院は、低所得者向けの医療機関として開設された。

大原美術館でよく知られている大原孫三郎は、石井十次が設立した岡山孤児院（いったん解散、その後（社福）石井記念友愛社が設立される）を全面的に支援したほか、大原社会問題研究所など学術面にも貢献した日本最大のフィランソロピストである。

2-2　終戦直後の社会貢献

第2次世界大戦により日本経済は再起不能に近い打撃を受け、アメリカの経済援助によって再建を図ることになった。

そのような厳しい状況にあって、1940年代後半から1950年代にかけて企業および企業家による財団が設立されるようになる。その多くは奨学金を支給する財団であるが、敗戦の中で人材育成に国の将来がかかっていた時期に

あって、若い人材に将来を託した企業家の心意気が感じられる。この頃には奨学財団の他、企業による美術館・博物館や研究所が財団法人として設立され始めた。

海外からの留学生を対象としたロータリークラブによる（公財）米山奨学会の設立もこの頃（1953年）である。

表8-1　終戦後に設立された主な企業財団

奨学会
（公財）山岡育英会（ヤンマーディーゼル、1950年）、小野田セメント奨学会（1951年）（（財）太平洋セメント奨学会となったのち、公益法人制度改革に伴い解散して、（公財）日本国際教育支援協会に残余財産を継承、「太平洋セメント奨学金」事業が行われている）、（公財）川村育英会（大日本インキ、1953年）、（公財）中部奨学会（大洋漁業、1953年）、山室記念会（三菱信託銀行、1953年、現（公財）三菱UFJ信託奨学財団）、興英会（日本興業銀行、1954年、現（公財）みずほ育英会）、（公財）九配記念育英会（九州電力、1954年）、（公財）新日本奨学会（東亜燃料工業、1955年）、（公財）軽金属奨学会（東洋アルミニウム、1955年）、日本火災春秋育英会（日本火災、1955年、現（公財）春秋育英会）、（公財）鹿島育英会（鹿島建設、1956年）、（公財）旭硝子奨学会（1957年）、鈴木奨学会（味の素、1957年、現（公財）味の素奨学会）、ゼネラル石油奨学会（1957年、現（公財）東燃ゼネラル石油奨学会）、（公財）阪和育英会（阪和興業、1957年）、（公財）山田育英会（ダイキン工業、1957年）、（公財）新家育英会（大同工業、1958年）、（公財）石橋奨学会（若築不動産、1958年）、河本奨学会（三光汽船、1958年、解散し残余財産は日本育英会、現（独法）日本学生支援機構に継承）、東曹奨学会（東洋曹達、1959年、現（公財）東ソー奨学会）

博物館・美術館
（公財）大和文華館（近鉄、1946年）、（公財）紙の博物館（王子製紙、1950年）、（公財）石橋財団（ブリヂストン、1956年）、（公財）逸翁美術館（阪急、1957年）、（公財）五島美術館（東急、1959年）、（公財）泉屋博古館（住友グループ、1960年）

研究所
医薬資源研究所（藤沢薬品、1946年、後に（財）医薬資源研究振興会、その後（財）病態代謝研究会と事業統合、現（公財）アステラス病態代謝研究会）、（財）食品化学研究所（1946年、後（財）サントリー生物有機化学研究所と改称、現（公財）サントリー生命科学財団）、（公財）野間教育研究所（講談社、1946年、1950年に財団法人化）、生命保険文化研究所（日本生命、1948年生命保険統計数理研究所、1952年に財団法人化、後解散。現（公財）生命保険文化センターが研究事業を承継、図書館事業は日本生命に移管）

企業名は発足当時のもの。法人格は財団法人。（公財）は、現法人格を示す。

2-3　企業の社会的責任論と企業の社会貢献

企業は法を遵守する、人権を尊重するといった最低の倫理は当然に求められる。さらに社会的存在として社会的責任を有する。1960年代以降 stock holder から stake holder へという言葉に象徴されるように社会的責任の範

囲が拡大されてきた。さらに責任から貢献へと拡大されてきた。

株式会社の本来の趣旨からいえば株主である stock holder に対して利益配当を行うのが責任であるが、従業員、顧客、取引先も企業に利害関係を持つ stake holder であるということで、責任の範囲が拡大しているわけである。

経済界の中で対社会問題に早くから取り組んだのは（公財）経済同友会である。経済白書が「もはや戦後ではない」という有名なキャッチフレーズを掲げたのは1956年であるが、この1956年に経済同友会は「経営者の社会的責任の自覚と実践」と題する提言を発表した。この提言は「経済・社会の調和において、生産要素を最も有効に結合し、安価かつ良質な製品を生産し、サービスを提供する立場にたたなければならない」と主張した。

この経済同友会の主張に共感し、自らの企業経営に実践してきたのが立石電気（現オムロン）の創業者である立石一真である。立石はこの提言により企業の目的は利潤追求だけでなく、社会に奉仕するために存在することを教えられたと述べており、経営のバックボーンとして「企業の公器性」を掲げるようになった。

この理念に基づき同社が比較的早い時期に取り組んだのが1969年にライオンズクラブと共同で行った「サリドマイド児に手を贈る運動」である。同社は約1年をかけて、力の加減ができ、文字を書くことも可能な「感覚のついた義手」の開発に成功した。

2-4 試験研究法人制度と企業財団

高度成長期に入った1961年に企業の社会貢献にとって重要な制度改正が行われた。企業の支出する寄付金のうち、試験研究に従事する法人に対する寄付金は別枠で損金算入が認められるようになったが、この制度の新設に尽力したのが東洋レーヨン（現、東レ）である。[注6]

東洋レーヨンは1960年に基本財産10億円で財団法人東レ科学振興会（現（公財））を設立し、科学技術振興のため総額1億円を超す助成を始めた。その当時、文部省の科学研究費補助金が年間18億円程度であったから、民間の財団の助成金として非常に大きなものであった。

当時日本の税法では、私企業が拠出する科学振興のための寄付金に対し優遇措置がなかったので、同社ではこれについて米国、西独の寄付金の損金処理例などから考え、科学振興のための寄付金の損金算入特別枠の設置を大蔵

省に対し強力に要望していた。一方、政府部内でも1961年度税制改正で、「科学技術振興のための寄付金に対する特別措置」新設に関して、検討を行うことになった。[注7]

このような経緯で試験研究法人制度が発足し、現在の特定公益増進法人につながっていくが、この当時は科学技術を振興し輸出競争力を高めるのが国策でもあり、この制度の恩典もあり、薬品メーカーを中心に次のような科学技術振興財団が設立された。

- 武田科学振興財団　（武田薬品、1963年）
- 内藤記念科学振興財団　（エーザイ、1969年）
- 岩谷直治記念財団　（岩谷産業、1973年）
- 日産科学振興財団　（日産自動車、1974年）
- 鹿島学術振興財団　（鹿島建設、1976年）
- 山田科学振興財団　（ロート製薬、個人、1977年）

（これらは、2014年現在すべて公益財団法人になっている）。

2-5　高度成長の歪みと企業の社会貢献

1970年代は高度成長の過程に伴う様々な歪みが顕在化し、地域社会における企業のあり方が問題になってきた時代で、1970年前後の産業公害と労働環境悪化に対し企業の責任を厳しく問う世論が強くなり、政府でも公害白書を発表し企業に対策を求めるようになった。1972年に日本列島改造論が発表されると、企業による土地取得をきっかけに激しい物価騰貴が起こり、企業の社会的責任が改めて問われるようになった。

このような状況にあって経済同友会は1972年にはアメリカのCEDモデルを翻訳し紹介した（Committee for Economic Development, "Social Responsibilities of Business Corporations" 経済同友会編訳（1972）『企業の社会的責任』）。その骨子は、企業の社会的責任は次の3つの同心円を形成するとしている。

　内側の円　明確な基本的責任。生産、雇用、経済成長など。
　中間の円　変化する社会的価値や優先順位に対し細心の注意と考慮を払う責任。環境保護、従業員との関係、情報の提供、公正な取引、製品の安全性。

外側の円　今後、社会的環境の積極的改善に幅広く関与するにつれて果たすべき責任。

また列島改造論に伴う土地の買い漁りで地価が急騰した1973年には経済同友会が「社会と企業の相互信頼の確立を求めて」を発表、経団連も「福祉社会を支える経済とわれわれの責務」と題する総会決議を行い、経済界としての取り組みを明らかにし、社会的責任の遂行の決意表明を行っている。

1973年は老人医療無料化が実現し、福祉元年ともいわれたのであるが、この年の石油危機を契機に低成長時代に入り公的福祉の見直しも始まった。また、高度成長を前提とした企業経営に反省が起こり、通産省でも1977年に「企業行動白書」を発表した。企業行動白書では、企業の社会における位置付けを、1. 経済的貢献、2. 地域社会への貢献、3. 一般社会への貢献に分類して、新しい企業行動のあり方を探った。その一方で企業を見る目が変わってきているとして、企業行動の改善を求めている。即ち、環境汚染、都市の過密化、市場の撹乱（石油危機後の便乗値上げ）が批判され、価値観の多様化が進行していることに留意すべきであるとした。

1978年、（株）産研（実質経団連）が『企業の社会貢献活動資料集』を刊行。産研からは1980年版も発行され、1983年には『企業の社会活動資料集』として発行された。

2-6　大型企業財団

このような社会的責任論に対応する形で1970年代には大型の企業財団や特色のある企業財団が設立されるようになる。

大型財団に先鞭をつけたのは1969年に三菱グループの創業100年を記念して、グループ各社により設立された三菱財団（現公益財団法人）である。同財団の設立趣意書では、「このような急速な経済発展の陰において、避け難いひずみともみられる社会資本の不足があり、また国民生活の向上が、必ずしも国民福祉の向上と共存、均衡していないという問題がある。さらには、精神文化の退潮、自然科学特に基礎科学部門における頭脳流出現象、次代を託すべき青少年教育、発展にとり残された社会階層の存在等々今後克服さるべき問題は少なくない。これらの不均衡の是正こそ国の政策と相まって、社会的責任ある代表的企業にとっての重大なる責務であり、関心事であるといわねばならない。三菱グループは、創業以来公益に奉ずることを以っ

て経営の基本理念としてきた」と述べている。

三菱財団は多目的財団を意図して設立されたものであるが、実際の活動は学術研究と社会福祉事業に対する助成に止まっている。しかし先駆的な研究や事業に対して効果的な助成を行ってきており助成財団としての評価は高い。

日本での本格的な多目的財団は 1974 年に設立されたトヨタ財団（現公益財団法人）である。トヨタ財団では設立にあたり、当時東京工業大学教授であった林雄二郎を専務理事に迎え、専門のプログラム・オフィサーを擁し、アメリカの独立財団（Indipendent Foundation）をモデルに、多目的かつ国際的な活動を意図した日本で初めての本格的な大型助成財団である[注8]。

1979 年には日本生命が地域活動への助成を中心とする多目的財団である日本生命財団（現公益財団法人）を設立した。同財団は 25 億円の基本財産でスタートし、同社の創業 100 周年の 1989 年に 100 億円の基本財産を目指した、本格的な社会貢献の戦略に基づいたものであった。同財団は従来の日本の助成財団の主流であった研究助成の枠から大幅に踏み出した、当時としては異色の財団であった。研究助成についてもいち早く環境問題を取り上げ、持続的開発に関する研究への助成を一貫して実施している[注10]。

同じく 1979 年には文化を対象にしたサントリー文化財団（現公益財団法人）や、ポーラ伝統文化振興財団（現公益財団法人）が設立された。サントリーは 1961 年に創業 60 周年を記念してサントリー美術館を、1969 年には創業 70 周年記念として鳥井音楽財団（1978 年にサントリー音楽財団に名称変更）、1986 年にはサントリーホールをオープンするなど、文化への貢献は非常に大きなものがある（2009 年に公益財団法人サントリー芸術財団に統合）。

以上のような企業財団の他に財団を設立しないで社会貢献活動を行っている企業もある。例えば日本 IBM は 1974 年に公共活動を担当する部署を設置し、障害者福祉や科学・教育振興、環境等を中心に広範囲に積極的な活動を行ってきている。

1970 年代にオムロンが取り組んだ先駆的な活動が「(社福) 太陽の家」との共同事業である。「太陽の家」は国立別府病院の整形外科医長であった故中村裕博士が、身障者の社会復帰のための訓練施設として別府市に設立した授産施設であるが、職住隣接の福祉工場の構想をもっていた。この要請に最初に応じたのがオムロンで、オムロン太陽電機（1990 年にオムロン太陽に社名

変更）を設立した。

2-7　企業市民活動と企業財団の多様化

1971年のニクソン・ショック、1973年のオイル・ショックを契機に1ドル360円体制は終わりを告げ、日本も高度成長から安定成長時代に入っていった。

1980年代は冷戦構造が崩れ始めた時期である。その象徴的な出来事が1989年11月のベルリンの壁崩壊である。また国内では1989年12月に「高齢者保健福祉推進十ヵ年計画（ゴールドプラン）」が策定され、福祉政策が大きく変わり始めた時期でもあった。

1985年9月にアメリカのプラザ・ホテルで先進5カ国蔵相会議が開催され為替レートの調整が合意された。プラザ合意である。その結果1985年2月には1ドル263円であった円が急速に値上がりし、1988年には120円に達した。円高の進行から日本企業は輸出促進から現地に工場を建設し現地生産へと経営戦略をシフトさせた。その結果、日本企業はアメリカの地域社会における企業のあり方を学び、community relations を体験し、コーポレート・シチズンシップ—企業市民—の重要性を理解するようになり、アメリカ企業の企業市民の考えが日本国内に紹介されるようになった。

企業市民の概念を日本に紹介し、日本で企業市民活動の促進に努力したのは、（公財）日本国際交流センター、（一社）日本経済団体連合会および（公財）笹川平和財団である。

経団連では1988年9月に日本国際交流センターの協力を得て、アメリカに視察団を派遣し、企業と地域社会の関係について理解を深めた。1989年9月に CBCC（Council for Better Corporate Citizenship）を設立した。CBCC は社団法人海外事業活動関連協議会（現（公社）企業市民協議会）の英文名である。設立当初の日本名はいかめしいが英文名の意味はまったく違う。CBCC の目的は、海外で事業活動を営む日本企業が「良き企業市民」として現地社会に融合することにより、いわゆる投資摩擦の発生を未然に防ぎ、日本と世界の健全なる経済関係の発展に寄与することにあるが、その大きな機能の1つに海外現地での公益性の高い貢献活動に対する寄付金の窓口となることがある。海外への寄付金については税制上の優遇が得られないため、CBCC が特定公益増進法人の認定を得、いわばトンネル組織として機能する

わけである。[注11]

　同年11月には経団連、日本国際交流センター、CBCC共催でシンポジウム「米国地域社会における良き企業市民の条件——経済の国際化時代の日本企業の新しい課題」が開催され、この席上で当時の房野夏明経団連専務理事が1パーセントクラブの設立を提唱、まず1989年11月に経営者個人を会員とする個人の1パーセントクラブがスタートした。ついで90年11月には法人会員も含めた1パーセントクラブが正式に発足した。1パーセントクラブとは所得の1パーセントを広く社会のために拠出するよう努力する個人・法人の集まりでアメリカのパーセントクラブの例にならったものである。

　笹川平和財団はコーポレートシチズンシップをテーマに研究を続け、1989年3月に『米国のコーポレート・シチズンシップ実例集』を刊行、1990年には講談社から『コーポレート・シチズンシップ——21世紀の企業哲学』を刊行し、日本にコーポレート・シチズンシップという言葉を普及させた。[注12]

　1970年頃には福祉関係の企業財団が設立されるようになる。(社福) 清水基金 (障害者福祉、清水建設、個人、1966年)、はあと記念財団 (福祉、第一勧業銀行、1972年、現 (公財) みずほ教育福祉財団)、(社福) 丸紅基金 (福祉、1973年)、住友海上福祉財団 (福祉、1975年、現 (公財) 三井住友海上福祉財団)、安田火災記念財団 (福祉、1977年、現 (公財) 損保ジャパン記念財団)、富士記念財団 (福祉、富士銀行、1980年、現 (公財) みずほ福祉助成財団)、麒麟記念財団 (福祉、キリンビール、1981年、現 (公財) キリン福祉財団) などである。

　1980年代には芸術・文化関連の社会貢献活動も活発になる。パイオニアが1972年に設立した音楽鑑賞振興会 (現 (公財) 音楽鑑賞振興財団) は、名前の通り、音楽に的を絞ったユニークな財団である。芸術・文化関係の企業財団としては、1987年にセゾングループ代表の堤清二が設立した (公財) セゾン文化財団が規模も大きく、演劇を中心に先駆的・意欲的な芸術活動を支援している。1998年に日本たばこが設立した (公財) アフィニス文化財団も規模の大きな芸術支援団体である。この時期にはアサヒビール芸術文化財団 (1989年、現 (公財) アサヒグループ芸術文化財団) や花王芸術文化財団 (1990年、現 (公財) 花王芸術・科学財団) なども設立された。住友生命は1990年にクラシック専用のいずみホールをオープンした。同ホールは (一財) 住友生命福祉文化財団 (1960年に住友生命福祉事業団として設立) が運営にあ

たっている。
　この時期は日本の国際化が一気に進んだ時期で、国際関係の企業財団の設立が数多く見られた。1981年に三菱銀行国際財団、1983年に東海銀行国際財団と三和国際基金が設立され（これら3財団は、現（公財）三菱UFJ国際財団に統合）、1985年には（公財）大同生命国際文化基金が設立された。同財団は活動を東南アジアの文学の紹介を核として、同地域の学校建設や奨学金事業、英文での学術出版助成等に限定しており、質の高い活動をしている。
　松下電器は多彩な社会貢献活動を展開しているが1988年の創業70周年に「国際交流の促進と国際人の養成」を目的に松下国際財団（その後、松下幸之助花の万博記念財団を吸収合併し松下幸之助記念財団に名称変更、現公財）を設立した。同じく1988年にKDDが設立した国際コミュニケーション基金（1974年設立の（財）KDDIエンジニアリング・アンド・コンサルティングと統合して（財）KDD財団、現（公財）KDD財団）は、コミュニケーションという分野に特化しており、1989年設立の大和銀行アジア・オセアニア基金（現（公財）りそなアジア・オセアニア財団）は対象地域を限定するなど、特色のある財団が数多く設立された。
　海外からの留学生に対する奨学財団としては、1975年設立のとうきゅう外来留学生財団（現（公財）とうきゅう留学生奨学財団）や樫山奨学財団（個人財団、1977年、現（公財））が早いものであるが、1983年に中曽根内閣が留学生10万人構想を発表して以来、海外留学生を対象にした奨学財団が多くなってきている。
　その主なものは下記の通りであるが、これらは個人の出捐によるものが多い。
　1984年に日立製作所が設立した日立国際奨学財団（現（公財））は、海外からの奨学生を現地で選考するという、従来の奨学財団の殻をやぶった方法を採用した。
　市川国際奨学財団（象印マホービン、個人、1987年、現（公財））、牧田国際育英会（熊谷組、個人、1987年、（公財）日本国際教育支援協会に継承）、高久国際奨学財団（タカキュー、個人、1988年、現（一財））、東燃国際奨学財団（東燃、1989年、現（公財））、綿貫国際財団（京葉銀行、個人、1990年、現（公財）綿貫国際奨学財団）、辻アジア国際奨学財団（サンリオ、個人、1990年、現（公財）辻国際奨学財団）、富士銀行国際交流奨学財団（1991年、

現（公財）みずほ国際交流奨学財団）。

環境問題については多くの企業財団が助成対象にしているが、1974年に設立されたとうきゅう環境浄化財団（現（公財）とうきゅう環境財団）は多摩川のみを対象として、市民の環境保護運動も対象にしているユニークな財団である。1991年には環境NGOを対象とするイオングループ環境財団（現（公財）イオン環境財団）が設立され、この分野での社会貢献も広がってきた。

2-8　従業員参加型の社会貢献活動

この頃の社会貢献活動の新しい動きとして、従業員参加型の社会貢献活動がある。

1972年に設立された、はあと記念財団および1980年に設立された富士記念財団は設立母体企業の役員員からの寄付金を助成金の一部に充てており、従業員参加型の社会貢献活動の初期のものとして注目される。

従業員参加型の1つのモデルが、1981年（国際障害者年）に始まった大阪ガスの「小さな灯」運動である。大阪ガスは地域独占の公益事業であるから、地域社会へのサービス活動を重視しており、ひとり暮らしの老人宅のガス設備特別安全点検や身体障害者のための料理講習会の開催、市民祭りへの参加、支社の店頭でのギャラリーの開催などを実施してきた。営業活動と言ってしまえばそれまでであるが、このような企業としての取り組みに対して、1981年に従業員が自主的に始めたボランティア活動が「小さな灯」運動である。

なお同社では1985年にグループ各社と共同で大阪ガス福祉財団（現（公財）大阪ガスグループ福祉財団）を設立し、福祉関係の支援も積極的に行っている。

富士ゼロックスも、アメリカに本社を置くゼロックス・コーポレーションの影響もあり、日本では先駆的な社会貢献活動を展開している。同社は1988年から従業員の人事評価に「特別加点評価制度」を取り入れ、オフビジネス時に少年サッカーのコーチ、野球の審判をしている人、献血多数回功労者として表彰された人等がこの制度で評価されている。また1990年に、勤続3年以上の従業員を対象に6カ月以上2年未満のボランティア休職制度（ソーシャルサービス制度）を導入した。また同社の端数クラブは従業員が給与やボーナスの端数を寄付しこれに企業が上乗せするマッチング・ギフト

を早くから導入している。

　企業市民活動には、従業員が行うコミュニティ活動・ボランティア活動を企業が側面から支援するというものもある。1980年代まで日本の企業は従業員を企業の中に抱え込んできたため、従業員が地域社会との接点を持っていない場合が多く、ボランティア活動を行うことは好ましくないと見られる風潮があり、勤務先に知られないように行う「隠れボランティア」が殆どであった。

　企業市民活動が一般化するにつれて、従業員のボランティア活動を奨励する制度も設けられるようになった。ボランティア活動のための有給休職制度、ボランティア休暇制度、表彰制度、といった制度が普及し始めており、トヨタ自動車のように社内にボランティア・センターを設けている例もある。

2-9　フィランソロピー元年

　このように1990年前後に企業市民活動への関心が高まり、また1990年の『経済白書』がフィランソロピーを取り上げたこともあり、1990年は、フィランソロピー元年ともいわれるようになったのだが、この頃の動きはまさに企業主導であった。白書は「個人や法人の自発的、利他的な公益活動に依存する面が大きくならざるを得ない。特に大企業には、資金供給の面から公益活動への積極的貢献が期待されている。それは、単に企業に資金力があるということだけではなく、法人企業がすぐれて社会的な存在であり、企業活動は、地域社会をはじめとする企業外部のセクターと良好な関係を維持しない限り存続することが困難な性質を持っているからである」と述べている。

　この頃にはメセナという言葉も登場してきた[注13]。1988年11月に京都で第3回日仏文化サミット「文化と企業」が開かれたのがきっかけとなり、企業による芸術・文化支援の強化が提唱され、資生堂の福原義春等の努力により、1990年2月に、企業メセナ協議会（現（公財））が設立された。

　このような状況から、フィランソロピーとは企業の社会貢献活動を指すとの誤解も生じた[注14]。

　1990年7月には、290社から成る経団連社会貢献委員会が発足し、1991年4月に募金活動や社会貢献活動などの専門窓口となる経団連社会貢献部が発足した。経団連は1992年6月に第1回『社会貢献白書』を発行し、以後経団連および会員企業の社会貢献活動の情報公開に務めている。

大阪では大阪商工会議所が会員企業の社会貢献のための機関としてコミュニティ財団に興味を持ち、アメリカに調査団を派遣、1990年11月に報告書が刊行された[注15]。大阪商工会議所ではこの報告書を参考にコミュニティ財団設立の準備を進め、1年後の1991年11月に通産省の許可により財団法人大阪コミュニティ財団（現（公財））が設立された。大阪コミュニティ財団は日本で初めてで、2009年に東京で同様の財団ができるまで日本唯一のコミュニティ財団であった[注16]。現在アメリカではコミュニティ財団の数が増えてきているのであるが、アメリカのコミュニティ財団は個人の遺産が中心である。それに対し日本では商工会議所の呼びかけにより企業が中心になって設立されたのは、いかにも日本的である。

同じく大阪では1991年11月に、（社福）大阪ボランティア協会が企業の社会貢献活動に助言を行う企業市民活動推進センターを設立した。このセンターは日本生命財団の助成を受けて発足したものだが、理念が先行していた企業市民活動を具体化し定着化するうえで、非常に大きな成果をあげてきた。

また1992年3月には関西マガジンセンター社が情報誌『企業市民』を創刊した[注17]。

1993年6月にはこのセンターが事務局となり大阪ボランティア協会、関西マガジンセンター社等の企画により、関西企業の社会貢献担当者の研究・情報連絡の会合であるフィランソロピー・リンクアップ・フォーラムが発足し、現在に至るまで続けられている[注18]。

1995年1月17日に起こった阪神・淡路大震災は未曾有の大被害をもたらした。大震災の緊急救援活動およびそれに続く特定非営利活動促進法の制定過程で、経団連の果たした役割は大きかった。企業による救援活動が迅速に行われたのは経団連ワンパーセント・クラブやフィランソロピー・リンクアップ・フォーラムといったインフラストラクチャー組織が出来上がっていたためである。

1996年11月に日本初のサポートセンターとして発足した（特活）大阪NPOセンターは大阪青年会議所の企業市民活動によるものであるし、同じく1996年11月に設立された（特活）日本NPOセンターには経団連が深く関わった。

第3節　企業市民活動の現状

3-1　社会貢献支出：経団連調査

　経団連は1991年以降毎年会員企業の社会貢献の現状を調査し、調査結果を発表している。ごく一部の大企業についての調査であり、調査回答企業は一貫していないが、企業市民活動の大勢は知ることができる。

　フィランソロピー元年ともてはやされたときがバブルの頂点で、それ以後企業業績が急速に悪化していくが、企業市民活動はそれ程の落ち込みを見せておらず、決してバブルの徒花ではなかったことが分かる。もっとも個別に見ると二極分化の傾向にあり、企業市民活動から撤退していく企業も少なくはない。

　東日本大震災の支援が顕著であた2011年度の調査は2012年5月から8月にかけて1,368社を対象に行われ、431社から社会貢献支出について回答を得た。なお東日本大震災関連の支出については2011年3月11日から31日の支出も含まれている。社会貢献活動支出額の売上高比率は0.24%（回答企業428社）、経常利益比率は2.46%（390社）、税引前利益比は2.73%（364社）とそれぞれ前年度に比べて増大している。

　翌年の2012年調査は2013年5月から8月にかけて1,326社を対象に行われ、397社から社会貢献支出について回答を得た。社会貢献活動支出額の売上高比率は0.08%（回答企業395社）、経常利益比率は1.62%（370社）、税引前利益比は1.71%（345社）とそれぞれ前年度、前前年度に比べて減少している。主な調査結果は次の通りである。[注19]

表 8-2　企業の社会貢献活動支出一覧

(単位＝億円、％)

	合計額	1社平均 金額	1社平均 伸び率
2002 (316社)	1,190	3.77	10.2
2003 (369社)	1,232	3.34	-11.4
2004 (430社)	1,508	3.51	5.1
2005 (408社)	1,444	3.54	0.9
2006 (393社)	1,786	4.54	28.2
2007 (385社)	1,802	4.68	3.1
2008 (391社)	1,818	4.65	-0.6
2009 (348社)	1,533	4.41	-5.2
2010 (407社)	1,567	3.85	-12.7
2011 (431社) 全体	2,460	5.71	48.3
東日本大震災関連を除く	1,600	3.71	-3.6
東日本大震災関連	860	2.00	-
2012 (397社) 全体	1,771	4.46	-21.9
東日本大震災関連を除く	1,627	4.10	10.5
東日本大震災関連	143	0.36	-82.0

表 8-3　企業の社会貢献活動支出一覧（1％クラブ法人会員）

(単位＝億円、％)

	合計額	1社平均 金額	1社平均 伸び率
2002 (143社)	925	6.47	-5.1
2003 (146社)	1,030	7.06	9.1
2004 (147社)	1,141	7.76	9.9
2005 (142社)	1,151	8.11	4.5
2006 (138社)	1,344	9.74	20.1
2007 (144社)	1,407	9.77	0.3
2008 (140社)	1,383	9.56	-2.1
2009 (122社)	1,107	9.07	-5.1
2010 (143社)	1,256	8.78	-3.2
2011 (138社) 全体	1,710	12.39	41.1
東日本大震災関連を除く	1,211	8.78	0.0
東日本大震災関連	499	3.62	-
2012 (134社) 全体	1,359	10.14	-18.2
東日本大震災関連を除く	1,229	9.17	4.4
東日本大震災関連	129	0.97	-73.2

＊　社会貢献活動支出額：本調査における社会貢献活動支出額とは、①寄付金総額（税法上免税とされるか否かにかかわらず、社会貢献を目的とした寄付金、現物寄付等）、②社会貢献を目的とした自主プログラムに関する支出額（税法上、広告・宣伝費等で処理されていても、実質は社会貢献活動と企業が認識している支出を含む）の合計。2003年度以降は政治寄付を含む。

表 8-4　要素別の社会貢献活動支出・1 社平均支出額

	2009 年度 (348 社)	2010 年度 (407 社)	2011 年度 (431) 社	2012 年度 (397) 社
社会貢献活動支出額	1,553 億円	1,567 億円	2,460 億円	1,771 億円
1 社平均	4.41 億円	3.85 億円	5.71 億円	4.46 億円
各種寄付	1,033 億円	1,069 億円	1,138 億円	1,123 億円
1 社平均	2.97 億円	2.63 億円	2.64 億円	2.83 億円
自主プログラム	428 億円	443 億円	414 億円	473 億円
一社平均	1.23 億円	1.09 億円	0.96 億円	1.19 億円
災害被災地支援	35 億円	21 億円	893 億円	157 億円
一社平均	0.10 億円	0.05 億円	2.07 億円	0.40 億円
未分類	37 億円	34 億円	15 億円	17 億円
一社平均	0.11 億円	0.08 億円	0.03 億円	0.04 億円

表 8-5　分野別の社会貢献支出額（億円）

(08 年度は推計)

	2008 年度 (358 社)	2009 年度 (341 社)	2010 年度 (399 社)	2011 年度 (421 社)	2012 年度 (382 社)
社会福祉、ソーシャル・インクルージョン	76.26	78.77	71.96	82.37	96.85
健康・医学、スポーツ	211.53	187.14	167.90	188.69	182.79
学術・研究	230.99	217.48	246.39	201.30	204.77
教育・社会教育	303.43	277.27	274.07	248.05	294.79
文化・芸術	256.28	171.72	185.22	186.80	213.39
環境	236.80	182.29	204.30	163.29	176.74
地域社会の活動、史跡・伝統文化保存	176.47	161.18	123.51	117.89	135.23
国際交流	59.23	44.26	30.16	33.36	33.13
災害被災地救援	65.69	34.71	21.04	890.74	156.92
防災まちづくり、防犯	2.32	2.49	3.85	5.27	7.86
人権、ヒューマン・セキュリティ	1.12	1.41	2.82	2.89	2.52
NPO の基盤形成	5.11	7.16	14.24	14.90	14.61
雇用創出及び技能開発、就労支援	—	6.04	7.96	6.96	14.01
政治寄付	22.72	14.16	12.06	13.24	11.68
その他	102.91	88.10	103.74	130.09	120.89
合計額	1750.86	1474.18	1469.21	2285.83	1666.16

※分野別の合計額は社会貢献支出総額には一致しない（分野別支出額を未記入の企業があるため）。

3-2　社員のボランティア活動に対する支援

　社員のボランティア活動を支援する制度は、1990 年度には 33 制度にすぎなかったものが 2007 年度には 670 制度、2011 年度には 738 制度と大きく増加している。最も多いのはボランティア休暇制度であるが、地域貢献活動促進運動も多く、社員の地域活動を企業が奨励していることが分かる。

表 8-6　社員の社会貢献活動に対する支援制度の導入状況

	～1990年度	2007年度	2011年度	導入率(%)	2012年度	導入率(%)
ボランティア休暇制度	3	178	211	48	208	50
ボランティア休職制度	3	83	79	18	76	18
青年海外協力隊参加休暇制度	12	81	76	17	75	18
ボランティア活動者表彰制度	9	63	69	16	59	14
ボランティア活動者登録制度	0	43	43	10	36	9
ボランティア研修制度	0	28	28	6	21	5
退職者ボランティア支援制度	0	14	27	6	27	6
マッチング・ギフト資金支援制度	1	85	88	20	81	19
地域貢献活動推進運動	5	95	117	27	119	28
導入件数	33	670	738		702	

＊項目及び総数から「その他」を除いている。
＊構成比％は、「項目別回答企業数／調査回答企業数」。年によって回答企業数が異なるので、実数での推移は比較可能ではない。

3-3　法人企業の寄付金支出

　日本の企業が支出した寄付金のマクロの金額は税務統計により把握することができる。日本の法人税法における寄付金額には企業市民活動のための経費のほかに、この統計の「その他の寄付金」には政治献金が含まれる。そのため寄付金の額は選挙の状況によっても影響されるが、このうちの政治献金の額は不明であるので、分析はできない。

　最近は 5,000 億円前後で推移しており、2010 年度（4－3 月）は 6,957 億円、2011 年度は 7,168 億円と急増している。理由は明らかではないが 2011 年 3 月 11 日の東日本大震災関連の寄付が増大したものと推察される。3 月決算の企業では 2010 年度に既に震災関連寄付が実施されたのではないだろうか。

表 8-7　法人企業の寄付金支出

	寄付金合計 億円	指定寄付金等 億円	特定公益増進法人等に対する寄付金 億円	その他の寄付金 億円	営業収入10万円当たり 円
平成18年度	4,507	993	736	2,777	29
19	4,785	1,207	715	2,863	31
20	4,940	1,265	700	2,975	35
21	5,467	1,726	824	2,917	41
22	6,957	2,459	807	3,690	51
23	7,186	2,575	869	3,725	56

国税庁会社標本調査。寄付金の種別については第 4 章参照。

3-4　CSR の国際基準

21 世紀になると CSR という用語が用いられるようになった。

CSR は Corporate Social Responsibility の略で企業の社会的責任を意味し、以前から何度も論じられてきたことであるが、近年装いを変えてローマ字の CSR として登場してきたのは、アメリカでも日本でも発覚した企業の不祥事があまりにも大きかったからだろう。

CSR の概念は今まで述べてきた社会的責任よりは幅が広い。1994 年にジョン・エルキントンが Triple Bottom Line[注20]を提唱し企業経営の成果を計る尺度として用いられるようになった。即ち経済的・財務的成功に加えて環境と社会的課題への配慮の 3 点で企業業績を見ようというものである。

CSR についてはアメリカとヨーロッパでは重点の置き方違う。

アメリカの CSR は社会貢献・地域貢献を重視しているのに対し、CSR に早くから取り組んでいる EU のホワイトペーパー[注21]では CSR は「企業が社会問題、環境問題を事業活動およびステークホルダーとの相互関係に自主的に統合する概念」と定義しているように、ヨーロッパでは企業行動のあり方そのもの、利益の上げ方を重視している。

CSR に関しては日本での取り組みに先立ち、次のように様々な国際的基準が提唱されている。[注22]

(1) 原則的な基準
　・国連グローバルコンパクト
　・多国籍企業に対する OECD のガイドライン
　・コー・ラウンドテーブルの企業行動基準

(2) 手続き的な基準
　・AA1000（イギリスの非営利団体 AcountAbility が策定したもの）
　・ISO14000（International Organization for Standardization が策定したもの）
　・ISO9000（International Organization for Standardization が策定したもの）

(3) 成果基準
　・SA8000（アメリカの CSR 評価機関である Social Accountabilty International が作成したもの）

・GRI
(4) 混合的な基準
　・FTSE4Good（イギリスのインデックス機関によるもの）
　・SIGMA（Sustainability Integrated Guidelins for Management、Acountability 等が英国政府の支援により策定したもの）
　・ロンドン証券取引所混合コード

なかでも 2000 年 7 月に制定された人権・労働・環境に関する 9 原則を定めた国連のグローバル・コンパクトが有名であるが[注23]、民間版としてはそれより早く 1994 年にコー円卓会議が「企業の行動原則」を発表している[注24]。

またアメリカの NGO が提唱した「GRI（Global Reporting Initiative）ガイドライン」（2000 年）も注目されている[注25]。これは企業経営の環境的側面・社会的側面・経済的側面のトリプル・ボトムラインについての報告書作成のための指針である。

また、ISO の SR 国際規格（ISO26000）が、2010 年 11 月に発行された。ISO26000 は企業だけではなくあらゆる組織の SR（Social Responsibility）についての規格であり、CSR より対象範囲が広い。即ち、「規模又は所在地に関係なく、あらゆる種類の組織に対して、次の事項に関する手引を提供する」と述べられており、企業だけではなく、NPO、協同組合、学校等も対象にしている。規格の項目は次の通り。

◎組織統治
◎人権
◎労働慣行
◎環境
◎公正な事業慣行
◎消費者課題
◎コミュニティ参画及び開発

3-5　日本の経済界と CSR

前述のように、経済同友会は企業の社会的責任に早くから取り組んできたが、CSR についても取り組みが早いのは経済同友会で、2003 年 3 月に発表した第 15 回企業白書『「市場の進化」と社会的責任経営』で CSR を取り上げた。

経団連は1991年に会員企業の申し合わせとして企業行動憲章を制定した。その後も、1996年には憲章改定に併せて実行の手引きを作成し、2002年の再改定の際には社内体制整備と運用強化に関する7項目を要請するなど、企業に対してトップのイニシアチブによる取り組みを働きかけてきた。

日本経団連[注26]は2004年2月に次の3項目からなる「企業の社会的責任（CSR）推進にあたっての基本的考え方」を発表した。

1. 日本経団連はCSRの推進に積極的に取り組む
2. CSRは官主導ではなく、民間の自主的取り組みによって進められるべきである
3. 企業行動憲章および実行の手引きを見直し、CSR指針とする

なお、社会的責任は営利企業に限定されないことから、行政、NGOなど、あらゆる部門が自らの問題として受けとめ、取り組むことが期待される、としている。

日本経済新聞社は「日経CSRプロジェクト」を立ち上げ、2004年3月に「新しい企業経営をひらくCSR」と題するシンポジウムを開催した。

日本で論じられているCSRの内容は論者によって、また企業によって重点の置き方が違う。前述の日本経済新聞のシンポジウムでは、CSR経営に取り組む代表的な企業が理念と対応策を発表しているが、その内容は様々で、これがCSRだというのはなさそうである。そこで語られているCSRに関連するキーワードはコンプライアンス、ステイクホルダー、コーポレート・ガバナンスといったカタカナが主である。

日本経団連の社会的責任経営部会の廣瀬博部会長は「欧米の企業が株主の短期的利益を重視するのに対し、日本の企業は株主のみならず、従業員、顧客および地域住民を含む幅広いステイクホルダーに目配りをした経営を行っており、CSRを企業と社会、環境との調和を意味するものとすれば、日本の企業は欧米の企業に引けをとるものではない」と述べている[注27]。

CSRのうち日本企業が欧米企業に立ち遅れ、戸惑っているのは人権問題である。経済人コー円卓会議日本委員会では人権課題への取り組みの啓発に努めている。

東洋経済および日本財団（CANPAN）では独自の基準で企業のCSRを評

価し、ランキングを発表している。

東洋経済による2014年度の上位10社は、NTTドコモ、富士フイルムHD、日産自動車、キヤノン、トヨタ自動車、ブリヂストン、JT、富士ゼロックス、アイシン精機、東芝、である。ちなみに第1回の2007年は、東芝、日立製作所、キヤノン、デンソー、シャープ、パナソニック、ソニー、リコー、三菱電機、富士フイルムHDであった。

CANPANによる「世界に誇る日本のCSR先進企業実態調査」(2010年9月)では、上位5位は、積水ハウス、東芝、関西電力、凸版印刷、デンソー。他方、同じくCANPANによる、ノミネートされた企業のインターネット投票形式での「第5回 市民が選ぶCANPAN CSR大賞2011」では、【グランプリ】ヤマトホールHD、【準グランプリ 1部上場部門】富士フイルム、【準グランプリ 東北企業部門】ファミリア、【コミュニケーション賞（オルタナ賞）】フェリシモ、【特別賞】八木澤商店、が選ばれた。[注28]

3-6 CSRとCSO

日本の戦後の経済発展は、政府の産業政策に負うところが大きい。政府は企業にとって重要なstake holderであった。政府の重要な機能は経済発展のインフラストラクチャーの整備であり、そのために様々な規制が行われてきた。規制というものは、規制が始まった時点ではそれなりの必然性があったのであるが、既に意義を失っても存続しているものが多すぎるのが問題である。一方個別の企業にしてみれば、規制は競争制限的に働く場合が多く、規制に守られている企業は規制を求めているという面もあることを自覚しなければならない。

アメリカの通商代表部に勤務していたグレン・フクシマは、アメリカの規制は消費者第一であるのに日本の規制は生産者第一であるという違いを指摘している。企業の不祥事も生産者重視の規制行政がもたらしたものである。

これからの規制は消費者重視に変わっていくのが必然であるし、アメリカのCEP (The Council On Economic Priorities)[注29]のように消費者が企業を評価する動きが広まっていくであろう。CEPは企業の社会的行為を評価する"Shopping for a Better World"を発行し、消費者は同種の商品を購入するのであれば、CEPの評価が高い消費を購入する。日本では下村満子が朝日ジャーナル編集長時代に同様な評価を始め、その後朝日新聞文化財団が引き

継ぎ、「企業の社会貢献度調査」を実施し、11の指標(社員にやさしい、ファミリー重視、女性が働きやすい、障害者雇用、雇用の国際化、消費者志向、地域との共生、社会支援、環境保護、情報公開、企業倫理)を用いて5段階で総合評価し、優秀企業を表彰していたが、現在は中止している。

CSRとは、要は企業が市民社会に相応しい行動をとることであり、1980年代後半の企業市民の概念と基本的には変わらないが、その頃に比べ現在ではCSOの存在感と実力が増してきており、CSOとの協働なしにはCSRの遂行は困難であるとさえ言える状況になってきた。先に述べたように企業経営のトリプル・ボトムラインのうち環境的側面・社会的側面については、CSOの情報とネットワークは企業をはるかに上回る。むしろ企業側からCSOとの協働が求められる時代になってきている。

(特)パートナーシップ・サポートセンターでは、企業とCSOとの協働を推進してきており、2002年から先駆的な協働に対してパートナーシップ大賞を授与して表彰しているが、全国的に協働の事例が増えてきている。[注30](公社)日本フィランソロピー協会は、CSOとの協働ではなく企業が「本業を通じて社会問題の解決や社会の健全な発展に一石を投じた企業およびプロジェクト」を表彰し毎年企業フィランソロピー大賞を授与している。

企業の社会貢献報告書の制作に協力したり、第3者評価を行っているCSOもある。

企業の外から企業の行動を監視する役割、即ち、Watch Dog、オンブズマンの機能もCSOに求められるが、従来のような糾弾・告発型でなければ、企業としてもCSOの意見を受け入れる姿勢になってきている。

上述のCEPのようなCSOの活動も重要である。最終消費者が変われば企業も変わらざるを得ない。

日本の企業は先述したように、かつては社員への面倒味がよく、定年後の第二次就職先を斡旋したり、退職後再度雇い入れるという再雇用制度をとって勤労意欲のある自社の定年退職者の失業を防ぐことに努力してきた。そういったフォローがまた在職社員の会社への忠誠心を高めていたのだが、それが不可能になり始めている。それどころか業績がそれ程悪くない企業でも定年前退職が推進されつつある。CSOは、このような企業OBの能力発揮の場として期待され始めている。

3-7　BOPビジネス[注31]

21世紀になってBOPビジネスが注目されている。

BOPとはBottom of Pyramidのことで（Base of Pyramidということもある）、世界人口を1人当たりの所得階層別に区分するとピラミッドのtopに来る2万ドル以上の人口が1.75億人で全体の3%、2万ドルから3,000ドルの中間層が14億人で全体の25%、3,000ドル以下の最下層（bottom）が40億人で世界人口の72%に上る。

BOPビジネスは所得の最下層の人びとを対象とするビジネスである。先鞭をつけたのはユニリーバで、洗剤・シャンプーを少量の小袋に入れて安価で販売を始めた。そのため小袋がゴミになって散乱するという批判もあるが、小分けにして売るのが重要なのではなくBOP層自身が消費者であると同時に生産者・販売者としてビジネスの担い手になるのが重要なのである。[注32]ゴミ問題についてユニリーバはプラスチック包装のゴミを回収し加工品として販売する取り組みも進んでいる。

BOPビジネスは一昔前のCause Related Marketing[注33]の発展系であるように思うが、低開発国の所得開発も目指した持続可能なビジネスモデルである。

日本ではまだ実績は少ないが、住友化学のオリセットネット（長期残効果型防虫蚊帳）やヤマハ発動機の微生物を使った浄水器などの例がある。味の素がガーナで展開している離乳食は同社ではCSRの位置付けだが[注34]、これもBOPの一形態だろう。

経済産業省では2010年に「BOPビジネス支援センター」を設置し、総合的な支援体制を整えた。

3-8　プロボノ[注35]

21世紀に入ってから、ビジネスマンによるプロボノが増えてきた。プロボノはラテン語のPro bono publico（公共善のために）の略で、弁護士などの専門職が公益のために無報酬で行う活動である。ビジネスマンによるプロボノはそれぞれの専門知識や技術をCSOために提供するボランティア活動である。

2005年から活動を始めたサービスグラント（2009年に特定非営利活動法人化）は、プロボノとCSOをマッチングする活動をしており、2000名を越

すプロボノ登録者を擁しており、CSOの課題に応じて5～7名のチームを編成し約半年間CSOに派遣している。プロボノは勤務時間外の活動であるが、多大の時間を割いて活動しており、CSOのエンパワーメントに資するところ大である。

サービスグラント以外にもいくつかの組織がマッチングを行っている。

第4節　社会貢献の思想

4-1　企業は何故社会貢献をするのか

日本で企業の社会貢献が話題になり始めたころ、アメリカの社会貢献の思想が紹介された。その1つがenlightened-self-interestの思想である。この言葉はなかなか翻訳が難しく、文字通り「啓発された」、あるいは、「啓蒙された自己利益」と訳されることが多いが、「見識有る自己利益」という訳語も使われている[注36]。これは長期的な観点からみると一見無駄なような支出が利益になるという考え方で、社会貢献は企業の利益と社会の利益の接点、cross road、であるということが言われている。

その一方でphilanthropy is good businessという言い方もあり、社会貢献を企業業績に結びつける思想もありstrategic philanthropy[注37]の手法が開発されている。その最たるものが、Amexが開発したCause Related Marketing（大義連動型マーケティング）[注38]である。

英語のphilanthropyという用語は訳しにくく本書ではフィランソロピーとカタカナ表記をしている。英語のcorporate philanthropyは企業の社会貢献という用語が一般的である。

4-2　企業市民の思想

「企業市民」という概念については、はっきりとした定義があるわけではない。日本に企業市民の概念を紹介・導入した笹川平和財団は、コーポレート・シチズンシップ（Corporate Citizenship）とは、「コーポレート・フィランソロピー（Corporate Philanthropy）」、「企業の社会的責任」、「企業寄付」、「企業のボランティア」、「企業の社会投資（Social Investment）」「企業

と地域とのリレーション」等の総称であるとして幅広い捉え方をしている[注39]。

また「企業ボランティア」という用語も使われることもあるが、これについては、「企業人が多少なりとも企業の影響力のもとで行うボランティア活動で、企業の社会貢献活動の下位概念」という定義を紹介しておこう[注40]。

企業市民という考えは地域社会に貢献するという視点で語られるが、企業が市民であるということになると、市民は政治的概念でもあるから、企業にも政治的権利を認めなくてはならない。現に、経団連の事務方では、企業が政治献金を通して政治に参加するのは当然であると主張しているのである。企業も市民であれば企業が選挙の際に企業ぐるみで特定の候補者を支援することも許されるという論理になりかねない。日本社会の問題点の1つに企業のオーバープレゼンスが指摘される中で、企業も市民であるという建て前で、より一層存在感を高めていくことは、必ずしも市民社会にとって良いことではない。

市民社会の基盤は1人1票の民主主義であり、資本主義の論理とは基本的に矛盾するところがあるのであり、企業市民が政治的権利を主張し始めると民主主義は崩壊してしまうことにもなりかねず、企業市民活動は本質的に矛盾をはらんだものと言える。

筆者の期待する企業市民とは、本来の企業行動自体において公共的精神を持って行動する企業であり、市民社会における社会的責任を自覚した企業である。また市民社会の中の企業という観点から言うと、企業にしてほしいことは従業員の市民化である。

4-3　日本企業の社会貢献思想[注41]

上述のとおり、日本では市民社会と企業の関係はいくつかのステージがある。日本の商人の経営思想は近江商人の「店よし、客よし、世間よし」に典型的に見られるように、いまの用語で言えばCSR経営であった。

戦前は市民社会の思想などは存在しなかったわけであるが、企業は地域社会との共存の思想は持っていた。

一企業がある一地域に巨大な工場群を配置し、地域住民の多くが何らかの形でその企業と関わっているという「企業城下町」と言われる町では、企業と町は一体であり、そのような企業には地域と密着した行動が求められていた。企業城下町では、様々なイベントがその企業によって催されたり、各種

施設が建築されたりして、市民に喜ばれるようになっている例が多い。つまり、企業を中心とするコミュニティが形成されていたのである。

しかし、その一方で水俣病に典型的に見られるように、地域住民は大企業に対して発言することができない状況があり、現在のような企業市民の理念とは程遠いものであった。

日本の経済体制は大正から昭和初期は古典的な資本主義の論理が働いていたと言えるが、1940年の国家総動員体制以来の統制経済が基本的には続いており、戦後は社会主義に近い体制が続いていた。

第2次世界大戦後も日本企業の社会貢献活動は脈々と続いているわけだが、企業が市民社会でどのように行動するかは、結局は企業理念の問題であり、経営者の問題である。立石電気（現オムロン）の創業者である立石一真は1973年に経済同友会が提唱した「社会と企業の相互信頼の確立を求めて」の主張に共感し、経営のバックボーンとして「企業の公器性」を掲げるようになった。[注42]

上述のように1990年代になって経団連が社会貢献に取り組むようになってきた。個別の企業の思想は区々であるといえるが、経団連が社会貢献活動に積極的に取り組んでいるのは、従来のような企業中心の社会は最早存続が難しく、日本社会そのものを市民社会に変えていかなければ、日本の資本主義経済自体が活力を失ってしまうのではないかという危機感からである。

経団連の社会貢献担当者懇談会の島田京子座長によると、企業は何のために社会貢献活動をするかについて、広く経団連会員企業数百社に共有されるまでに4年を要したという。結論として、企業の社会貢献とは、「社会の課題に気づき、自発的にその課題に取り組み、直接の対価を求めることなく自らの資源を投入することである。直接的対価を求めるわけではないが、会社がそのように社会と関わることは、会社に社会性と活力を注入することになり、社内に柔軟かつ創造的な文化を醸成することになるであろう、との考えである。企業が社会を支える重要な一員であることを社会に認めてもらうと同時に社員一人ひとりがそう認識することを目標としている」と述べている。[注43]

21世紀になってCSRが重視されるようになったのは企業の不祥事が1つのきっかけともなっており、コンプライアンスが重要なポイントである。その頃になると日本企業もアメリカ型の市場重視の企業経営に傾きつつあり、

コンプライアンスが最低の義務であると説かれるが、法令さえ守っていれば何をしても良いということではなく、企業行動の基準は倫理であるべきである。

立石一真が社会の公器を唱えたのは1970年代であるが、21世紀になって松下電器産業は「社会の公器」と「スーパー正直」をCSR報告に盛り込むことになった。前者は1970年代前半の二重価格問題などの反省を踏まえ、松下幸之助が全社員に呼びかけた言葉、後者は後を絶たない企業の不正行為や隠ぺい行為を受け、中村邦夫社長が打ち出したスローガンである。[注44]

4-4　社会貢献の将来

筆者はかつて「現今の資本主義は金融資本の跳梁により他国の経済を破壊するまでになってきた」と書いた。[注45] アメリカを始めとする金融資本の投機は世界を滅ぼすおそれが無いとは言えないとも発言してきたのであるが、遂に現実のものとなってしまい、企業も社会貢献どころではないのが実情であろうが、企業と市民社会について再考するよい機会であるかもしれない。

これからの企業行動の基本は Think Globally Act Locally である。現代社会は国家という枠組みでは解決できない問題が増大しているからである。これからの世界の特徴はグローバル化、情報化、価値観の多様化等、いずれも国民国家の枠組みの中に納まらないものを含んでいる。前二者は国民国家の枠をはみ出すものであるし、価値観の多様化は国民国家の分裂を招く。

例えば地球温暖化、熱帯雨森の問題のように当面は影響が少ないにしても、将来的には人類全体に影響してくるような問題は国家レベルおよび国家の連合体である国際連合をはじめとする国際機関では解決できないだろう。国家間の対立や国内での民族紛争も、国家権力を背景にしていては解決が困難であろう。そこで大きな力が期待されているのが国際民間公益活動であり、それを支援する国際フィランソロピーである。勿論、現実の国際民間公益活動団体にもナショナリズムがあるのであり、ナショナリズムとヒューマニズムの危ういバランスの上に行われているのであるが、国際民間公益活動は理念としては地球市民益を追求するものである。

もちろん企業経営そのものにも世界全体のことを視野に入れた経営が必要な時代であると思う。そのような観点を持たないと、地球が持たないところまで来ている。

グローバルの視点を持つと同時に地域主義の考え方も重要である。企業市民の思想は地域との共存である。財・サービスのニーズが個別化し、提供する側も消費者密着・地域密着型の企業経営が求められる。

また日本の企業は stake holder として株主よりも従業員を大切にする経営であったが、現在、日本ではアメリカ型の企業経営に傾きつつあり、従業員をコストとしか捉えない経営者が増えていることは残念である。アメリカの資本主義は資本の取り分と経営者の報酬が大きく、経済全体として健全であるかどうかは疑わしい。日本の企業は従業員重視へ回帰すべきだろう。それも CSR の重要な視点である。

利潤を追求する企業と、利潤を目的とせず社会的使命の達成を目指す CSO は、組織原理も行動原理も全く異なり、お互いに相容れない存在であるという見方があるが、CSR 重視の企業と CSO との距離は非常に近くなってきている。営利企業が CSR 重視の経営に変わっていくのと同時に、21世紀には営利を目的としない非営利企業が重要性を増してくる。

第5節　アメリカ企業の社会貢献50年

アメリカのコンファランス・ボード（Conference Board）では1943年に企業の社会貢献についての調査を開始し、1947年から毎年、報告書を作成してきている。

コンファランス・ボードは1916年に設立された経済団体で、企業と社会の関係に関連する事項について研究し提言することを目的としている。1950年に社会貢献協議会（Contributions Council）が発足し、それ以後、定期的に会合を持っている。ここではコンファランス・ボードがまとめた「アメリカ企業の社会貢献50年」の内容を紹介しよう。[注46]

この報告書は1999年の発行であり、21世紀に入ってからの変化は激しいものがあるが、20世紀の状況を知っておくことも有益であろう。

(1) 概況

今日でこそ近代的なアメリカの企業にとって社会貢献は自明のもののように思われているが、歴史的には必ずしもそうではない。

企業の社会貢献は1880年代に個人の富が企業に移り始めるのと軌を一にして現れ始めた。当初は鉄道会社の従業員のニーズに応えるものとして始められた。鉄道の従業員は帰宅できないため安価な宿舎を必要としたが、YMCAの活動が1850年代にイギリスから北米に伝えられ、1870年代に鉄道会社の従業員がYMCAに加入し始めた。鉄道会社がYMCAに寄付を始めたのを契機に、YMCAは他の資金源も求め始め、最初のファンドレイジングのスキルが導入された。1900年代の初期には赤十字に対する寄付が中心であったが、アメリカが1917年に世界大戦に参戦すると1917年のテキサス州を手始めに、企業の寄付金が合法化された。従来は直接利益に限られていた。1936年に税引前利益の5%を限度に寄付金の損金算入がIRSにより認められたがIRSは企業寄付の合法性については判定していない。

　1951年にA. P. Smith社のプリンストン大学に対する1,500ドルの寄付が定款違反であるとして株主から訴えられた。ニュージャージー州裁判所は1953年の判決でこれをを合法と判断し、50州がこの判決に追随し、企業の社会貢献活動に大きな影響を与えた。

①教育の重視

　1957年のソ連のスプトニク1の成功はアメリカ社会に大きな衝撃を与え、数学、理科の教育が強化されるようになり、企業の社会貢献も従来の医療・福祉中心から教育中心へと移ってきた。1999年には再び逆転し医療・福祉分野が最重点分野になるが、多くの企業は学校教育に協力してきている。

②マッチング・ギフトの発明

　1954年にGEが初めてマッチング・ギフトを導入した。GEは政府を別にすれば大卒を最も多く雇用しており、23,000人以上を500以上の大学、単科大学から採用していた。そこで従業員が卒業した大学、単科大学への寄付を促進するためマッチング・ギフトを始めたのである。

③現金から多様な寄付へ

　1980年代の初めから会社の製品や機器やまた土地建物といった資産を寄付することが増加してきた。このような現金以外の寄付は1980年代半ばには寄付全体の約20%であったが、1997年には24%に増加している。

　会社の製品によっては、製品の寄付の割合が特に多い業種もある。例えば製薬会社では65%、コンピューター、事務機器の企業では62%に上っている。

　製品等の現物寄付は不況時に寄付の水準を維持するのに有効である。製品

の寄付はコストに正常な市場価格とコストの差額の半分を加えた額が寄付金として認められるので、現金の寄付より税制上有利になる。また製品を寄付することにより広告としての効果も期待できる。製品寿命が切れかかっている製品を在庫処分として寄付してしまうこともある。

現金と製品の寄付だけでは企業の社会貢献の全体を表せないため、社会貢献を計測する手法が求められていた。コンファランス・ボードでは1982年以来、NPOに対する次の7種類の支出を寄付支出としてみなすことにしている。

◎ボランティア活動の価値
◎501(c)(3)団体に対する現金の支出 [注47]
◎寄付業務の管理費
◎事業費として認められた製品および資産の寄付
◎NPOに対して供与した会社の施設やサービスの価値
◎市場レート以下で行われた貸付により失われた利息収入
◎寄付担当部署以外から行われた501(c)(3)団体に対する現金の支出

これらの活動を金額で評価するのは難しく、不可能であるとしている企業もあるが、いくつかの企業では、これらの支出が企業にどのようなメリットをもたらしたかを計測する努力を始めている。特にこのような支出がステイク・ホルダーに対して企業活動を見えやすくし企業イメージを向上させるという見地からである。

アメリカの企業は従業員がコミュニティ活動にかかわることを奨励してきたが、1958年以後広がりを見せてきている。企業ボランティア・プログラムは、企業、社会、従業員個人の要望が合致した職場で現れてきたもので、アメリカ企業と従業員の資源の豊富さと反応の良さを反映している。従業員のボランティア・プログラムに関する企業の報告によると、これらの活動は次の2つの点で企業の競争力に寄与している。1つはサービスや製品の価値を高めること、もう1つは製品や人的サービスのコストおよびPR経費を節減すること、である。

④社会貢献の世界的広がり

アメリカ企業の社会貢献の殆どは国内のものであるが、アメリカ企業のグローバル化に対応して、社会貢献も世界的広がりを見せ始めている。アメリカ企業の海外への社会貢献は1980年代半ば以降着実に増加してきている。

特に1988年から1990年にかけては中位数が1.74億ドルから4.29億ドルへと急増した。その後増減を繰り返しているが、1997年の中位数は5.45億ドルとなっている。

コンファランス・ボードの調査では海外への寄付の伸び率は全体を上回ってはいるものの、まだ金額は少ない。海外への寄付が多いのは製薬業界で、海外への寄付の半分以上が東欧や東アフリカの救援のためである。

(2) 1960年代の課題：寄付の透明性と社会に対する幅広いビジョン

1960年代後半に全国的に都市の暴動が吹き荒れるまでは、企業の社会貢献は匿名で行うのが一般的であった。この時期になって企業の外部と企業の内部の人たちとのコミュニケーションの重要性が自覚されるようになり、一部の企業で社会貢献活動を公開するようになった。

1968年の調査によると、マイノリティ問題、都市の貧困への関心が高まり、これらの問題への寄付が増加していることが分かる。この時の調査の回答企業の75%は、都市の危機に対して寄付を増額し、スタッフを都市問題に関わらせたいと回答している。回答企業の大部分はこのような問題に対する主要な対処法は雇用と研修であると答えている。

しかしこれらの雇用や研修のための支出は寄付としては計上されていない。

1960年代における、企業のもう1つの傾向は地域問題や文化の問題に対する関心が高まってきたことである。

(3) 景気低迷期の1970年代における企業財団の新しい動き

1970年代の景気後退期に社会貢献の水準をいかに維持するというのが主要な課題であり、この役割を担うのに企業財団が登場してきた。1970年代は生産性が低下し、原油価格が高騰したスタグフレーションの時代で、1970年代後半になると企業経営者の多くは経営資源の配分に頭を悩ますことになった。1978年のコンファランス・ボードの調査によると、多くの企業が1978年の利益の一部を企業財団に留保しており、この留保金額は1974年から78年の間で最高額に上った。この留保が1980年代前半の二度の景気後退期にクッションとして役立ったのである。

企業財団を設立するメリットは

◎税制優遇があるので、企業寄付のコストが軽減できる。

◎企業の利益の増減に関係なく寄付を平準化できる。
◎企業寄付をプログラム化するのに役立つ。
◎企業の管理をより効果的に行える。
◎コミュニティにおける善意の安定した資源として役立つ。
一方　デメリットとしては、以下の点が挙げられている。
◎基金の管理上のコストがかかる。
◎免税資格を維持するための制約がある。
◎企業の地域の責任者の関与が難しくなる。
◎助成申請が増える。
◎株主の反対。

(4) 1980年代の課題：企業寄付は政府支出を代替できるか？
①レーガン政権と企業寄付

　1981年8月13日にレーガン政権は1982年から1984年にかけて1,310億ドルの政府予算の削減を行うことを明らかにした。これは史上最大の歳出削減である。それと同時に経済活動刺激策として1982年から1984年にかけて1,500億ドルに上る史上最大の減税を実施した。政府支出削減の中心は社会福祉に関するものであった。

　連邦政府の社会福祉関係支出削減額は290億ドルに上ったが、州政府や地方政府ではそれを補うことは不可能で、NPOは個人寄付や財団、企業に支援を求めざるを得なくなった。政府は資金不足を補填するのに企業の様々な社会貢献に期待をしていたことは明らかである。

　コンファランス・ボードでは1981年にFortune 1,300社を主たる対象にして政府の施策を支持するかどうかの調査を実施した。その結果、企業経営者には政府の政策によって生じたギャップを埋めるつもりはないことが明らかになった。政府の歳出削減の影響は憂慮しているものの、政府は企業の社会貢献が既に行われていること自体について良く知らないのではないかとの認識が表明された。また政府は政府の歳出削減を埋めるには企業の資源は限られていることを認識していないとの意見も表明された。

　レーガン政権は全国的にボランティア活動を推進するために1981年12月にTask Force on Private Sector Initiativeを発足させ、従来は政府資金が投じられていた社会福祉での民間活動の活性化を推進することとなった。

1981年の調査の回答企業の75%は助成申請が急増したと回答しており、3倍に達した企業もあった。1976年から1985年にかけて企業寄付は15億ドルから45億ドルと3倍になっているのではあるが、歳出削減による不足290億ドルには及びもつかなかった。企業寄付の増加により福祉関係への寄付の増加も期待されたが、福祉関連への企業寄付の配分は一貫して低下しており、1975年には41%であったものが、1984年には23%に低下している。

　企業側には自立できない人々あるいは長期間支援が必要な人々に対する施策は政府の責任であるとの認識がある。またユナイテッド・ウェイのような組織に対する支援を通じて、企業の責任は既に果たしているとの考え方である。多くの企業経営者は従業員にカウンセリングや体力保持（physical fitness）、保育等のサービスを提供することにより、地域の財政負担の軽減に寄与していると考えている。[注48]

　1980年代の初め頃から、従業員対象の企業のプログラムが大きく変り始めた。その頃から企業は従業員をコストではなく資産であると考えるようになり、企業の訓練を受け企業文化に同化している従業員は、企業が少なからぬ投資をつぎ込んだ貴重な資源であると考えるようになってきた。

　保育に対する企業の支援は非常に重要になってきており、1985年のコンファランス・ボードの調査によると1,800の企業が保育支援を行っている。

②社会福祉に対する対応の変化

　1986年にコンファランス・ボードは再びレーガン政権の歳出削減についての調査を実施した。この年は歳出削減が強化された年であり、この調査は重要であった。この調査によると企業は態度を軟化させ、コミュニティ開発や経済発展についての貢献を再検討し始めた。

　1985年まで増加を続けた企業寄付は1986年には2.5%の低下を見、大手の寄付者の寄付の減少は2%から78%に達した。

　1980年から1990年にかけて経済界は急速で予測もつかない変化に対面した。リストラクチャリング、組織再編、M&Aに加えて経営層の交代が日常茶飯事となってきた。さらに大恐慌時および第1次世界大戦中に生まれ育ち、厳しい現実の中から社会的な問題に関心を寄せてきた経営者層が引退していったのである。1990年代のCEOは海外あるいは国内での厳しい競争にさらされており、社会的問題のことを考える時間もないという現実がある。

(5) 1990年代。戦略的フィランソロピーと地域開発
① M&Aと企業の社会貢献

1972年の10億ドルから1986年の52億ドルまで増加し続けてきた企業の寄付金は、1987年以降税引き前利益に対する割合が低下し始めた。

その1つの理由はM&Aである。

1998年には世界中で27,635件のM&Aが行われ、取引額は2兆5,000億ドルを超えると推定されている。そのうち国内は1万1,400件、1兆6,200億ドル。M&Aの結果いくつかの寄付プログラムが姿を消したことは確かである。新たなプログラムが生まれてきてはいるが、それらのサイズとスコープが無くなったプログラムに匹敵するものであるかどうかはまだ分からない。M&Aにより企業規模が2倍になっても企業寄付が2倍になることは殆ど無い。

ダウンサイジングによりアメリカの企業寄付に変化が見られるようになってきた。1990年代に寄付予算が削減される前は、広範な分野の活動を行っている数多くの団体に対して寄付が行われており、しかもその使途については殆ど関心が払われていなかった。しかし労働者をペイオフしている企業が、どうして寄付をするのかについて説明を求められるようになり、多くの企業の寄付担当者は、企業寄付を直接に企業戦略に結びつけるようになった。寄付担当部署と他の部署が戦略的フィランソロピーを用いることにより企業の競争力が強化されることが期待されている。例えば、企業イメージの向上、従業員の参加の促進、顧客との結びつきの強化などである。

②企業のコミュニティへの関与の測定

1990年代には企業寄付の責任者とコミュニティ・リレイションズの責任者は、企業におけるそれらの部署の持つ価値を明らかにするようにとの圧力にさらされるようになった。このような圧力のために企業寄付の責任者はプログラムの成果を測定する手法を開発するようになった。測定の手法としては個々の助成の進捗状況をインフォーマルに辿る方法、正式な評価の利用、到達目標（benchmarking）の技術などが用いられた。

企業のコミュニティ活動に関する評価は、外部のコンサルタントに依頼され詳細な報告書が提出される。評価では企業のコミュニティ活動全体の有効性の計測、助成が会社の戦略的目的（goals）および受益者の目的にかなっているかどうかの計測などが行われる。シカゴの低所得者地域で、長期的でか

つ若干リスクの多い活動を始めるにあたり、Amoco 財団は地域の大学の専門家を雇用し、初年度の間プロジェクトの進捗状況をトレースすることにした。評価を実施することにより、アモコでは投資が当初の目標（objectives）に合致しているかどうかを測定し、目標に合致するように調整することが可能になった。

到達目標は企業寄付プログラムの構造、優先順位および成果を他の部署と比較したり、同業者や同じ地域の企業、同じ規模の企業のプログラムと比較することである。

③地域開発、経済開発には企業とのパートナーシップが有益

企業の地域開発、経済開発とのかかわりの初期の段階では、現金や現物の寄付を行ったり、企業の役員が地域の NPO の理事になることを促進したりすることであった。しかし 1980 年代の半ば頃には、企業はコミュニティや行政、NPO とのパートナーシップを促進することにより、より積極的に地域開発や経済開発に関わるようになってきた。

コミュニティを安定化するには長期に亘り関わっていかなければならない。現在までの経験によると結果が出るまでに 10 年はかかる。企業がコミュニティに関わるには通常の場合コミュニティとのパートナーシップが必要である。それには中間組織を通す場合と直接に関わる場合がある。

④企業と社会問題

戦略的フィランソロピーとは、より行動的な寄付者になることである。企業の寄付担当者はプログラムを絶えず評価しなければならなくなった。彼らが直面した課題は企業にとってもコミュニティにとっても助成の効果を最大にし、限られた資源を最大限に利用することである。そのために NPO とパートナーシップを組んだり、地域の課題解決に他の企業と協働するようになった。戦略的フィランソロピーは企業に利益をもたらすものであり、企業が長期に亘る取り組みに資金供与をすることにより、社会問題の解決に主導的立場に立つことができる。例えば学校の改革では企業は、企業と行政と NPO の考え方を取りまとめることができる。企業は現金の寄付だけでなく、NPO に対して専門的な経営上の助言を行ったり、職員を出向させたり、技術的な指導やコミュニケーションについての指導を行うことができるし従業員のボランティアチームを送り込むこともできる。企業はこのような支援を社会貢献の予算から支出することもあれば、販売部や人事部の予算か

ら支出することもある。会社がNPOと戦略的関係を築き社会変革運動の重要なパートナーとなる過程で企業としての目的も推進するのである。アメリカの企業は戦略的フィランソロピーを採用すると同時に、飢餓、識字、環境保護、エイズといった社会的課題について行動するようになる。

(6) 21世紀を迎え：グローバルな地球市民
①グローバル化とアメリカ型フィランソロピー

企業活動は益々グローバル化が進み、競争は益々激化してきている。企業は本来の経済的使命を超えて社会から求められる新しい分野への要請に直面しており、これをどのようにバランスさせるかを考えていかなければならない。グローバル企業の経済規模は発展途上国の国家予算より大きいのであり、それだけに持続的発展のテーマが避けて通れない。

社会における企業の役割がますます広がっているのは紛れもない事実であり、企業フィランソロピーについて新しい文脈、課題、期待が生じてきている。今後半世紀にわたり企業が直面するであろう問題には次のようなものが考えられる。

◎アメリカ型の企業フィランソロピーがどの程度グローバル化していくであろうか。

◎アメリカ型の寄付のガイドラインがグローバルに適用できるであろうか。「我々が事業活動を行い我々の従業員が居住しているコミュニティ」を対象とする、というガイドラインが、企業や従業員は至る所に居るという状況で適用できるであろうか。

◎海外からの収入が増加しているのに対し伝統的な国内重視のフィランソロピーではバランスを失しているという指摘にどのように答えるのであろうか。

◎アメリカの企業フィランソロピーの方式はアメリカの税制に強く影響されているものであり、このような方式が文化も税制も異なる諸国に適用可能であろうか。

◎市場の拡大に企業フィランソロピーが追いつかない場合、企業はグローバル戦略の中で企業寄付の役割を再構築することになるのだろうか。その場合、将来数年間に企業寄付は増加するのか、減少するのか変わらないのか。

◎競争が激化し、またアメリカとヨーロッパの企業のコミュニティ関与の伝統がぶつかることになるとお互いにどのような影響を受けることになるのだろうか。またこのことが企業寄付にどのような変化をもたらすであろうか。ヨーロッパ風の社会的投資のアプローチが主流になるのか、アメリカ型のフィランソロピーがより早い広がりを見せることになるであろうか。

◎最後に、伝統的に寄付の水準が高いアメリカの中小企業は、大規模なグローバル企業がフィランソロピーの資源をグローバル・レベルに投じるようになると、どのような反応を示すであろうか。国内ではグローバル企業に比べて国内では中小企業が重要性を増すのであろうか。

多くの企業にとって企業寄付への要請が増えてくることは従来のフィランソロピーの実践を再検討することを余儀なくさせる。企業とNPOの双方に利益をもたらすパートナーシップとコラボレーションがより一般的になってきた。

②情報公開

企業市民活動の価値を高めるように努める一方で、主要企業は事業内容および社会活動の透明性を高めてきている。多くの場合これらの活動を記録した新しい「社会活動」報告書（socical　report）を発行するようになってきている。いくつかの企業では1970年代から80年代にかけて「社会的責任」報告書（social responsibility report）を発行し始めていたが、「社会活動」報告書はこの第2世代とも言えるものである。

③企業市民活動と株主価値

現在、企業市民活動がフィランソロピーを超えて拡大する傾向にあるのは、企業が事業を実施していく方法を再定義するような、いくつかの要因に基づいている。しかし、この方向に全員が賛意を表しているわけではない。ニクソン大統領の経済諮問会議の元議長であったハーバード・スタイン（Herbert Stein）は、ウォール・ストリート・ジャーナルにおいて、ノーベル賞受賞者であるミルトン・フリードマンのような保守的経済学者の陣営に立ち、企業は労働者その他の資源をもっとも効率的に働かせるのが責務であり、それ以外に、主要な社会的問題の解決を企業の責任に依存するのは資源の浪費につながる、と述べている。フリードマンやスタインその他の議論が続いている一方で、現実には企業市民活動が企業の評価を高め会社への信頼

が増すという事例が増えてきている。コンファランス・ボードの企業統治調査センターの調査によると、株主価値および企業市民に関し、株主と利害関係者の間に摩擦は生じていない。他のコンファランス・ボードの調査によっても、企業市民活動は企業の業績にマイナスではなく、いくつかの例では、業績に寄与していることが明らかになっている。

④将来の企業市民モデル

将来は、社会における企業の役割を戦略的に考えている企業は企業市民モデルを多方面から検討するのみならず、究極的には下記のような要因に企業行動を対応していくことになるものと思われる。

◎社会的課題や環境問題を解決するためのリーダーシップをとる主体として、一般的には政府よりも企業に期待する傾向が強まっている。

従業員のボランティア活動を促進したり、政府やNPOとのパートナーシップを通じてコミュニティへ関与していくことにより、企業は様々な社会政策を実現するのに率先して行動している。その社会政策の範囲は、環境美化、柔軟な雇用政策、また第三世界の経済発展、新製品の安全基準まで広範囲に及ぶ。

◎企業寄付の低下傾向は続くであろう。

アメリカ企業の税引き前利益に対する企業寄付の割合は、1987年以来低下を続けている。1986年には寄付金は税引前利益の2.36パーセントであったが、1997年には1.1パーセントに低下してきている。度重なる合併によりこの割合が低下してきていることは間違いない。合併の結果、寄付プログラムは1+1=1となってしまうことが多いからである。

企業経営者は企業寄付だけを考えるのではなく、より広い企業市民活動に焦点を当てるようになってきている。即ち、企業所在地のコミュニティ、さらには社会全体に対して企業が経済的、環境的、社会的影響を与え、企業の社会的評価を高めようとしている。そのために企業と外部のNPOや行政との戦略的パートナーシップ、従業員のボランティア活動支援、利害関係者や株主との関係、さらには仕入先、販売先、その他の市場関係者との関係を強化しようとしている。

◎フィランソロピーについては企業イメージの向上、財務的利益をもたらすような戦略的寄付がますます求められている。

慈善的動機のみで行われる「純粋な」企業寄付の時代はおそらく終わって

しまった。寄付と企業全体の戦略が結び付けられるようになり、企業イメージの向上や財務的利益をもたらすようなマーケット志向的になってきている。

◎戦略的フィランソロピーと企業市民活動はグローバル化していく。

　税引前利益に対する企業の寄付金の割合は 1987 年以降低下しているが、国際的な寄付金は急速に増加している。現在のところアメリカの国際的寄付金は西欧の民主主義国に向けられている。1997 年のコンファランス・ボードの企業寄付調査によると、1997 年にはイギリス、カナダ、メキシコがトップ 3 であった。しかしながら先進国での人口が停滞し途上国での人口が増加し、またグローバル企業がこのような台頭する市場にビジネスを拡大するようになり、アメリカの資金、企業の専門的知識・ノウハウ、管理者や従業員の時間が低開発国に流れ込むようになった。さらに途上国はグローバルな企業市民活動がますます標準化していることから利益を得ている。標準化の 1 つの例は、グローバル・サリバン原則として知られている企業行動基準（code）に含まれている。この原則は南アフリカでの以前のアパルトヘイト政策に対する企業の関係で歴史的な役割を果たした南アフリカ関連のサリバン原則のグローバル版である。このグローバル基準は他の基準と同様、企業の人権尊重を促進することを目指したものである。併せて公開性および倫理の促進、皮膚の色、人種、性別、民族、宗教に関係なく平等に扱うこと、経済的、社会的、政治的正義を支援するというものである。

◎世界的民主化の動きが高まっており、グローバル企業は途上国のインフラストラクチャーに関連する環境問題および社会的課題に取り組まなければならなくなってきている。

　多くの国で民主化および開放的市場経済へと移行しつつあり、グローバル企業はマルティ・ステイクホールダーとパブリック・プライベート・パートナーシップに直面し、コミュニティ・レベルに対比するとよりスケールの大きい社会問題・環境問題に取り組むようになるであろう。これらの課題は発展途上国における国内の保健、教育、交通その他のインフラ整備の課題を含むものである。グローバル企業は、セクターを超え、地理的政治の限界を超えて協力し、イノベーションを可能にする機会を持つことになろう。

◎より多くの企業がより拡大した社会的課題や環境問題への対応を受け入れ、評価するようになるであろう。

　利益率の大きな企業として行動し、株主が許容する投資収益を提供し、顧

客に対して品質の高いサービスや安全な製品を提供するだけではなく、多くの企業が企業市民活動を通して企業の価値および原則を明確化することにより、社会的責任およびアカウンタビリティの基準を達成するように努めるようになるであろう。環境に配慮する企業は顧客からの評価が高まってきている。

◎行動する株主や社会的責任投資ファンドが浸透していくであろう。

社会的責任投資ファンドが投資家から注目されている。1995年から1997年の間に年金基金資産が84パーセントの伸びであったのに対し、社会的責任投資ファンドは227パーセントの伸びを示した。

◎良好な企業イメージが顧客による選択に影響し続けるであろう。

情報技術が発達し知識経済化が進展するにつれて消費者の選択の力が増加し、企業の社会活動に留意する人々が増加しているように思える。同じくcause related marketingが増加してくるにつれて、消費者意識および企業の態度に影響が出てきている。1997年のcause related marketingについての調査によると、アメリカの消費者の76%がgood causeに関連するブランドに変更（1993年には66%）すると回答しており、価格と品質が同じであれば、good causeに関連する小売店に変更するであろうと回答している。今やアメリカおよびイギリスにおいてはcause related marketingが企業の評判、ブランド・イメージを向上させ、顧客のロイヤルティを高め販売促進するために利用されている。

◎NPOのパートナーが企業にとってインフォーマルなコンサルタントとなる。

企業はNPOに資源を提供したり、従業員がNPOにボランティアとして参加したり企業の専門知識を提供したりして、NPOとパートナーとなるが、NPOはコミュニティでの事業の効果的・効率的な進めかたについて、インフォーマルに助言をすることができる。これらのことは従来は企業が怠ってきたあるいは無視してきたことである。このことにより企業としては新しい顧客や新しい市場を得ることができ、財務的にも利益を得るのである。

◎企業の監査業務は財務報告に止まらず社会的成果と持続性への配慮が対象になる。

企業の財務について透明性がもとめられているが、イギリスの独立系調査政策機関であるNew Economics Foundationによると、「社会監査」（social auditing）が社会的成果を測る方法になってきている。社会監査は企業の実績および手続の公開を通して、アカウンタビリティと透明性を明らかにするものである。

◎従業員はますます社会的責任企業に魅力を感じるようになっている。

若いビジネスマンは社会的責任を果たす企業を探しており、社会的行動が優れている企業が人材を惹きつけている。従業員の満足度はしばしば顧客満足度と顧客維持に連動していることが調査で明らかにされている。従業員の意欲が企業業績の向上に寄与し、コミュニティへの関与が深まれば良き経営者としての評価が高まり従業員の技能も高まることは証明されている。

◎社会的成果が優れていると規制のコストを軽減したり回避することができる。

社会的責任に留意している企業は規制や法令違反のコストや罰金を避けることができる。社会的成果のために投資しておくと、企業としての戦略的計画を実施するのに規制をクリアしなければならない時に目に見える配当をもたらすことになる。逆に社会的責任を意識せずに不法な企業行動を行うと、株主の価値を損うということである。

現在は企業寄付を実施している企業の数はそれ程多いわけではない。伝統的なフィランソロピーはそれ程でないにしても、他の形の活動に取り組んでいる企業は増加しており、企業市民の基準が拡大してきている。

20世紀末および21世紀初頭にあっては、企業の価値と経済的価値の関係がより一層認識されるようになってきている。グローバル化し市場での競争が激烈化してくると、価格と品質の差は殆ど無くなり、信頼とかイメージといったものが、企業戦略で重要な地位を占め、企業の売上や利益に与える影響が増してきている。

筆者注─────

注1　高巌、トーマス・ドナルドソン（2003）『ビジネス・エシックス』文真堂、234頁、アダム・スミス（水田洋訳）(1973)『道徳感情論』筑摩書房、123-145頁。

注2　平田雅彦（2005）『企業倫理とは何か』PHP選書、は石田梅岩の思想を中心に日本の商人の倫理を考察している。

注3　鈴木旭（1995）『本間光丘』ダイヤモンド社。鈴木は光丘の公共工事を雇用

創出のためケインズ政策であったと論じている。この時代の商人の公共工事にはそのような面もあったといえよう。

注4　古橋茂人（1994）『古橋家の歴史』財団法人古橋会。
注5　弦間明・新蒔康一郎・小林俊治・矢内裕幸監修（2008）『明治に学ぶ企業倫理』生産性出版は多面的なアプローチである。
注6　制度そのものについては第3章参照。
注7　公益財団法人東レ科学振興会（2011）『科学振興五十年』東レ科学振興会。
注8　第3章参照。
注9　トヨタ財団（2006）『トヨタ財団30年史』トヨタ財団。
注10　日本生命財団（1991）『日本生命財団10年史』日本生命財団。
注11　2010年に公益社団法人企業市民協議会に移行。
注12　田淵節也監修・笹川平和財団・コーポレート・シチズンシップ研究会（1990）『コーポレート・シチズンシップ』講談社。
注13　第4章参照。
注14　例えば、「語源はギリシャ語のフィラン（愛）とアンソロポス（人類）から由来しており、直訳すれば人類愛、博愛、慈善等といわれるが、今日的意味からは、広く企業の社会貢献のことをいう」『月刊福祉』1992年11月号。
注15　大阪商工会議所（1990）『コミュニティ財団調査報告書』大阪商工会議所。
注16　2009年に公益財団法人東京コミュニティ財団が発足した。
注17　その後『企業市民ジャーナル』に改称、第9号までで廃刊になった。
注18　大阪ボランティア協会企業市民活動推進センター（2003）『企業の社会的価値を考える』フィランソロピー・リンクアップ・フォーラム、参照。
注19　2011年度及び2012年度『社会貢献活動実績調査結果』（一社）日本経済団体連合会1％（ワンパーセント）クラブ、それぞれ、2012年10月、2013年10月15日、による。なお、他に、東日本大震災については、『東日本大震災における経済界の被災者・被災地支援活動に関する報告書──経済界による共助の取り組み』2012年3月、同、が出ており、事例集とともに詳細な調査データが公表されている。東日本大震災における企業の震災支援活動については、その規模や形態において、従前の規模、態様に比して大きな前進が見られた。
注20　John Elkington (2004) "Enter the Triple Bottom Line," Adrian Henrique and Julie Richardson Editor, *The Triple Bottom Line-does it all add up?*, Earthscan.
注21　フィリップ・コトラー、ナンシー・リー（恩蔵直人監訳）（2007）『社会的責任のマーケティング』東洋経済新報社。
注22　Richrdson, Julie, *Acconting for Sustainability: Measuring Quantities or Enhancing Qualities?* (2004) Henrique, Adrian and Richardson, Julie. editor *The Triple Bottom Line-does it all add up?*, Earthscan, p. 135.
注23　「グローバル・コンパクト」（以下GC）は、1999年1月31日に開かれた世界経済フォーラムの席上、コフィー・アナン国連事務総長が提唱した。企業のリーダーに国際的なイニシアチブであるGCへの参加を促し、国連機関、労働、市民社会と共に人権、労働、環境の分野における10原則を支持するとい

うものである。GC は翌年 2000 年 7 月 26 日にニューヨークの国連本部で正式に発足した。2004 年 6 月 24 日に開催された最初の GC リーダーズ・サミットにおいて、事務総長が腐敗防止に関する 10 番目の原則が追加されたことを発表した。これは全ての GC 参加者との長期にわたる協議の末に合意に達したものである。

「グローバル・コンパクト」の 10 原則
「グローバル・コンパクト」は、各企業に対して、それぞれの影響力の及ぶ範囲内で、人権、労働基準、環境に関して、国際的に認められた規範を支持し、実践するよう要請しています。その狙いは、各企業がそれぞれの事業を遂行する中で、これらの規範を遵守し、実践することを通じて、世界に積極的な変化をもたらすことです。その原則は以下の通りです。

人権
原則 1. 企業はその影響の及ぶ範囲内で国際的に宣言されている人権の擁護を支持し、尊重する。
原則 2. 人権侵害に加担しない。

労働
原則 3. 組合結成の自由と団体交渉の権利を実効あるものにする。
原則 4. あらゆる形態の強制労働を排除する。
原則 5. 児童労働を実効的に廃止する。
原則 6. 雇用と職業に関する差別を撤廃する。

環境
原則 7. 環境問題の予防的なアプローチを支持する。
原則 8. 環境に関して一層の責任を担うためのイニシアチブをとる。
原則 9. 環境にやさしい技術の開発と普及を促進する。

腐敗防止
原則 10. 強要と賄賂を含むあらゆる形態の腐敗を防止するために取り組む。

注24　コー円卓会議（Caux Round Table）は、フレデリック・フィリップ（オランダのフィリップ社の元社長）とオリビエ・ジスカールデスタン（ヨーロッパ経営大学院副理事長）が、1980 年代中頃から激化し始めた貿易摩擦を背景として、日米欧間の経済社会関係の健全な発展をめざして、日米欧のグローバル企業の経済人に参加を呼びかけて、1986 年に発足した。
　この会議のモットーは「普遍的価値観の尊重」にあるが、このことは会議の開催場所と無関係ではない。会議はスイスのジュネーブから車で一時間半のところに位置する村コー（Caux）の MRA 世界会議場「マウンテンハウス」で開催された。
　1992 年にはキャノン賀来龍三郎会長（当時）を中心とする日本グループが、公正な競争と共存共栄の両立を目指す「共生」の理論を提唱し、米側から公

正な企業活動の行動指針をまとめた「ミネソタ原則」が発表された。その後、企業に従事する個人の尊厳を強調する「人間の尊厳」の精神が欧州側から提案された。

　1994年には上記日米欧の価値観並びに倫理的理念を盛り込み、企業の意志決定に於いては道徳的価値が必要不可欠であることを強調した「コー円卓会議・企業の行動指針」を採択した。企業の行動規範を日米欧の民間企業経営者が共同で策定したのはこれが初めてである。以下の引用では、責任を義務に読み替えてある。

株主（オーナー、投資家）に対する義務
・オーナーの投資に対して公正で競争力のある利益還元を保証するために、経営のプロとして企業経営に精励する。
・法的及び競争上の制約が許す限り、オーナーや投資家に対して関連情報を公開する。
・オーナーまたは投資家の資産を保持し保護し増やす。
・オーナーまたは投資家の要請、提案、苦情、そして正式な決議を尊重する。

従業員に対する義務
・仕事と報酬を提供し、働く人々の生活条件の改善に資する。
・一人ひとりの従業員の健康と尊厳を尊重した職場環境を提供する。
・従業員とのコミュニケーションにおいては誠実を旨とし、法的及び競争上の制約が許す限り情報を公開してそれを共有する。
・従業員の提案やアイディア、要請、不満に耳を傾け、可能な限りそれらに則って行動する。
・対立が生じた際には誠実に交渉する。
・性別、年齢、人種、宗教などに関する差別的な行為を防止し、平等な待遇と機会を保証する。

・適材適所を旨とする。
・従業員を職場において防ぎうる障害や病気から守る。
・適切で他所でも使用できる技術や知識を、従業員が修得するよう奨励し支援する。
・企業の決定によってしばしば生じる深刻な失業問題に注意を払い、政府並びに被雇用者団体、その他関連機関並びに他の企業と協力して混乱を避ける。

消費者（顧客）に対する義務
・顧客の要請に合致する高品質の商品並びにサービスを提供する。
・ビジネス上の商取引のあらゆる場面において顧客を公正に遇する。それには、高水準のサービス並びに顧客の不満に対する補償措置が含まれる。
・私たちの商品及びサービスを通じて、顧客の健康と安全並びに環境の質が維持され向上されるように、あらゆる努力をする。

・人間に対する尊厳の精神をもって商品を提供しマーケティング及び広告を展開する。
・顧客の文化を尊重しそのままの状態に保つ。

取引・関連企業に対する義務
・価格の設定、ライセンシング（知的所有権の実施許諾）、販売権を含むすべての企業活動において公正と正直とを旨とする。
・企業活動が圧力や不必要な裁判ざたによって妨げられることのないようにする。
・仕入先と長期にわたる安定的な関係を築き、見返りとして相応の価値と品質、競争力及び信頼性の維持を求める。
・仕入先と情報を共有し、計画段階から参画させる。
・仕入先に対する支払いは、所定の期日にあらかじめ同意した取引条件で行う。
・人間の尊厳を重んじた雇用政策を実践している仕入先や協力会社（下請け）を開拓し奨励し選択する。
・貿易と投資に対する市場の開放を促進する。
・社会的にも環境保全の面においても有益な競争を促進するとともに、競争者同士間に相互信頼の関係を築く。
・競争を有利にするための疑わしい金銭の支払いや便宜を求めたり、関与しない。
・有形財産に関する権利及び知的所有権を尊重する。
・産業スパイのような不公正あるいは非倫理的手段で取引情報を入手することを拒否する。

地域共同体に対する義務
・人権並びに民主的活動を行う団体を尊重し、可能な支援を行う。
・政府が社会全体に対して当然負っている義務を認識し、企業と社会各層との調和のある関係を通して人間形成を推進しようとする公的な政策や活動を支援する。
・健康、教育、職場の安全、並びに経済的福利の水準の向上に努力する地域社会の諸団体と協力する。
・持続可能な開発を促進、奨励し、自然環境の保護と地球資源の保持に主導的役割を果たす。
・地域社会の平和、安全、多様性及び社会的融和を支援する。
・地域の文化を尊重し、そのままの状態に保つ。
・慈善寄付、教育及び文化に対する貢献、並びに従業員による地域活動や市民活動への参加を通して「良き企業市民」となる。

　コー円卓会議日本事務局は1986年以来（社）国際MRA日本協会内（現（公社）国際IC日本協会）内に置いていたが2006年に「経済人コー円卓会議日本委員会」として組織化され、2006年にNPO法人となり、研究、教育・研

修等積極的な活動を展開している。

注25 GRIとはGlobal Reporting Initiativeの頭文字をとったもので、企業全体レベルの「持続可能性報告書」について全世界で通用するガイドラインを立案するということを目的に、米国のNGOのCERES（CERES: Coalition for Environmentally Responsible Economies）や国連環境計画（UNEP）が中心になって1997年秋に設立された。GRIへの参加者は世界各地の企業、NGO、コンサルタント、会計士団体、事業者団体等で、環境報告書に関して活動している団体や個人を網羅していた。現在もキーワードとしてマルチ・ステークホルダーの包含をあげておりGRIの価値の基本になっている。設立以来ガイドラインの取り組みに着手し1999年3月には公開草案を発表しパイロット・テストを経て2000年6月に第一版を発表した。社会全体が急速に変化している中でガイドラインも定期的に見直す必要があることから当面2年ないし3年毎に見直しをする方針をとっている。

ガイドライン策定とは別に、定期的に見直すためにはしっかりした母体機関が必要ということから1999年5月のトロントの運営委員会議で常設機関化が決定され、そのための委員会が設けられた。以後ガイドラインの策定と並行しつつ規約案、所在地選定等々が検討されてきた。

常設機関としてのGRIは2002年4月に正式に立ち上げられ、4月4日には国連本部で理事就任式がおこなわれた。

GRIが1999年に持続可能性報告書ガイドライン公開草案を発表したとき、多くの日本企業からの反発があったが、わずか数年で日本企業の意識も、それを取り巻く社会の状況も大きく変わってきている。欧米を中心に社会的責任投資（SRI）が急速な発展をしてきており、それに伴い欧米の格付機関等からの社会的側面についての質問も相次いでおり、直接金融にシフトしつつある日本企業、特に勝ち組には無視し得ない状況になってきている。

日本では2002年から（特活）GRI日本フォーラムがGRIと密接な関係をもちつつ活動してきたが、2007年に（特活）サステナビリティ日本フォーラムに名称変更し、さらに活動を活発化している。

分野		側面
経済	直接的な経済的影響	顧客、供給業者、従業員、出資者、公共部門
環境	環境	原材料、エネルギー、水、生物多様性、放出物・排出物および廃棄物、供給業者、製品とサービス、法の遵守、輸送、その他全般
社会	労働慣行	雇用および相応の仕事、労使関係、安全衛生、教育訓練、多様性と機会
	人権	戦略とマネジメント、差別対策、組合結成の自由と団体交渉、児童労働、強制的義務的労働、懲罰慣行、保安慣行、先住民の権利、一般的側面
	社会	消費者の安全衛生、製品・サービス宣言、広告、プライバシーの尊重、顧客満足、贈収賄と汚職、政治献金、公共政策、競争と価格設定、コーポレートシチズンシップ

注26　2002年5月に経団連は日経連と統合し日本経団連となった。
注27　Corporate Social Responsibility: The Strength of Japanese Corporation, keidanren homepage.
注28　CANPANによる調査は、この年度以降行われていない。
注29　CEPはアリス・テッパー・マーリンが1969年に設立した。アリス・テッパー・マーリンは、1997年にSAI（Social Accountability International）を設立し、現在、その代表である。SA8000はSAIが作成した指標である。
注30　岸田眞代編著（2005）『NPOからみたCSR──協働へのチャレンジ』同文舘出版、岸田眞代編著（2006）『企業とNPOのパートナーシップ』同文舘出版、岸田眞代編著（2007）『CSRに効く』風媒社、岸田眞代編著（2008）『点から線へ　線から面へ』風媒社、岸田眞代編著（2012）『NPOと企業協働の10年』サンライズ出版。
注31　服部崇（2010）「BOPビジネスの可能性」服部篤子・武藤清・澁澤健『ソーシャル・イノベーション』日本経済評論社。
注32　ゴミ箱の要らない循環型経済のもとで生活しているアフリカやアジア、中南米の農村部に、先進国からビニール袋を持ち込んだ途端に、辺りはゴミだらけになってしまう。原丈人（2013）「日本のDNAがアフリカを救う！」『WILL2013年8月号』。
注33　Cause Related Marketingについては、島田晴雄編著（1993）『開花するフィランソロピー』TBSブリタニカ、179頁、および、本章第5節アメリカ企業の社会貢献50年を参照。
注34　『alterna第33号』2013年6月。
注35　山内直人・田中敬文・奥山尚子編（2013）『NPO白書　2013』大阪大学大学院国際公共政策研究科NPO研究情報センター、45-46頁。
注36　塩澤修平（1996）『経済学・入門』有斐閣。
注37　Strategic philanthropyについては、本章第5節アメリカ企業の社会貢献50年を参照。
注38　コーズマーケティング、ソーシャルマーケティングなどとも言われる。
注39　田淵節也監修・笹川平和財団・コーポレート・シチズンシップ研究会（1990）『コーポレート・シチズンシップ』講談社。
注40　全国社会福祉協議会全国ボランティア活動振興センター編（1992）『「企業ボランティア」活動ガイド』全国社会福祉協議会。
注41　青木利元（2004）『日本型「企業の社会貢献」──商人道の心を見つめる』東峰書房、に優れた論考がある。
注42　本章第2節参照。
注43　経団連社会貢献担当者懇談会編（2001）『この発想が会社を変える──新しい企業価値の創造』リム出版新社。
注44　『日本経済新聞』2004年6月8日付。
注45　林雄二郎・今田忠編（2000）『改訂フィランソロピーの思想』日本経済評論社、240頁。
注46　Sophia A. Muirhead (1999) *Corporate Contributions:The View from Fifty Years,* The Conference Board.

注47　寄付金控除の対象になる団体。第3章参照。
注48　共同募金。第3章第2節参照。

終　章

グローバルキャピタリズムと市民社会

　本書の第3章は、「冷戦終了とグローバル・キャピタリズム」で始まる。そこには、「冷戦により押さえ込まれていた民族紛争、宗教的対立が一挙に表面化し政治的不安定が続いている。このことは権力を基盤とした国家間による交渉では平和の実現が難しいことを示している。現今の資本主義は金融資本の跳梁により他国の国民経済を破壊するまでになる。これは市場がすべてを解決できると思い込み、経済の原義である経世済民―けいせいさいみん―世を経（おさ）め民を済（すく）うことを忘れたためである」との記述がある。

　2001年9月11日の同時多発テロは民族紛争、宗教対立、富の偏在が複雑に絡み合った事象であるが、これを契機に一部の地域では国家が機能を失ってしまった。アメリカの国力が低下する中で、ロシア、中国は帝国主義回帰の動きを見せ始めた。第2章で既存の国家を前提に国内でのガバナンスおよびグローバル・ガバナンスを論じたのだが、現在の国連は理念に乏しく、ますます無力化しているように思う。

　このような時期にあってこそ市民社会のグローバルな連帯が求められる。筆者はこのテーマについては経験も知見も乏しく多くを論じることはできないが、CIVICUS（World Alliance for Citizen Participation）の活動に期待するとだけ述べておく。

　CIVICUSは1991年に世界各地のCSOのリーダー20名の協議によりグローバルな市民参加のネットワークとして発起され、1993年に18カ国のメンバーによる理事会が結成され、2012年1月には100カ国以上の1,120の団体および個人会員を擁している。設立以来、世界の市民社会の強化に向け調査、出版、会合活動を行っている。日本からは（公財）日本国際交流センターの山本正理事長（当時）が発起人として参加、今田克司CSOネットワーク代表理事が2013年まで事務局次長を努めており、（公財）公益法人協会からAGNA（Affinity group of National Associations）のアジア地区運営委員会委員として白石喜春が選任されてきた。

　同時多発テロの起こった2001年の4月に日本では小泉内閣が発足し、民

間でできるものは民間でのスローガンのもとに、構造改革が推進された。第6章で述べたように、小泉内閣時代の2004年度の『国民生活白書』で「新しい公共」を提唱しているが、基本的には新自由主義による規制緩和による経済政策であった。新自由主義については本書では論じていないが、第1章で述べたリバタリアニズムに通ずる。

アメリカでは1980年代のレーガノミックス以来、新自由主義路線がとられ、1999年に金融規制が緩和され、金融が世界を駆け巡り各国経済に大きな影響を与え、精緻な金融工学の行き着いた先が2008年9月15日のリーマン・ショックである。

リーマン・ショックは強欲資本主義の矛盾が爆発したものだが、資金が回らなくなり日本企業は経営危機に見舞われた。これに対処するのに企業は手元資金の積み増しを重視し、コスト削減重視の経営に転換、その一方でグローバル市場に活路を見出していった。グローバル市場で勝ち抜くためにそれまで日本の企業を支えてきた日本型経営と決別せざるを得なくなった。

日本の市民社会は第8章で見たように企業のCSRに支えられてきたところが大きい。リーマン・ショック後もCSR経営は標榜されており、BOPビジネスや企業人個人によるプロボノなど新しい動きも出てきている。東日本大震災への対応でも評価できる。その一方でブラック企業と呼ばれるような、最も重要な責任である雇用の責任を放棄する企業が増えてきている。その結果所得格差が広がり格差社会の様相を呈してきたわけだが、このようなことに対して対処療法的な動きが市民社会で見られたものの、このような社会そのものについての対応は弱いと言わざるを得ない。

震災とコミュニティ

2011年3月11日の東日本大震災については、筆者は一度も現地に行くことができず、現地の状況を体感できていないし、2次情報を見てもあまりにも範囲が広く状況が多様で理解が困難であるし、エネルギー問題とも関わっており、本書では分析を断念せざるを得なかった。

本書には阪神・淡路大震災時の市民社会の議論に多くのページを割いている。東日本大震災に関連してどのような議論が行われているかについて筆者は不勉強で承知していないが、東日本についてはコミュニティについての議論を深めなければならないと思っている。コミュニティは組織ではないとい

う観点から市民社会組織の議論では取り上げてこられなかった。しかし私見ではコミュニティこそが市民社会の基礎であると思っている。

コミュニティについては第6章で論じた。

日本における非営利法人法制の改革

同時多発テロの2001年は、公益法人改革が俎上に乗った年である。リーマン・ショックの年、2008年12月に公益法人3法が施行された。特定非営利活動促進法施行の10年後である。

ここで第4章、第4節の補足として、110年ぶりの大改革をどう見るか述べてみたい。

制度の基本は筆者がかねてから主張していたことが取り入れられた。即ち①法人制度と税制優遇を分離すること、②法人税課税については非関連事業所得についてのみ課税すること、③税制優遇については政府とは独立の機関が認定すること、の3点である。

しかしながら出来上がった制度は問題が多い。

税制優遇のために公益社団法人及び公益財団法人の認定に関する法律が制定されたわけだが、公益法人改革は公益法人悪玉論から始まったものであるから、事前規制色が強い。これは公益認定法第1条に盛り込まれている「適切に」「適正な」という文言から見てとれるし、極めて技術的で複雑な規定も事前規制のためである。

特定非営利活動促進法の目的が「市民が行う自由な社会貢献活動」となっているのに対し、公益認定法では「民間の団体が自発的に行う公益を目的とする事業」となっており、微妙にニュアンスが異なる。

公益目的事業所得（関連事業所得）は非課税になったのは良いが、その一方で「収支相償原則」により、利益を計上することが禁じられているのは不可解である。

公益認定等委員会はまだしも、都道府県の合議制の機関については、従来の公益法人許可担当部署が事務局を担っている場合が多く、問題も指摘されている。

特定非営利活動促進法第1条（目的）
> この法律は、特定非営利活動を行う団体に法人格を付与すること等により、ボランティア活動をはじめとする市民が行う自由な社会貢献活動としての特定非営利活動の健全な発展を促進し、もって公益の増進に寄与することを目的とする。

公益社団法人及び公益財団法人の認定に関する法律第1条（目的）
> この法律は、内外の社会経済情勢の変化に伴い、民間の団体が自発的に行う公益を目的とする事業の実施が公益の増進のために重要となっていることにかんがみ、当該事業を適切に実施し得る公益法人を認定する制度を設けるとともに、公益法人による当該事業の適正な実施を確保するための措置等を定め、もって公益の増進及び活力ある社会の実現に資することを目的とする。

　第4章第4節で述べたように、公益法人改革の過程で特定非営利活動法人との統合は早々と見送られ、公益法人3法の施行後、2009年の鳩山政権下の新しい公共の施策の一環として認定特定非営利活動法人に対する寄付金控除の要件が緩和され、2012年には特定非営利活動促進法の大改正が行われ2013年4月に施行された。

　その結果、特定非営利活動法人→認定特定非営利活動法人制度と一般社団法人・財団法人→公益社団法人・財団法人の2つの制度が並立することになった。

　認定特定非営利活動法人の公益性の認定はパブリック・サポート・テストにより市民が認定するのに対し、公益法人は公益認定等委員会および都道府県の合議制の機関が認定しており、いわば賢者の判断に委ねられている。

　さらに社会福祉法人や認定特定公益信託は主務官庁の許可によるから、公益性の認定については、3種類の認定制度が並立している。

　第5章で取り上げた協働組合、ソーシャル・ビジネス、ソーシャル・ファームの法整備も求められる。協同組合は出資金に対する配当が認められるためにレスター・サラモンの非営利セクターには含まれないが、市場と市民社会の中間のような存在であるソーシャル・ビジネスの社会的位置付けを明確にする必要がある。なかでも頓挫してしまっているようであるが、ワーカーズ・コープ、ワーカーズ・コレクティブの法制化が急がれる。

　これらの法整備にあたっては、単に制度を整えることではなく、CSOの基本的役割が遂行されるような志がベースになければならない。筆者の考え

るCSOの基本的役割は、あらゆる人びとのQOL（生活の質）の向上および「良い社会」の実現である。

むすび

最後に少々旧いものであるが、大阪NPOセンターの機関誌「むすび」（2002年7・8月号）に寄稿した「良い社会をつくるのがNPOの使命」を引用し、まとめとしたい。[注1]

ロナルド・ドーアは近著『日本型資本主義と市場主義の衝突』[注2]の中で、「良い社会」とは「個人の選択の自由を重んじるばかりでなく、警官の数は少なく私設ガードマンがいらない社会、人と人との関係において敵意と恐怖よりも親愛と友情の方が優勢であるといった社会、民主主義が世論操作と大衆迎合ではなく、実質的に機能する制度となる条件が揃っている社会——すなわち貧富の差が極端でなく、市民意識が深く根付いている社会」として、今までの日本はかなり良い社会であったと評価している。そして、この良き共同社会がアメリカ型のファイナンシャリゼーションとマーケティゼーションに呑み込まれてしまうのではないかと危惧している。

ドーアはNPOについては全く言及していないけれども、私は「良い社会」をつくっていく担い手がNPOだと思っている。最近のアメリカが「良い社会」でないのはNPOの力が相対的に弱くなってきているからではなかろうか。たしかに501(C)(3)団体の数は増え続けているのだが、それ以上にファイナンシャリゼーションとマーケティゼーションが猛威をふるっている。

ひ弱な生まれたばかりの日本のNPOが「良い社会」をつくるのに寄与できるのは、市民との共感・共生の原理に基づき、今までの日本に欠けていたソーシャル・インクルージョンを進めることによってだと思う。

筆者注

注1　一部修正した。
注2　ロナルド・ドーア（藤井真人訳）（2001）『日本型資本主義と市場主義の衝突―日・独対アングロサクソン』東洋経済新報社（原著は、Ronald Dore (2000), *Stock Market Capitalism: Welfare Capitalism:Japan and Germany versus the Anglo-Saxons,* Oxford University Press.

あとがき

　私は1981年4月、44歳の時に日本生命保険から日本生命財団に出向になり、初めて民間公益の世界を知った。それまでビジネスの世界で過ごしてきた私にとって、民間公益の世界は新鮮で興味深く、結局日本生命財団には13年間在籍した。

　その当時はNPOという用語も、フィランソロピーという用語も知らなかった。

　1994年6月に笹川平和財団に転職し、国際的な活動の機会を得たが、1996年5月に阪神・淡路コミュニティ基金に出向、笹川平和財団での仕事は2年間だけであった。1999年6月に退職、以降市民社会研究所所長を名乗っている。

　この間、業務の一環として非営利団体、フィランソロピーに関する調査研究を行ってきたわけだが、日本生命財団では助成先の研究者や団体あるいは留学生との交流から得るところ大であった。当時の望月信彰専務理事には海外出張や諸会合への参加について格別の配慮をして頂き感謝している。笹川平和財団の入山映理事長は国際的な経験に乏しい私を辛抱強く指導して頂いた。

　このほか助成財団を始めとする諸団体役職員および大学の研究者、関係諸官庁の方々に一方ならぬお世話になった。

　中でも助成財団センターの事業を通じて助成財団の諸先輩から助成のあり方について学ばせて頂いたことが大きな糧となった。

　個別のお名前を挙げると際限がないが、この分野の大先達である公益法人協会渡邊昌夫会長、トヨタ財団林雄二郎専務理事、日本国際交流センター山本正理事長に親しく教えを請うことが出来たのは幸せであった。いずれも鬼籍に入ってしまわれた。

　退職後も幾つかの調査研究プロジェクトに参加する機会があり、その調査結果も本書のベースになっている。

　また幾つかの大学で非常勤ながら教鞭をとる機会を与えられたことは、知見および思想を体系的に整理するのに役立った。

　そしてこの度は研究者としてのトレーニングを受けていない私の原稿に対

し、岡本仁宏先生が校閲の労をとって頂き、大変な時間をかけて綿密なる補訂を加えて頂き、世に出すことができた。感謝の意を表す言葉が見つからない。

　関西学院大学出版会の田中直哉氏には本書の出版にご尽力頂き、編集担当の松下道子さんには専門的見地から適切な助言を頂き、書物としての体裁を整えて頂いた。厚くお礼申し上げる次第である。

著者略歴

今田　忠（いまだ・まこと）

1937年生まれ。東京大学教養学部卒。日本生命保険、日本生命財団、笹川平和財団を経て1996年阪神・淡路コミュニティ基金代表。1999年6月阪神・淡路コミュニティ基金閉鎖に伴い退職。現在市民社会研究所所長。

[主要著作]

編著『フィランソロピーの思想』（日本経済評論社）、編著『NPO　起業・経営・ネットワーキング』（中央法規出版）、編著『日本のNPO史』（ぎょうせい）、監訳：レスター・サラモン、H・K・アンハイアー著『台頭する非営利セクター』（ダイヤモンド社）。

補訂者略歴

岡本　仁宏（おかもと・まさひろ）

1955年生まれ。関西学院大学法学部・教授（政治哲学・NPO/NGO論）。京都大学法学部卒。

[主要著作]

編著『新しい政治主体像を求めて：市民社会・ナショナリズム・グローバリズム』法政大学出版局、2014年。編著『ボランタリズム研究』1、2号、大阪ボランティア協会、2011-3年。「世論」「パトリオティズム」「国民」「市民社会」古賀敬太編『政治概念の歴史的展開』1-6巻、晃洋書房、2004-13年等。

概説市民社会論

2014年10月30日 初版第一刷発行

著　者　今田　忠
補　訂　岡本仁宏

発行者　田中きく代
発行所　関西学院大学出版会
所在地　〒 662-0891
　　　　兵庫県西宮市上ケ原一番町1-155
電　話　0798-53-7002

印　刷　株式会社クイックス

©2014 Makoto Imada
Printed in Japan by Kwansei Gakuin University Press
ISBN 978-4-86283-175-0
乱丁・落丁本はお取り替えいたします。
本書の全部または一部を無断で複写・複製することを禁じます。
http://www.kwansei.ac.jp/press